이솝우화, 기독교 세계관으로 읽기

2

문용식 교수

문용식 교수는 국제대학 국문과를 나와 한양대에서 문학박사 학위를 취득하고, 성균관대 대학원에서 한국철학 박사과정을 수료하고 칼빈대 신학대학원에서 공부했으며, 현재 총신대에서 교양교직학과장, 교육대학원 기독교문화 학과장으로 있고, 기독교 문화 소비자운동 위원으로 있다.

저서로서는「테마별로 읽는 기독교 소설」,「부부사랑을 깊게 하는 대화의 테크닉」,「스피치커뮤니케이션의 이론과 실제」,「스펄전의 표현법」,「가문소설의 인물연구」 등이 있다.

논문으로는「디지털 시대의 존재론적 특성과 기독교적 대응」,「환상의 조작과 진리 찾기」 등이 있다.

이솝우화,
기독교 세계관으로 읽기

이솝우화, 기독교 세계관으로 읽기

2004년 4월 5일 초 판 1쇄 인 쇄
2025년 3월 18일 초 판 4 쇄 발 행

저　자　• 문 용 식
발행인　• 조 경 혜
발 행 처　• 도서출판그리심
　　　　　디지털로10길37. 726호
등록번호 • 제7-258호(1998. 4. 23)
출 판 사 • 전화523-7589 팩스523-7590
홈페이지 • http://grisim.biz
전자우편 • grisimcho@hanmail.net

• 저자와협의하여검인을생략함.

• 이책의일부라도저자나출판사의허락없이사용할수없습니다.

ISBN　89-5799-106-9　93230

값: 표지 뒷면에

이 책을 추천합니다!

C.S. 루이스는 "정보의 홍수 속에서 무방비한 상태로 놓여 있는 현대인을 가슴없이 살아가는 존재"라고 말하였다. 그의 말대로 오늘날 그리스도인 가운데에도 기독교적 정체성이 없이 살아 가는 사람들이 많다. 이것은 분명 커다란 위기이다. 저자는 이러한 현실을 직시하고 아이에서부터 어른에 이르기까지 쉽게 접할 수 있는 이솝우화를 가지고 기독교 세계관에 입각한 고쳐 쓰기를 시도하여 정체성 회복의 구체적인 방안을 제시하고 있다. 본 저서가 삶에 대한 자각의 은혜를 발견하고 싶은 그리스도인에게 필수적인 안내서가 되기를 기대해 본다.

김의환(칼빈대학교 총장)

이 책을 추천합니다!

나는 설교 시간에 짧고 교훈적이며 재미가 있는 이솝우화를 예화 자료로 자주 활용한다. 그 때마다 성도들이 이야기를 재미있게 듣고 공감해 주어 기쁘고, 또 성도들이 해석한 내용을 오래 기억한다는 말을 듣게 될 때 하나님께 감사드린다. 본 저서는 이솝우화를 가지고 기독교 세계관에 입각하여 '해석, 각색, 고쳐 쓰기'를 시도한 바, 재미나 교훈적 이야기로만 읽던 이솝우화를 기독교적 관점에서 바라볼 수 있는 안목을 제공하고 있다. 나는 이야기를 흥미 있게 전하면서도 기독교 세계관을 구체적으로 적용시키길 원하는 목회자나 교사들, 더 나아가 학생들에게 유용하게 활용될 것이라 생각하여 이 책을 권한다.

김삼환(명성 교회 목사)

이솝우화, 기독교 세계관으로 읽기

책을 내며

　　기독교인들이 세계관에 관해 논의를 할 때 가장 염두에 두어야 할 것이 무엇인가? 그 핵심은 먼저 예수 그리스도의 주권이 미치지 않는 시·공간이란 존재하지 않는다는 점을 인식하는 일이다. 하나님께서 이 세상을 창조하셨기 때문에, 모든 것에 창조주의 지문이 남아 있다. 우주에는 하나님의 형상이 담겨져 있지 않는 무색무취의 것이란 없다. 따라서 그리스도인들에게 가치의 중립 내지 의미의 중립이란 존재하지 않는다. 그리스도인들은 이 세상의 모든 것에 관하여 신학적 해석을 할 수 있고, 해야 한다. 이것이 기독교 세계관 운동이다.

　　다시 말하면, 기독교 세계관 운동이란 일반 계시 영역을 분명하고 확실하게 드러내는 것이다. 기독교 세계관 운동의 가장 어려운 점은 원론적인 측면에서 어느 정도 다룰 수 있지만 그 적용이 쉽지 않다는 점이다. 필자가 보기에 그 적용은 이야기에서 찾아야 한다고 생각한다. 이야기가 이 세계를 지배한다고 할 때 기독교 세계관의 적용 지점은 이야기를 통해서 이루어져야 하지 않을까? 그래서 본서는 아이부터 어른에 이르기까지 모든 사람들이 다 알고 있는 이솝우화를 택하여

이솝우화, 기독교 세계관으로 읽기

8

기독교 세계관으로 읽기를 시도하였다.

  우리가 무심코 하는 담론 속에 여러 가지 세계관이 담겨 있다. 한 사회에는 한 가지 세계관만이 있는 것이 아니다. 레이먼드 윌리엄즈의 말처럼 한 사회에는 주도적인 세계관과 부상하는 세계관, 잔존하는 세계관이 있다. 따라서 세계관에 대한 바른 이해가 선행되지 못하면 자신도 모르는 사이에 그 세계관의 지배 아래 행동하게 된다. 예컨대, 한국인들은 "모로 가도 서울만 가면 된다"는 속담에 영향을 받아 결과 지상주의를 낳았으며, "약을 쓰려거든 빨리 써라"라는 속담에 영향을 받아 빨리빨리 병을 유발하였다. 이와 같이 잘못된 속담이나 격언이 하나의 담론으로 우리의 사고방식과 행동을 관장할 때 그 폐해는 엄청난 것이다. 그러므로 우리는 속담과 격언, 동화나 이솝우화 속에 담긴 세속적 세계관을 찾아내야 한다. 아니 적극적으로 한양대 이도흠 교수의 주장대로 이야기를 기독교 세계관으로 고쳐서 사용해야 한다. 이러한 작업을 하지 아니할 때 C. S. 루이스의 말대로 그리스도인들도 가슴이 없는 사람이 되고 말 것이다.

  지금까지 본서를 쓰게 된 기본적인 시각을 밝혔다.

  이제 독자의 이해를 돕기 위해 책의 구성을 살펴보고자 한다.

  첫째, 이솝우화를 기독교 세계관으로 해석하였다. 우화는 여러 각도에서 해석

이솝우화, 기독교 세계관으로 읽기

9

할 수 있는 열린 장르이다. 하나의 우화를 ≪하나의 중심 생각 + 이솝우화 + 기독교 세계관으로 해석하기≫라는 구조로 다양하게 해석하기를 시도하였다. 이러한 작업은 자칫 해석을 닫아 버릴 가능성이 있기 때문에 여러분들 나름대로 해석을 시도할 수 있도록 공란도 만들어 놓았다.

≪하나의 중심 생각 + 이솝우화 + 기독교 세계관으로 해석하기≫라는 구조는 스펄젼 목사님의 설교에서 시사 받았음을 밝힌다. 스펄젼 목사님이 '모기와 황소'란 이솝우화를 설교에 활용한 예를 소개한다.

여러분, 하나님께 모든 짐을 내려놓으세요(하나의 중심 생각) + 모기와 황소라는 이솝우화를 아십니까? 작은 모기 한 마리가 황소 등에 앉아서 황소에게 변명합니다. 황소 등위에 자기가 앉아 있으니 얼마나 무겁겠느냐고 말입니다. 이 말을 들은 황소는 모기가 그곳에 앉아 있는지 알지 못하였노라고 대답하였답니다(이솝우화) + 여러분의 하나님께서 여러분에게 그와 같이 말씀하십니다. 그러한 하나님이시기에 여러분의 걱정이 하나님에게는 전혀 짐이 되지 않는다고 말씀하십니다. 여러분께서 생활을 할 때 셀 수 없는 허다한 어려움이 있을 것입니다. 여러분의 마음속에는 복잡한 사건이 뒤엉켜 있을 것입니다. 그럴 때마다 여러분의 모든 짐을 기이하신 하나님 앞에 내려놓으세요. 그

리고 여러분의 인생 길을 기쁨으로 걸어가시기를 바랍니다(기독교 세계관으로 해석하기)

본서의 해석하기 부분은 위에서 제시된 구조를 참조하였다. 이 구조를 참조하면서 해석하기 부분을 읽으시길 바란다.

둘째, 교사나 설교자를 위해 이솝우화를 각색하였다. 아마 한국에서 이솝우화를 가장 잘 활용하고 있는 분을 들라면 김삼환 목사님일 것이다. 김삼환 목사님은 이솝우화 각색의 대가이시다. 그 분은 이솝우화에 현대식 배경을 집어넣고 표정을 다채롭게 하여 설교 본문의 의미를 효과적으로 전달하는 탁월한 설교자이다. 그 분의 "장애물을 넘어라(98. 5. 31)"라는 설교를 보면 이솝우화를 현대식으로 흥미롭게 각색한 부분이 있다. 우리가 익히 아는 '모기와 파리'란 이솝우화이다. 파리가 꿀에 빠지는 장면 묘사와 모기가 '그렇게 머리가 크면서 꿀에 빠지는 것도 몰라'라고 파리를 비웃는 장면, 모기가 불 속에 들어가 119에게 지원을 요청하는 장면 등등 아주 실감 있게 이솝우화를 구현하고 있는 설교를 들으면 저절로 감탄사가 나온다. 본서에 제시된 이솝우화 각색하기 부분은 김삼환 목사님에게서 시사받았다. 이솝우화 각색하기 부분은 교사나 설교자들에게 이솝우화를 흥미롭게 전달하는 데 많은 도움을 줄 것이다.

셋째, 이솝우화에 담겨 있는 세속적 세계관을 기독교 세계관으로 '고쳐 쓰기' 하였다. 고쳐 쓰기의 대가는 설교의 황태자 스펄젼 목사님이시다. 필자는 그 분의 주옥같은 설교를 지하철에서 읽으면서 큰 은혜를 받은 적이 있다. 그 분은 비유와 상상의 대가일 뿐만 아니라 속담이나 격언 등에 담긴 논리의 오류를 지적하고 그것을 기독교 세계관으로 고쳐서 설교를 하는 대가이다. 필자는 그 분의 설교를 읽고 효과적인 표현을 모아 『스펄젼의 표현법』이란 제목으로 출판한 적이 있다. 그 책에 수록된 몇 가지 예를 들면 다음과 같다. 그 분은 "예술은 길고 인생은 짧다"라는 명언을 "하나님에 대한 봉사는 길고 인생은 짧다"라는 기독교 세계관으로 바꾸어서 사용한다. 참으로 짧은 인생, 무엇을 하는 것이 가장 가치 있는 일인가? 불후의 명작을 남기는 것인가? 아니면 하나님을 위해 일을 다하는 것인가? 스펄젼은 가물거리는 촛불의 빛이 다하기 전에 일을 마치지 못할까 잽싸게 바느질하는 소녀처럼 걱정하며 하나님의 일을 하라고 설명하고 있다. 또 "지렁이도 밟으면 꿈틀거린다"라는 격언 속에 담겨 있는 의미가 세속적 세계관임을 지적하고 "너희 원수를 사랑하며 너희를 핍박하는 자를 위해 기도하라"는 기독교적 세계관으로 고쳐서 설교한다. "로마에서는 로마법을 따라야 한다"라는 격언을 "신앙인은 하나님의 법을 따라야 한다"라는 기독교 세계관으로 고쳐서 사용하고 있다. 본서에서 제시된 이솝우화 고쳐 쓰기 부분은 스펄전 목사님과 이도흠 교수에게 시사받았음을 밝힌다. 본서에서 이솝우화 고쳐 쓰기 작업은 많이 하지 못했지만 이를 참조하여 독자들이 고쳐 쓰기를 시도하기 바란다.

끝으로, 본서의 해석하기, 각색하기, 고쳐 쓰기를 참조하여 다채롭게 응용하고 적용하길 바란다.

본서를 여러분이 읽으면 아주 쉽다라는 생각이 들겠지만 막상 시도해 보면 그렇게 쉽지 아니함을 느낄 것이다. 이 책은 텍스트 해석 능력을 기르고자 하는 중·고등학교 수험생·교회 학교 교사·설교를 하는 목사님들에게 유익하리라 본다. 이를 참조하여 잘못된 담론을 기독교 세계관으로 고쳐 쓰는 운동이 전국적으로 일어나기를 기대해 보며, 본서가 하나님 나라의 확장에 일익을 담당하였으면 한다.

끝으로 같이 작업을 한 총신대 학생들과 책을 쓰는 데 유용한 아이디어를 제공해 준 명성 교회 김삼환 목사님, 설교의 황태자 스펄전 목사님, 한양대 국문과 이도흠 교수, 타이핑과 교정을 봐준 아내 임과 딸 선과 아들 업, 이 원고를 책으로 빛을 보게 해 주신 그리심 출판사의 조 권사님과 편집부 여러분께 진심으로 감사를 드린다.

2004년 3월

문 용 식

목 차

1. 독수리와 여우 · *18*
2. 독수리와 왕쇠똥구리 · *26*
3. 나이팅게일과 매 · *31*
4. 에티오피아 노예 · *34*
5. 수탉 두 마리와 독수리 · *38*
6. 돌멩이를 낚은 어부 · *41*
7. 배가 통통해진 여우 · *45*

8. 여우와 포도 · *49*
9. 여우와 이무기 · *52*
10. 여우와 악어 · *55*
11. 여우와 왕이 된 원숭이 · *59*
12. 여우와 원숭이가 태생의 귀천을 따지다 · *63*
13. 꼬리 잘린 여우 · *67*
14. 짓궂은 사나이 · *70*
15. 허풍선이 · *73*
16. 연못의 개구리들 · *77*
17. 개구리 의사와 여우 · *83*

18. 세 마리 황소와 사자 · *86*
19. 집족제비와 줄칼 · *89*
20. 노파와 의사 · *92*
21. 여인과 하녀들 · *96*
22. 여인과 암탉 · *99*
23. 돌고래와 고래와 멸치 · *101*
24. 웅변가 데마데스 · *104*

25. 여행을 떠난 디오게네스 · *107*
26. 나무꾼과 소나무 · *110*
27. 암사슴과 포도넝쿨 · *113*
28. 지붕 위의 송아지와 늑대 · *116*
29. 송아지와 플롯을 부는 늑대 · *119*
30. 독사와 여우 · *123*
31. 독사와 줄칼 · *127*

32. 독사와 물뱀 · *130*
33. 다랑어와 돌고래 · *133*
34. 말처럼 울부짖은 솔개 · *136*
35. 새사냥꾼과 살무사 · *140*
36. 늙어빠진 말 · *144*
37. 말과 머슴 · *149*
38. 말과 나귀 · *153*
39. 갈대와 올리브나무 · *159*
40. 강물에 똥을 싼 낙타 · *163*

41. 낙타와 코끼리와 원숭이 · *166*
42. 춤추는 낙타 · *169*
43. 게와 여우 · *172*
44. 새끼 게와 어미 게 · *176*

45. 호두나무 · *180*
46. 채소에 물을 주는 정원사 · *184*
47. 정원사와 개 · *188*
48. 키타라 연주자 · *192*
49. 지빠귀 · *195*
50. 위장과 발 · *199*
51. 까마귀와 여우 · *203*
52. 까마귀와 갈가마귀 · *207*
53. 갈가마귀와 여우 · *210*

54. 갈가마귀와 뱀 · *213*
55. 달팽이들 · *216*
56. 백조와 그 주인 · *219*
57. 굶주린 개들 · *223*
58. 사냥용 맹견과 개들 · *228*
59. 각다귀와 황소 · *231*
60. 토끼들과 여우들 · *234*
61. 암사자와 암여우 · *240*

62. 사자, 곰 그리고 여우 · *243*
63. 사자와 토끼 · *249*
64. 사자와 야생나귀 · *253*
65. 늑대와 양떼 · *256*
66. 늑대와 황새 · *260*
67. 늑대와 말 · *263*
68. 개미와 비둘기 · *266*
69. 들쥐와 집쥐 · *270*
70. 병자와 의사 · *273*

71. 여행자와 까마귀 · *276*
72. 두 나그네와 플라타너스 · *280*
73. 여행자와 진실 · *283*
74. 소금을 지고 가는 당나귀 · *287*
75. 말(馬)이 행복하다고 믿었던 나귀 · *292*
76. 나귀와 수탉과 사자 · *297*
77. 나귀와 여우와 사자 · *300*
78. 나귀와 나귀 주인 · *304*
79. 황금 알을 낳는 암탉 · *307*
80. 뱀의 꼬리와 나머지 몸 · *310*

81. 메뚜기를 잡는 아이와 전갈 · *313*
82. 아이와 까마귀 · *315*
83. 목마른 비둘기 · *318*
84. 원숭이와 어부 · *321*
85. 양치기와 양에게 꼬리치는 개 · *324*
86. 흰털발제비와 새들 · *328*
87. 허풍선이 참새와 까마귀 · *332*

▶ 주제 색인 · *344*

1. 독수리와 여우

[해석하기]

1) 여러분, 주님의 가르치심대로 서로 사랑합시다. 독수리와 여우라는 이솝우화를 아십니까? 독수리와 여우는 친구로 지내기로 약속했습니다. 그래서 독수리는 위에, 여우는 아래에 집을 지었습니다. 그러던 어느 날, 여우가 외출한 사이에 독수리는 새끼 여우를 낚아채 새끼들과 나누어 먹었습니다. 이 사실을 안 여우는 독수리에게 복수하고 싶었지만 나무에 올라갈 수 없어 깊은 좌절에 빠졌습니다. 얼마 후 독수리의 잘못으로 둥지에 불이 붙어 새끼 독수리가 땅에 떨어졌습니다. 그러자 여우는 독수리가 보는 앞에서 새끼들을 먹어 치웠습니다. 이제 독수리와 여우는 서로 원수가 되었습니다. 여러분, 왜 이런 일이 일어났을까요. 독수리가 우정을 파기했기 때문이고, 여우는 화가 나서 복수를 했기 때문입니다. 만약 여우가 독수리 새끼들을 살려 주었다면 어떻게 되었을까요. 그 둘의 우정은 회복되었을 것입니다. 여러분, 상처를 받았더라도 사랑을 베풀 때 진정한 사랑의 관계가 회복될 수 있습니다.

2) 여러분, 약속을 지키지 않으면 둘 다 피해를 입을 수 있습니다. 독수리와 여우는 친구가 되어 친하게 지내기로 했습니다. 그러나 배고픈 독수리는 여우가 없는 사이, 새끼 여우들을 잡아먹었습니다. 이를 알게 된 여우는

친구의 배신에 깊은 상처를 받았습니다. 그리고 복수할 날 만을 기다렸습니다. 얼마 후, 여우에게 기회가 왔습니다. 독수리가 불붙은 내장을 가져와 둥지에 불이 옮겨 붙었습니다. 새끼 독수리들이 불을 피하려다 땅에 떨어졌습니다. 여우는 재빨리 달려 나와 독수리가 보는 앞에서 새끼들을 모두 먹어 치웠답니다. 이렇듯 우정을 저버리면 응징을 받게 됩니다. 친구가 힘이 없고 연약하다는 이유로 신의를 저버리면, 언젠가 보복을 당하게 됩니다. 하나님께서는 성도에게 "네 이웃을 네 몸과 같이 사랑하라"고 말씀하십니다. 하나님의 말씀을 따르는 자녀들은 신의를 지킬 뿐만 아니라 이웃을 사랑해야 합니다. 가장 가깝고도 소중한 친구는 더욱 사랑해야 합니다.

　3) 자기의 이익을 위하여 남을 해롭게 하는 자는 결국 망하게 됩니다. 독수리와 여우라는 이솝우화를 아십니까? 독수리와 여우는 친구로 지내기로 약속하고, 독수리는 위에 여우는 아래에 보금자리를 마련했습니다. 그러나 굶주렸던 독수리는 여우가 없는 사이 새끼 여우들을 잡아먹었습니다. 집으로 돌아온 여우는 새끼들의 죽음에 마음이 아팠지만 나무에 올라 갈 수 없기 때문에 복수할 방법이 없어 안타까웠습니다. 그러나 얼마 후 독수리는 친구에게 죄지은 대가를 받고야 말았습니다. 독수리가 불붙는 염소 내장을 낚아채 둥지로 가져간 것이 화근이 되어 둥지에 불이 붙어 새끼 독수리들이 땅에 떨어졌습니다. 여우는 재빨리 독수리가 보는 앞에서 새끼들을 모두 먹어 치웠습니다. 여러분, 오늘날 우리가 사는 세상이 바로 이런 세상이 아닙니까? 자신의 이익을 위해 약속을 파기하고 그 결과 자기도 파멸당

하는 경우를 우리는 자주 접합니다. "악을 뿌리는 자는 재앙을 거두리니"(잠 22:8). 그렇습니다. 세상의 풍조는 그러합니다. 그러나 성도는 세상의 풍조에 맞서 기독교 세계관에 맞게 살아야 합니다.

4) 하나님께서는 악을 악으로 갚지 말고 선으로 악을 이기라고 말씀하십니다. 독수리와 여우라는 이솝우화를 아십니까? 독수리와 여우는 서로 친구가 되어 독수리는 위에, 여우는 아래에 보금자리를 마련했습니다. 그러나 굶주렸던 독수리는 여우가 없는 사이 새끼 여우들을 발톱으로 죽여 자기 새끼들과 배불리 먹었습니다. 집으로 돌아온 여우는 새끼들의 죽음에 마음이 아팠지만 어쩔 도리가 없었습니다. 그러나 얼마 후 독수리는 친구에게 죄지은 대가를 받고야 말았습니다. 독수리가 불붙는 염소 내장을 낚아채 둥지로 가져간 것이 화근이 되어 둥지에 불이 붙었습니다. 그러자 아직 날개가 자라지 않았던 새끼 독수리들이 땅으로 떨어졌습니다. 여우는 재빨리 독수리가 보는 앞에서 새끼들을 모두 먹어 치웠습니다.

여러분, 악을 악으로 갚지 맙시다. 그렇게 되면 끊임없는 악순환이 일어나게 됩니다. "네 원수가 주리거든 먹이고 목마르거든 마시우라. 그리함으로 네가 숯불을 그 머리에 쌓아 놓으리라"(롬12:20). "내 사랑하는 자들아 너희가 친히 원수를 갚지 말고 진노하심에 맡기라 기록되었으되 원수갚는 것이 내게 있으니 내가 갚으리라고 주께서 말씀하시니라"(롬 12:19). 여러분, 마음에 상처를 받은 일이 있으십니까? 여러분은 선으로 악을 이기십시오. 하나님께서 악을 행한 사람에게 부끄러움을 느끼게 하실 것입니다.

이솝우화, 기독교 세계관으로 읽기

5) 나만의 해석하기

_____
_____
_____
_____
_____
_____
_____

〈고쳐쓰기 1〉

 황금 물결이 파도치던 가을이 지나가고 하얀 눈이 덮인 어느 추운 겨울날, 숲속에는 작은 꿈틀거림이 느껴졌어요.
 "살려주세요. 살려주세요."
 "누구지? 이 눈 덮인 곳에"
 "여기 나무 밑이에요. 살려주세요."
 "아니, 독수리 왕이 어쩌다 나무 밑에 깔리게 되었습니까?"
 "그런 건 나중에 묻고 어서 살려주세요."
 "예, 알았습니다. 잠깐만 기다리세요."
 먹을 것을 구하러 나갔던 여우는 나무에 깔려 죽기 직전인 독수리를 발견했어요. 마음씨 착한 여우는 독수리를 구해주기 위해 지레를 이용했어요.
 "잠깐만 기다려. 이건 작은 힘으로도 큰 물체를 들 수 있는 지레라고 하는 건데, 힘점과 작용점의 거리가 길면 길수록."

"알았으니까 그딴 과학 얘기는 집어치우고 어서 빨리 살려줘!"

"알았어, 영차! 영차!"

"휴, 살았다. 고마워, 여우야. 그런데 뭐 먹을 것 좀 없니? 사실 먹을 것을 구하려고 숲을 돌아다니다가 썩어 넘어진 저 나무에 깔려버린 거야. 이제 숲에는 먹을 것이 없어. 나에게 먹을 것 좀 나눠주겠니?"

"우리 집에 양식이 있어. 그리 많지는 않지만, 우리 집으로 가자!"

그렇게 여우와 독수리는 친구가 되었어요.

"와, 먹을게 엄청 많구나. 파티를 해도 되겠는걸? 내 친구들을 위해서 파티를 한번 열면 안될까?"

"그렇게 양식을 낭비해서는 안 돼. 이걸로 우리도 겨울을 나야 한단 말이야. 한번에 다 먹어서는 안 돼."

"너, 친구끼리 그렇게 치사하게 굴 거야? 네가 그러고도 내 친구 맞아?".

"알았어, 화내지마. 미안해, 내가 잘못했어. 하지만, 딱 한번뿐이다! 그 이상은 안 돼."

하지만 독수리는 여우와의 약속을 지키지 않았습니다. 자기 친구들을 매일같이 여우의 집으로 초대해서 양식을 마구 먹어 치웠어요. 어느덧 여우가 모아놓았던 양식은 바닥이 났어요.

"여우야, 음식 더 없어? 내 독수리 친구들이 배고파하잖아! 빨리 더 가지고 와!"

"독수리야, 이제 남은 건 없어. 너희가 다 먹어 치웠잖아. 남은 겨울을 우리는 굶고 살아야 한다고!"

이 때 독수리 친구들이 화를 내기 시작했어요.

"뭐라고? 우리를 불러놓고 음식이 없다면 다야? 음식이 없으면 네 아이들이라도 잡아먹어 버려야겠다!"

"안 돼, 그건 안 돼! 내가 어떻게 해서든지 음식을 구해 볼게. 내 아이들은 안 돼! 이런 법이 어디 있어? 말 좀 해 봐, 독수리 너, 목숨을 구해준 은인에게 이래도 되는 거야?"

"이제 넌 필요 없어! 음식도 다 먹어 버렸으니. 너 여기서 나가! 여기는 이제 우리의 보금자리야!"

불쌍한 여우는 자기 집에서 쫓겨나 추운 겨울 숲을 떠돌게 되었어요. 너무 억울했어요. 착한 일을 했는데 자기에게 돌아온 일은 불행 뿐이었으니까요. 하지만 참기로 했어요. '아직 모든 걸 다 잃은 것은 아니지, 살아있으니까 봄까지만 버티면 집과 양식은 다시 찾을 수 있어. 아이를 잃은 슬픔은 크지만, 다들 하늘나라에 갔을 거야. 아이는 또 다시 낳을 수 있으니깐 괜찮아.'

숲에서 방황하던 여우는 독수리를 만났어요.

"아니, 독수리야! 넌 왜 여기서 이러고 있니? 우리 집은 어떻게 하고 여기서 이러고 있어? 이렇게 지내려고 아이와 집을 빼앗아 갔니?"

"미안해, 여우야. 내가 잘못했어. 내가 네게 몹쓸 짓을 했구나. 나를 용서해 주겠니? 내 친구들이 네 아이와 함께 나까지 잡아먹으려고 했어. 나는 간신히 네 아이들을 데리고 도망쳤어. 네 아이는 아직 살아있어. 미안, 정말 미안해."

"괜찮아. 친구끼리 용서가 어디 있어. 우린 친구잖아. 서로 사랑을 나누는 친구. 어서 아이들에게로 가자! 그리고 먹을 것을 찾아서 너랑 나랑 함께 돌아다니는 거야. 봄은 이제 얼마 남지 않았어. 우린 살아 남을 수 있을 거야."

여우는 독수리를 다시 만나 사랑으로 감싸안아 주었어요. 독수리는 여우의 사랑에 친구가 무엇인지, 사랑이 무엇인지 알게 되었어요. 그 후 독수리는 여우에게 배운 그 사랑을 실천하며 살았어요.

⟨고쳐쓰기 2⟩

독수리와 여우는 친구가 되어 이웃에 살며 친하게 지내기로 새끼손가락을 걸었습니다. 그들은 서로 가까운 곳에 살며 우정을 싹틔워 가기로 했죠. 그리하여 독수리는 나무의 제일 높은 가지에 둥지를 틀고, 여우는 그 나무 밑둥에 보금자리를 만들었습니다.

그러던 어느 날이었어요. 여우가 먹이를 구하러 잠깐 동굴을 비운 사이, 배고픈 늑대가 주위를 어슬렁거리다 여우의 굴을 발견하고 그 굴을 덮치려고 하는 것이 아니겠어요? 이를 본 독수리는 쏜살같이 내려와 늑대를 공격했습니다. 다행히 이러한 독수리의 도움으로 새끼 여우들은 무사했습니다. 뒤늦게 이 소식을 들은 여우가 독수리를 찾아갔어요.

"독수리야, 우리 새끼여우들을 위험에서 구해줘서 정말 고마워. 너의 도움이 없었다면 새끼 여우들은 무사하지 못했을 거야."

"고맙긴~ 당연히 해야 될 일을 한 건데 뭐~. 그 때 마침 내가 그 곳에 있어서 정말 다행이었어. 얼마나 놀랐었다고~. 그런데 새끼여우들은 괜찮니?"

"응~, 모두들 건강해, 다 네 덕분이야."

"덕분은 무슨~, 넌 내 친구잖아~. 아무튼, 괜찮다니 다행이다."

여우는 이러한 독수리가 너무나도 고마웠어요. 그런데 그 고마움에 보답할 길이 없어 여우는 그저 안타깝기만 했어요.

그러던 어느 날 여우가 독수리에게 받은 은혜를 갚을 기회가 찾아왔어요. 독수리가 땅에 내려와 먹이를 구하다 그만 사냥꾼이 쳐놓은 그물에 걸리고 만 것이었어요. 독수리는 그물에서 빠져 나오기 위해 발버둥을 쳤지만, 그럴수록 그물은 점점 더 독수리를 죄여오는 것이 아니겠어요? 독수리는 점점 숨이 막혔어요. 그런 어미 독수리를 보며 새끼들은 나무 위에서 날개를 파닥이며 울어댔어요. 그 때 멀리서 독수리의 비명소리를 듣고 여우가 달려왔어요.

"독수리야, 무슨 일이니?"

"여우야, 나 좀 살려줘~, 먹이를 구하려다가 그물에 걸렸어. 아이고, 숨막혀."

"조금만 참아, 금방 구해 줄게."

여우는 부지런히 그물을 물어뜯기 시작했어요. 어느 새, 새끼 여우들도 와서 어미 여우를 열심히 도왔답니다. 결국 여우의 도움으로 독수리는 그물에서 빠져나올 수 있었어요.

"휴~, 고마워 여우야. 네가 아니었다면 난 이미 사냥꾼의 먹이가 됐을 거야."
"고마워 할 것 없어. 어려울 때, 서로 돕는 것이 바로 친구잖아~."
"그래 네 말이 맞아. 고마워 여우야."
"무사해서 다행이야."
"여우야, 우리의 우정 영원히 변치 말자."
"그래 끝까지 우린 좋은 친구하자~ 하하 ^ ^."
"하하."

그 후로, 독수리와 여우는 예전보다 더욱 가까운 사이가 되었답니다.

2. 독수리와 왕 쇠똥구리

[해석하기]

1) 하나님께서는 하찮은 미물이나 보잘 것 없는 사람이라도 존중하고 사랑하라고 우리에게 말씀하십니다. 독수리와 왕 쇠똥구리라는 이솝우화를 아십니까? 독수리는 자신이 왕 쇠똥구리나 토끼보다 뛰어나기 때문에 자신의 행위는 용서된다고 생각했습니다. 그래서 독수리는 왕 쇠똥구리가 토끼를 살려 주라고 애원하는 것을 무시하고, 토끼를 잡아먹었습니다. 자존심이 상한 왕 쇠똥구리는 독수리가 알을 낳으면 그것을 밑으로 밀어내 버렸습니다. 독수리는 새끼를 번식할 수 없게 되자, 왕 쇠똥구리가 나오는 계절에는 알을 낳지 않았답니다. 여러분, 남녀노소를 불문하고 누구나 자존심이 있습니다. 그것을 무시하면 상대는 상처를 받고 복수를 하려 듭니다. 따라서 자기보다 아래에 있는 사람을 무시하지 말고 그들의 말에도 귀를 기울일 줄 아는 지혜가 필요합니다.

2) 성도는 하나님으로부터 은혜를 받았기 때문에 원수를 사랑해야 합니다. 독수리와 왕 쇠똥구리란 이솝우화를 아십니까? 토끼 한 마리가 독수리에게 쫓기고 있었습니다. 절망적인 상황에 몰린 토끼는 주변을 둘러보았습니다. 그곳에는 왕 쇠똥구리밖에 없었습니다. 토끼는 왕 쇠똥구리에게 살려 달라고 애원했습니다. 왕 쇠똥구리는 걱정 말라고 토끼를 안심시킨 뒤 독수리에게 토

이솝우화, 기독교 세계관으로 읽기

끼를 살려 달라고 사정했습니다. 그러나 독수리는 왕 쇠똥구리의 말을 무시하고 토끼를 잡아먹었습니다. 그 때부터 원한을 품은 왕 쇠똥구리는 독수리가 둥지를 트는 곳마다 끈질기게 쫓아다녔습니다. 그리고 독수리 알을 둥지 밖으로 굴려서 알을 깨뜨렸습니다. 그 후로 독수리들은 왕 쇠똥구리가 나타나는 계절에는 알을 낳지 않았답니다. 여러분, 육체적으로나 정신적으로 아픔을 주는 사람에게 왕 쇠똥구리처럼 "이에는 이, 눈에는 눈"이라는 식으로 원수를 갚고 있지는 않습니까? "교만은 패망의 선봉이요 거만한 마음은 넘어짐의 앞잡이니라"(잠16:18). 그렇습니다. 성도라면 원수라도 사랑해야 합니다. 그것이 바로 예수님의 은혜에 보답하는 십자가의 길입니다.

3) 나만의 해석하기

_____
_____
_____
_____
_____
_____
_____

<고쳐쓰기 1>

"탁 탁 탁 탁…."

화창한 봄날, 왕 쇠똥구리는 변함없이 쇠똥을 굴렸습니다. 그런데 갑자기 어디선가 무엇에 쫓기는 듯한 발소리가 들려왔어요.

그 때였어요.

"어떻게 하지! 어디에 숨지, 넌 누구니?"

"쫓기고 있구나, 걱정하지마. 내가 너를 도와줄게."

"네가 나를 돕는다고? 작은 쇠똥구리 주제에? 웃기지도 않아. 저리 비켜. 빨리 숨어야 돼!"

"걱정하지마, 내 뒤로 숨어. 내가 독수리에게 말해 볼게."

토끼는 왕 쇠똥구리의 말이 미덥지 못했지만 그 뒤로 숨었습니다. 토끼가 얼마나 급했으면 하잘 것 없는 쇠똥구리에게 모든 걸 맡겼을까요.

"쉬잉~"

그 뒤를 이어 독수리가 내려왔어요.

"왕 쇠똥구리야, 어서 비켜라! 난 지금 배가 고파서 토끼를 잡아먹어야겠다."

"독수리님, 저 불쌍한 토끼를 살려주세요."

"뭐라고? 감히 하찮은 왕 쇠똥구리 주제에 참견해"

독수리는 너무 화가 나서 토끼와 함께 왕 쇠똥구리도 잡아먹었습니다.

"감히 나 독수리님에게 설교를 하려 하다니, 건방지게."

독수리는 둘을 잡아먹고 둥지에서 휴식을 취하고 싶었어요. 그런데 자기의 둥지에 웬 커다란 다른 독수리가 앉아 있지 않겠어요.

"너는 누구야? 왜 남의 둥지에 앉아 있는 거지? 어서 저리 비켜!"

"이제부터 여긴 내 둥지다. 네가 다른 곳에 둥지를 틀어!"

"말도 안 돼, 이런 법이 어디 있어!"

"내가 너보다 크고 강하니까 넌 내 말을 들어야 돼! 몸집도 작은 독수리 주제에 어디 함부로 까불어? 그리고 네 알은 내가 전부 버렸다. 내 알을 두어야 하거든."

독수리는 하는 수 없이 둥지에서 쫓겨났습니다. 그리곤 자기의 잘못을 깨달았어요.

"내가 잘못했구나. 작고 힘없는 동물들을 무시하고 괴롭히다 나도 당하고 보니 그들의 마음을 알 듯 하구나."

독수리는 죽은 왕 쇠똥구리와 토끼를 위해 무덤을 만들어 주었습니다. 그 뒤로 독수리는 힘없고 약한 동물들을 지켜주면서 살았어요. 그래서 가장 존경받는 새가 되었습니다.

〈고쳐쓰기 2〉

토끼 한 마리가 독수리에게 쫓기고 있었습니다. 위기에 처한 토끼는 주위를 둘러보았어요. 그곳에는 왕 쇠똥구리밖에 없었답니다. 토끼는 왕 쇠똥구리에게 도움을 청했어요.

"왕 쇠똥구리야, 나 좀 살려줘. 독수리가 날 잡아먹으려고 해."

왕 쇠똥구리는 토끼의 말을 듣고 그를 안심시켰어요. 곧이어 독수리가 토끼를 쫓아왔답니다.

"독수리님, 토끼 좀 살려주세요. 제발 토끼를 잡아먹지 말아주세요, 네?"

왕 쇠똥구리는 독수리에게 토끼를 살려 달라고 간청했어요. 독수리는 이렇게 토끼를 생각하는 왕 쇠똥구리를 가상하게 여겨 토끼를 살려 주었답니다.

"감사합니다, 독수리님. 이 은혜는 잊지 않을게요."

토끼와 왕 쇠똥구리는 너무 기뻤어요.

그러던 어느 날이었어요. 한가롭게 먹이를 먹고 있던 왕 쇠똥구리에게 토끼가 헐레벌떡 달려왔어요.

"왕 쇠똥구리야, 큰일났어!"

"왜 그래, 토끼야 무슨 일인데?"

"사냥꾼이 독수리를 총으로 쏘려고 해."

"큰일났네? 이를 어떻게 하지? 일단 가보자!"

"응. 빨리 가자."

토끼와 왕 쇠똥구리는 독수리가 있는 곳으로 급히 달려갔어요. 사냥꾼을 발견한 왕 쇠똥구리는 사냥꾼의 발을 힘껏 깨물었어요.

"아얏!"

이에 놀란 사냥꾼은 그만 헛총질을 하고 말았어요. 덕분에 독수리는 목숨을 구할 수 있었답니다. 사냥꾼이 간 뒤, 독수리는 토끼와 왕 쇠똥구리가 있는 곳으로 내려왔어요.

"고맙다. 토끼와 왕 쇠똥구리야. 너희가 없었으면 큰일 날 뻔했어. 휴우~."

"고맙긴~. 은혜를 갚은 것뿐인데 뭐."

토끼는 웃으며 말했어요.

"아니야, 정말 고마워. 앞으로 나의 도움이 필요한 일이 생기면 언제든지 나에게 도움을 청하렴."

"알았어, 하하."

"하하."

그리하여 토끼와 독수리, 그리고 왕 쇠똥구리는 예전보다 더욱더 친한 사이가 되었답니다.

3. 나이팅게일과 매

[해석하기]

1) **지금 하나님이 주신 것에 감사하십시오.** 나이팅게일과 매라는 이솝우화를 아십니까? 배가 아주 고픈 매가 나이팅게일을 낚아챘습니다. 죽음을 앞둔 나이팅게일은 매에게 자기는 너무 작아 배를 채우지 못할테니 더 큰 새를 찾아보라고 설득했습니다. 하지만 매는 나이팅게일에게 "보지도 못한 것을 쫓느라 발톱에 움켜쥔 먹이를 놓아주다니 그런 바보짓이 어디 있겠나?"라며 거절했습니다. 여러분, 매에게서 배울 점이 있습니까? 아무리 작은 것을 주시더라도 감사함으로 받으십시오. 보이지 않는 큰 떡을 쫓다가 눈앞에 보이는 것마저 잃어버릴 수가 있습니다.

2) **눈에 보이지 않는 주님을 믿는 믿음을 소유합시다.** 나이팅게일과 매라는 이솝우화를 아십니까? 나이팅게일이 높은 참나무에 앉아 노래를 부르고 있다가 매에게 낚아챔을 당했습니다. 죽음을 앞둔 나이팅게일은 매에게 살려달라고 애원을 하며 자기는 끼니감으로는 너무 작아 매의 배를 채우지 못할 테니 더 큰 새를 찾아보라고 말했습니다. 그러나 매는 이렇게 대답했습니다. "보지도 못한 것을 쫓느라 발톱에 움켜쥔 먹이를 놓아주다니 그런 바보짓이 어디 있겠나." 여러분, 위기의 순간에 나이팅게일과 같이 말한다면 믿음이 있다고 말 할 수

이솝우화, 기독교 세계관으로 읽기

있을까요? 위기의 순간에 하나님께 간구하세요. 그리고 하나님의 도우심을 바라봅시다. 절박한 순간이 하나님을 바라볼 수 있는 절호의 기회라는 것을 잊지 맙시다.

3) 나만의 해석하기

_____
_____
_____
_____
_____
_____
_____

〈각색하기〉

옛날 지리산 깊은 산 속에 매 한 마리가 살고 있었어요. 그 매는 아들을 낳았습니다. 아들 매는 너무 배가 고팠어요.

"엄마, 배고파요!"

"사랑하는 아들아, 엄마가 밖에 나가야 되는데 그래도 괜찮겠어?"

"빨리 갔다와, 배고파!"

엄마 매는 둥지를 나섰어요. 절벽을 세 개쯤 지나는데 노래를 부르는 나이팅게일 새를 보았어요. 엄마 매는 하나님께 감사기도를 하고 재빨리 내려갔어요. 새는 매를 보자 막 도망가기 시작했어요. 엄마 매가 누구입니까, 총알처럼 달려가 새를 물었어요. 그리고 집에서 기다릴 새끼 매를 생각하며 매우 기뻐했어요.

새는 호랑이에게 잡혀가도 정신만 차리면 산다는 말을 생각하며 꾀를 내기 시작했어요.

"저기 매 아줌마 조금만 내려가면 낙동강이 있는데 거기 저보다 큰 오리가 많이 있거든요. 저는 너무 작아서 배도 차지 않을걸요. 제가 안내 해드릴게요, 저 좀 놔주실 수 있을 까요?"

그러자 엄마 매는,

"지금 매돌이가 기다리고 있어. 눈에 보이지도 않는 오리를 위해 발톱에 있는 새를 놓아주는 매가 어디 있니? 내가 바보인 줄 알아. 호호! 매돌아, 엄마 간다."

결국 나이팅게일 새는 매돌이의 밥이 되고 말았답니다.

4. 에티오피아 노예

[해석하기]

1) 우리 인간은 하나님의 형상을 닮았기 때문에 피부색에 관계 없이 누구나 존엄합니다. 에티오피아 노예라는 우화를 아십니까? 그 이야기 속에는 백인 우월주의가 있습니다. 어떤 사람이 노예를 샀는데, 그는 전(前)주인이 잘 돌보지 못해서 노예의 살빛이 까맣게 되었다고 생각했습니다. 그래서 그는 노예를 집으로 데리고 와서 비누로 빡빡 씻겼습니다. 여러분, 전주인이 잘 돌보았다면 노예의 살빛이 까맣게 되지 않았을 것이라는 주인의 사고방식에서 백인 우월주의를 엿볼 수 있습니다. 혹시 우리 가운데 하얀 피부는 건강하며 아름답고, 검은 피부는 지저분하고 청결치 못하다는 생각을 은연중에 가지고 계신 분이 있으시다면 생각을 바꾸어야 합니다. 이런 생각은 성경의 법칙에 어긋납니다. 하나님의 형상을 닮은 인간은 피부색에 관계 없이 다 하나님의 자녀입니다.

2) 돈이나 힘, 수양 등으로 죄를 지울 수 없습니다. 이러한 이솝우화를 아시나요? 어떤 사람이 에티오피아 노예를 샀는데, 그는 전 주인이 노예를 잘 돌보지 못해서 노예의 살빛이 까만 줄 알았습니다. 노예를 집으로 데리고 온 그는 비누질을 하고 솔로 빡빡 문질렀습니다. 그는 노예를 하얗게 만들어 보려고 수단과 방법을 가리지 않았지만 피부색은 바꿀 수가 없었습니다. 결국 그는 지나

치게 힘을 쓴 나머지 앓아 눕고 말았습니다. 여러분, 우리의 죄도 자기의 노력이나 공력으로 지워지지 않습니다. 즉 돈이나 힘, 수양 등으로 죄를 지울 수가 없습니다. 오직 있다면 예수 그리스도께 용서를 청하여 죄사함을 받는 것입니다.

3) 예수님만이 우리의 죄를 없앨 수 있습니다. 에티오피아 노예라는 이솝우화를 아십니까? 어떤 사람이 에티오피아 노예를 샀습니다. 그는 전 주인이 잘 돌보지 않아 노예의 살빛이 까맣게 되었다고 생각합니다. 그래서 비누로 노예를 빡빡 씻겼습니다. 그는 지나치게 힘을 써 앓아 눕고 말았답니다. 여러분, 우리 주위에 주인과 같은 사람을 많이 볼 수 있습니다. 윤리와 철학, 유교와 불교 등으로 검은 죄를 하얗게 할 수 있습니까? 절대로 없습니다. 아무리 죄를 없애기 위해 노력한다 해도 그 죄가 없어지기는커녕 오히려 죄의 무거움을 더욱 느끼며 괴로워하게 됩니다. 예수님만이 여러분의 죄를 깨끗하게 할 수 있습니다. 헛된 수고를 버리십시오. 여러분이 가지고 있는 모든 죄를 예수님께 맡기십시오. 왜냐하면 예수님께서는 여러분을 위해 이 땅에 오셔서 십자가에 못 박혀 돌아가시고 다시 살아나셨기 때문입니다. 여러분의 죄뿐만 아니라 근심과 걱정 모두 다 예수님께 맡긴다면 죄의 무거운 짐을 벗게 되고 진정한 자유를 누리게 될 겁니다.

4) 나만의 해석하기

〈각색하기〉

주인은 고개를 갸웃거렸어요. 노예를 샀는데, 그 노예의 피부가 까맣기 때문이었어요. '아무래도 전 주인이 잘 돌보지 못해서 노예의 살빛이 까맣게 되었나 보군.' 주인은 그 노예의 피부를 비누로 씻는다면 뽀얗고 더 예쁠거라 생각했어요. 그래서 주인은 그 노예를 비누로 빡빡 씻기기 시작했어요. 아무리 노력해도 그 노예가 하얗게 되지 않네요. 이번에 주인은 노예에게 하얀 밀가루로 팩을 해 주었어요. 그래도 아무 소용이 없었습니다.

"주인님, 주인님!"

이런 주인을 보다 못해 노예가 입을 열었어요.

"저는 어려서부터 까만 피부를 타고났습니다. 저의 아버지, 어머니도 저처럼 까만 피부를 가지고 있었지요. 제 피부는 그분들께서 물려주신 겁니다."

"원래부터 네가 지니고 있는 것이 까만 피부였었구나. 나는 그런지도 모르고."

"그래도 씻겨주시고 팩해주신 덕분에 제 까만 피부가 더 빛나 보이는데요."

주인은 노예의 피부를 바라보았어요. 그의 까만 피부는 여전했지만 열심히 목욕을 시켰기에, 그 피부는 윤기를 더해서 더욱 아름답게 빛나고 있었어요.

"하하, 그러고 보니 네 피부가 세상에서 가장 아름다운 걸."

주인과 노예는 크게 같이 웃었답니다.

〈고쳐쓰기〉

어떤 사람이 에티오피아 노예를 샀어요. 그는 노예의 살빛이 왜 까만지 생각했어요.

'혹시 전에 소유했던 주인이 잘 돌보지 못해서 그런 것일까?'

하지만 그는 곧 그 이유를 알게 되었어요. '저 노예의 피부는 원래 까만 거야. 태어날 때부터 까맣다더군.'

주인은 노예를 집으로 데리고 와서 자신의 힘으로 노예의 피부색을 바꾸려는 헛수고를 하지 않았어요. 왜냐하면 자신의 힘으로는 피부색을 바꿀 수는 없다는 걸 알았기 때문이죠. 하지만 그는 피부색이 하얗게 되면 노예가 매우 기뻐할 거라 생각했기 때문에 아쉬워했어요.

그런데 주인은 노예에게는 피부가 희어지는 것보다 몸이 자유로워지는걸 더 원한다는 놀라운 사실을 알아냈어요. 결국 주인은 노예를 자유인으로 그냥 풀어 주었습니다. 노예는 너무 감사해서 껑충껑충 춤을 추며 주인에게 엎드려 절을 했어요.

5. 수탉 두 마리와 독수리

[해석하기]

1) 하나님께서는 교만한 자를 물리치시고 겸손한 자에게 은총을 내리십니다. 수탉 두 마리와 독수리라는 이솝우화를 아십니까? 젊은 수탉 두 마리가 암탉을 사이에 두고 싸우고 있었습니다. 두 수탉이 싸운 결과 한 수탉은 덤불 속으로 숨어버렸고, 승리한 수탉은 의기 양양하게 담벼락 위로 올라가 크게 울어대기 시작했습니다. 그런데 갑자기 하늘에 날고 있던 독수리 한 마리가 획 내려와 수탉을 나꿔채 날아가 버렸습니다. 여러분, 하나님께서는 승리한 수탉과 같이 교만한 자를 가장 싫어하십니다. 어떤 일이 잘 되면 자신이 잘나서 그렇게 되는 줄 착각하고 교만을 부리지 않으셨는지요. 우리는 항상 겸손한 자세로 하나님의 은총 안에서 살아가야 합니다.

2) 낙심하고 좌절한 사람들을 하나님께서는 위로해 주십니다. 낙담할 때 하나님의 위로를 기다립시다. 수탉 두 마리와 독수리라는 이솝우화를 아십니까? 암탉을 놓고 싸우던 두 마리의 수탉이 있었습니다. 결국 승자와 패자로 나뉘게 되고 패자는 덤불 속으로 숨게 됩니다. 이 때 패자의 마음은 덤불 속과도 같이 어둡고 외롭습니다. 하지만 하나님께서는 패자를 외면하지 아니하십니다. 승리한 수탉은 독수리에게 잡히고, 덤불 속에 있는 수탉은 암탉과

함께 행복하게 지냈습니다. 이처럼 하나님께서는 마음이 곤고한 자들을 위로하십니다. "주께서 곤고한 백성을 구원하시고 교만한 눈은 낮추시리이다"(시 18:27).

3) 나만의 해석하기

〈각색하기〉

봄볕이 따사로운 너무도 한가로운 정오였어요. 사람들이 모두 일하러 나가고 아무도 없는 한가로운 초가집에는 수탉 두 마리와 암컷들이 한가로이 먹이를 먹고 있었어요. 모든 것이 평온하고 아름다운 정오였어요. 하지만 이때 정적을 깨는 소리가 들렸습니다.

"꼬꼬댁 — 꼬꼬댁 — ."

수탉 두 마리가 암놈을 사이에 두고 결투를 하고 있네요. 결국 한 놈이 이겨 다른 놈을 쫓아버렸습니다. 그러자 패한 수탉은 창피한지 덤불 속으로 들어가 숨어버렸어요. 기세가 등등해진 승리한 수탉은 날개를 퍼덕이며 공중으로 날아올라 높은 담벼락 위에서 홰를 치며 시끄럽게 울어대기 시작했어요.

이솝우화, 기독교 세계관으로 읽기

40

"꼬꼬댁 —, 꼭꼭꼬 —, 꼬끼오 — 내가 천하제일이다."

그 때 이 싸움을 멀리서 은밀히 지켜보고 있는 또 다른 누군가가 있었으니 그것은 바로 독수리였어요. 은밀히 지켜보던 독수리가 승리한 수탉을 향해 전속력으로 휙 내려옵니다.

여러분, 수탉은 어떻게 되었을까요. 덕분에 그늘에 숨어있던 수탉은 한가로이 암탉들과 행복한 나날을 보냈습니다.

〈고쳐쓰기〉

젊은 수탉 두 마리가 암탉을 사이에 놓고 싸우고 있었어요. 결국 한 놈이 이기고, 이긴 수탉은 담벼락 위로 올라가 꼬끼오! 소리 지르며 하늘을 날 듯이 기뻐했어요. 패배한 수탉은 덤불 속으로 기어 들어갔어요. 패배한 수탉은 풀이 죽어 승자 쪽을 보고 있는데 갑자기 하늘에서 친구 수탉을 잡아먹으려고 독수리가 내려오는 것이 보였어요.

"독수리다, 독수리!"

승리한 수탉이 뒤를 돌아보니 독수리가 잽싸게 내려오는 것이 보이지 않겠어요. 정말 독수리네. 승리한 수탉은 잽싸게 덤불 속으로 몸을 피했어요.

"정말, 고마워."

승리한 수탉은 친구가 너무 고마웠어요. 승리한 수탉은 자기 목숨을 구해준 친구의 넓은 마음에 눈물을 흘리며 감격했어요.

6. 돌멩이를 낚은 어부들

[해석하기]

1) 살다보면 기대가 무너질 수도 있지만 실망하지 마시고 소망 가운데 기합시다. 돌멩이를 낚은 어부들이란 이솝우화를 아십니까? 어부들이 바닷가에 나가서 그물을 내리고 고기가 걸리기만을 기다리다가 그물을 끌어올렸어요. 그들은 손맛이 아주 묵직했기 때문에 그물을 끌어올리면서 춤을 덩실덩실 추었어요. 그들은 그물이 묵직했기 때문에 당연히 고기가 많이 잡혔다고 생각했습니다. 그러나 막상 배 안으로 끌어올린 그물 속에 고기는 기껏해야 몇 마리뿐이고, 전부 쓰레기 더미였어요. 그들의 실망은 기대했던 것만큼 컸습니다. 여러분, 세상 것에 대한 기대는 어긋날 수가 있습니다. 하지만 영원한 하나님 나라에 대한 기대감 속에서 사는 사람들은 실망을 하지 않습니다. 따라서 우리는 영원한 하나님 나라에 소망을 두고 살아야 합니다.

2) 작은 일에 너무 슬퍼하거나 기뻐하는 것은 바람직한 신앙 태도가 아닙니다. 돌멩이를 낚는 어부들이란 이솝우화를 아십니까? 어부들이 커다란 그물을 끌어올리고 있었습니다. 손맛이 아주 묵직했기 때문에 어부들은 풍어가 분명하다고 춤추면서 기뻐했습니다. 그러나 막상 둑으로 끌어올린 그물 속에는 고기가 기껏해야 몇 마리뿐이었고, 나머지는 모두 돌멩이와 쓰레기로 가득

이솝우화, 기독교 세계관으로 읽기

찼습니다. 어부들은 기대가 몹시 컸기 때문에 실망도 컸습니다. 그러나 그들 중에서 나이가 지긋한 어부는 이렇게 말했습니다. "너무 실망하지 말게나. 기쁨의 누이는 슬픔이라 하지 않는가. 때 이른 기쁨을 누렸으니 슬픔이 따라오는 게 당연하네." 여러분, 작은 것에 쉽게 노여워하고 낙망하며, 또 작은 일에 쉽게 기뻐하고 즐거워하십니까? 실망이 있으면, 기쁨이 멀지 않았다는 것을 명심하세요. 무슨 일이 잘되든 그렇지 않든지 간에 소망을 가지고 주님을 바라봅시다.

---

3) 나만의 해석하기

_____
_____
_____
_____
_____
_____

〈고쳐쓰기〉

현주 아버지는 어부입니다. 현주 아버지는 오늘도 배를 끌고 고기를 잡으러 나갔습니다. 그물을 던질 때 현주 아버지는 마음속으로 '오늘은 고기를 많이 잡아가야지~, 후후~ , 오늘은 어떤 고기를 잡을까? 바다의 고기들을 다 잡으면 안되니깐 적당히 잡아야지.' 이런 생각을 하다가 현주 아버지는 갑자기,

'오늘은 분명히 물고기가 많이 걸릴 거야. 어디 두고 보자. 다른 사람들과 같이 오지 않고 나 혼자 온 것이 잘한 거야. 어제 밤 꿈자리가 좋아서 혼자 왔는데.'

현주 아버지는 물고기가 많이 걸렸을 거라 생각하고 그물을 끌어올리기 시작했습니다.

'아싸, 손이 묵직한 것을 보니 분명히 많은 고기가 잡히겠구나. 옳구나. 옆집 상범이네 아빠랑 같이 왔으면 낭패를 볼 뻔했어. 내 꿈자리가 좋아서 이렇게 혼자 왔는데 오늘은 많은 고기를 잡겠는 걸. 상범 아빠에게 좋은 일을 시킬 뻔했네.'

그런데 이게 웬일입니까? 그물 속에는 물고기는 한 마리도 없고 쓰레기만 잔뜩 있으니 말입니다. 현주 아버님은 쓰레기만 올라오자 실망을 하셨습니다.

'어라, 이게 뭐야? 물고기는 한 마리도 보이지 않고 쓰레기만 잔뜩 있잖아. 이런 너무 욕심을 많이 내서 이런 일이 발생한 건가? 내가 헛된 것에 너무 많은 기대를 한 것인가?'

현주 아버지는 겉으로 보기에도 안쓰러울 정도로 어깨가 축 쳐졌습니다. 기대가 너무 컸기 때문에 실망이 컸던 것입니다. 그래서 현주 아버님은 기운이 없이 집으로 돌아오십니다. 현주는 아버지께 물어봅니다.

"아빠, 기운이 없어 보이시네요?"

"응, 오늘 그물이 묵직해서 물고기를 많이 잡았다고 생각을 했는데 물고기는 한 마리도 잡히지 않고 쓰레기만 잔뜩 걸려서 아빠가 실망했단다."

"아빠가 기운이 없어 보이는 이유를 알겠어요! 하지만 아빠?"

"왜? 우리 사랑하는 공주님?"

"그래도 너무 실망하지 마세요. 오늘 많이 안 잡히면 내일 많이 잡히겠죠. 오늘이 전부는 아니잖아요. 그리고 물고기는 먹으면 사라지는 것들이잖아요. 그러니까 너무 실망하지 마세요. 어차피 없어질 것들인데요."

"그래, 우리 공주님 말대로 물고기를 오늘잡지 못했으면 내일 잡으면 되지. 어차피 물고기들은 썩어질 것들에 불과하니까."

이렇게 해서 그 이후로 현주 아버지는 혼자 많이 잡으려는 욕심도 버리고 썩어질 것들에 대한 기대도 하지 않게 되었답니다.

7. 배가 뚱뚱해진 여우

[해석하기]

1) 눈앞의 이익만 생각하지 말고 작은 일이라도 하나님께 지혜를 구하며 신중하게 행동합시다. 배가 뚱뚱해진 여우라는 이솝우화를 아십니까? 몹시 굶주리던 여우는 양치기가 속이 텅빈 참나무 속에 빵과 고기를 숨겨 놓은 것을 보고 그곳에 들어가 음식을 모조리 먹어 치웠습니다. 포식한 나머지 배가 빵빵해진 여우는 구멍으로 나올 수가 없었습니다. 여우는 엉엉 울면서 신세를 한탄하기 시작했습니다. 마침 지나가던 다른 여우가 자초지종을 듣고, "이 바보야, 음식을 나무 속에서 꺼내와서 밖에서 먹어야지. 그러면 이런 걱정을 하지 않았을 텐데…." 간식을 먹으러 왔던 양치기는 간식 대신에 "웬 떡이냐." 하며 여우를 잡았습니다. 여러분, 여우처럼 웬 떡이냐 좋아하며 성급하게 일을 하다 일을 그르친 적이 있으십니까? 멀리 바라보고 일을 신중하게 처리합시다.

2) 여러분, 남이 어리석은 잘못을 저질러서 어려움에 처해 있을 때 주님의 마음으로 그들을 위로합시다. 배가 뚱뚱해진 여우라는 이솝우화를 아십니까? 몹시 굶주리던 여우는 양치기가 속이 텅빈 참나무 속에 빵과 고기를 숨겨 놓은 것을 보고, 그곳에 들어가 음식을 모조리 먹어 치웠습니다. 포식한 나머지 배가 빵빵해진 여우는 구멍으로 나올 수가 없었습니다. 여우는 엉엉

울면서 신세를 한탄하기 시작했습니다. 마침 지나가던 다른 여우가 자초지종을 듣고, "이 바보야, 음식을 나무 속에서 꺼내와서 밖에서 먹어야지. 그러면 이런 걱정을 하지 않았을 텐데…." 우리도 지나가던 여우처럼 다른 사람의 어려움을 보고 위로해 주기보다는 오히려 비웃고 "어리석은 잘못을 했으니 당해도 싸."라며 그 사람에게 돌을 던지지 않았는지요. 주님은 이런 경우에 어떻게 하셨습니까? 주님은 그 사람을 보살펴주시고 어려운 문제를 해결해 주셨습니다. 우리도 주님을 본받아 어려운 처지에 있는 사람들에게 도움을 주어야 하겠습니다.

3) 호랑이굴에 들어가도 정신만 차리면 살 수 있습니다. 배가 뚱뚱해진 여우라는 이솝우화를 아십니까? 몹시 굶주리던 여우는 양치기가 속이 텅 빈 참나무 속에 빵과 고기를 숨겨 놓은 것을 보고, 그곳에 들어가 음식을 모조리 먹어 치웠습니다. 포식한 나머지 배가 빵빵해진 여우는 구멍으로 나올 수가 없었습니다. 여우는 엉엉 울면서 신세를 한탄하기 시작했습니다. 마침 지나가던 다른 여우가 자초지종을 듣고, "이 바보야, 음식을 나무 속에서 꺼내와서 밖에서 먹어야지. 그러면 이런 걱정을 하지 않았을 텐데…." 여러분, 이러한 위기에 처하게 되었을 때 정신만 차리면 됩니까? 어려울 때일수록 하나님께 간구하며 구멍에서 나올 방법을 찾는 등 현명하게 대처합시다.

4) 나만의 해석하기

_____
_____
_____

이솝우화, 기독교 세계관으로 읽기

<각색하기>

뜨거운 햇살이 내리쬐는 오후입니다. 여우 나라에서는 요즘 들어 가뭄이 심해 먹이가 없어서 야단입니다. 며칠 동안 아무 것도 먹지 못해 굶주리던 여우가 땀을 뻘뻘 흘리면서 먹이를 찾아 돌아다니고 있었어요.

"아, 배고프다. 어디 먹을 것 좀 없나? 며칠 동안 굶었더니 배가 너무 고파서 죽을 것만 같군."

여우는 주위를 두리번거리기 시작했어요.

"꼬르륵~"

여우의 배에서 계속 소리가 났어요. 여우는 배가 고파 허기졌어요. 그 때 눈에 번쩍 띄는 것이 보였어요. 여우는 자기 눈을 의심했어요.

"어? 저게 뭐야? 음식이잖아. 마치 나를 위해 준비해 놓은 것 같군."

여우는 참나무 구멍 속에 양치기가 숨겨놓은 빵과 고기를 발견했어요.

'와! 고기다. 양치기가 조금 있다가 배가 고프면 먹으려고 숨겨놓은 음식 같군.'

배가 고팠던 여우는 허겁지겁 구멍 안으로 기어 들어가서 음식을 배불리 먹었지요.

'음, 맛있다. 배가 부르군. 이제 다 먹었으니 슬슬 나가 볼까?'

여우는 다 먹고 참나무 구멍 속에서 나오려 했어요. 하지만 여우는 뚱뚱해진 배 때문에 참나무 구멍에서 빠져 나올 수가 없었어요.

'너무 많이 먹었더니 배가 남산만해져서 빠져나갈 수가 없네? 이를 어쩌지?'

"나 좀 도와주세요!!"

때 마침 다른 여우 한 마리가 그 곳을 지나가고 있었어요.

"왜 시끄럽게 울고 있는거니? 대체 뭐가 문제니?"

지나가던 여우가 물었어요. 자초지종을 듣고 난 여우는 말했어요.

"하하하. 그게 뭐가 그리 큰 문제라고 시끄럽게 울고 있는 거니? 처음 들어갔을 때만큼 날씬해질 때까지 그 안에서 잠자고 기다리면 쉽게 나올 수 있을 테니깐 너무 걱정하지 말게."

8. 여우와 포도

[해석하기]

1) 자신의 능력이 부족한 것 때문에 하나님을 원망하지 맙시다. 여우와 포도라는 이솝우화를 아십니까? 배고픔에 허덕이던 여우가 높은 나무 위의 넝쿨에 매달린 포도송이들을 먹으려고 노력했습니다. 그러나 손이 닿지 않아 먹을 수 없었습니다. 여우는 화가 나서 아직 포도가 덜 익었다고 중얼거리며, 먹는 것을 포기해 버렸습니다. 여러분, 여우와 같이 쉽게 포기해 버린 적이 있으십니까? 그리고 그것이 하나님의 뜻이 아닐 거라고 단념하거나 하나님의 때가 되지 않았다며 중얼거리고 계십니까? 그것도 모자라 하나님을 원망하고 계십니까? 우리의 능력은 너무나 한정적입니다. 그래서 우리의 힘만으로는 목적을 달성할 수 없을 때가 많습니다. 하지만 쉽게 포기하지 마십시오. 하나님은 능치 못한 것이 없으신 분이십니다.

2) 어려운 일이 눈앞에 있을 때 쉽게 포기하지 말고 새로운 방법을 찾아 문제를 해결합시다. 옛날 배고픈 여우 한 마리가 높은 나무 위에 올라 포도송이를 보고 입맛을 다셨습니다. 그러나 아무리 폴짝 뛰어도 손이 닿지 않자 포도가 덜 익었을 것이라며 포기했습니다. 여러분, 사람들은 조금 어려운 상황에 처하게 되면 쉽게 포기해 버리고 남의 탓으로 돌려 그 상황을 회피

해 버리고 맙니다. 우리는 포도가 덜 익었다며 위안을 삼기보다 다른 방법을 모색하여 문제를 해결하기 위해 노력합시다.

3) 나만의 해석하기

_____
_____
_____
_____
_____
_____
_____

< 고쳐쓰기 >

어느 여름날의 오후였어요. 햇빛이 땅에 내리쬐고 있었어요. 여우 한 마리가 배고픔과 더위로 헐떡이며 길을 가고 있었어요. 너무 힘이 들어서 쓰러지려는 순간 여우의 눈앞에 바로 포도밭이 있었어요.

"이야! 포도밭이다. 신난다. 빨리 가서 먹어야지. 야호! 살았다."

여우는 온 힘을 다해 손을 뻗어서 포도를 따먹으려고 했어요.

"조금만 더. 하나, 둘, 셋, 폴짝!"

어? 그런데 손이 닿지 않았어요. 여우는 계속해서 손을 뻗어 보았어요. 그런데 그 포도나무는 너무 높아서 여우의 손이 닿지 않았어요.

"이런! 손이 닿지 않는구나. 내 능력으로는 할 수가 없네. 어쩌지?"

그 때 원숭이가 지나갔어요. 여우는 원숭이를 불렀어요.

"원숭아, 원숭아, 나 좀 보렴."

"어, 누구지? 어라, 여우네?"

"원숭아 내가 포도를 먹으려고 하는데 손이 닿지 않아~, 나 좀 도와주지 않을래?"

"그렇구나, 기다려 봐, 내가 맛있는 포도를 따줄게. 우리 같이 먹자."

"그래 원숭아, 고마워!"

이렇게 여우는 능력의 부족을 인정했습니다. 그리고 원숭이에게 도움을 청해서 배고픔과 목마름에서 벗어날 수 있었습니다. 여러분도 자신의 능력으로 하나님의 뜻을 판단하기보다 자신의 능력의 한계를 인정하고 하나님께 기도로 도움을 청해 보세요. 그러면 하나님께서 여러분의 기도를 들으시고 어려운 일을 도와주실 겁니다.

9. 여우와 이무기

[해석하기]

1) 성도는 하나님께서 주신 달란트를 살려 그에게 주어진 사명을 잘 감당해야 합니다. 여우와 이무기라는 이솝우화를 아십니까? 여우는 잠자고 있는 이무기의 키를 보고, 자기도 이무기와 같이 큰 키를 가지고 싶어서 키를 늘이다가 몸이 두 동강이가 나고 말았습니다. 여러분, 여우는 자신의 달란트에 만족하지 못하고 이무기의 큰 키를 부러워하다 낭패를 보고 말았습니다. 우리도 이러한 여우처럼 되기보다 나에게 주어진 달란트를 살려 하나님께서 주신 사명을 잘 감당해야겠습니다.

2) 하나님께 억지 은사를 달라고 간구하여 하나님을 괴롭히지 맙시다. 하나님께서는 사람마다 각각의 은사를 주셨습니다. 여우와 이무기라는 이솝우화를 아십니까? 한 여우가 길가의 무화과나무 밑에서 잠든 거대한 이무기를 보고는 그 어마어마한 길이를 시샘했습니다. 여우는 이무기와 같이 되고 싶었어요. 여우는 이무기 옆에 누워 키를 늘이고 늘였는데, 지나치게 제 몸을 잡아당긴 나머지 그만 두 동강이 나고 말았습니다. 여러분, 교회에서도 종종 이와 같은 모습들을 발견하곤 합니다. 다른 사람이 하나님께 특별한 은사를 받으면 자신도 그와 동일한 은사를 받으려고 하나님께 부르짖는 성도들이 있습니다. 은사를 부

여하시는 하나님은 전혀 고려하지 않고 남의 은사에 대한 맹목적 동경으로 동일한 은사를 간구하여 하나님을 괴롭히지 맙시다.

3) 세상의 헛된 것을 바라지 말고 하나님께 나오십시오. 세상에서의 유익과 기쁨은 모두 한 순간일 뿐입니다. 여우와 이무기라는 이솝우화를 아십니까? 더위에 지친 여우 한 마리가 무화과나무 그늘을 발견하고 가까이 다가갑니다. 여우는 나무 그늘에서 쉬고 있는 알록달록한 멋진 긴 몸을 보자 부러웠어요. 야, 나도 몸을 늘이면 이무기처럼 아름다운 몸이 될까? 결국 여우는 몸을 이무기처럼 늘리다 두 동강이가 나서 죽고 맙니다. 여러분, 아무리 몸을 길게 늘인다고 해도 여우가 이무기가 될 수 있습니까? 요즘 모빙 심리가 강한 청소년들을 봅니다. 청년의 때는 시간이 금입니다. 헛된 일을 탐하지 마세요. 외모만 가꾸지 마세요. 세상의 헛된 것들을 버리고 전능하신 하나님께 나오세요.

---

4) 나만의 해석하기

_____
_____
_____
_____
_____
_____

〈고쳐쓰기〉

어느 날 여우가 길을 가고 있는데 무화과나무 밑에서 몸을 길게 늘어뜨리고 잠을 자고 있는 이무기를 보았어요. 여우는 이무기의 긴 몸을 보고 대단하다고 생각했어요.

'이야~, 저 몸 좀 봐, 대단하다! 나도 저렇게 긴 몸을 가져 봤으면.'

여우는 이무기 옆에 누워서 자신의 몸을 잡아당기기 시작했어요. 그런데 잡아당길수록 자신의 몸이 늘어나기는커녕 몹시 고통스러웠어요. 그래도 여우는 고통을 참으면서 계속 자신의 몸을 잡아당겼어요. 너무 고통이 심해서 잡아당기는 것을 그만두고 자신의 몸을 바라보았어요.

그 때 여우는 자신의 몸 끝에 살랑거리고 있는 예쁘게 생긴 꼬리를 발견했어요. 그리고 큰 소리로 외쳤어요.

"이야~, 나에게 이렇게 예쁜 꼬리가 있었네! 이무기의 긴 몸도 대단하지만 복슬복슬하고 예쁘게 생긴 꼬리가 너무 예쁘다."

그후 여우는 이무기의 긴 몸에 대해서는 시기하고 부러워하기보다는 존중하며 칭찬해 주었어요.

10. 여우와 악어

[해석하기]

1) 성도는 항상 겸손한 모습으로 살아야 합니다. 하나님이 보시기에 우리 인간들의 모습은 모두 귀하고 동일한 존재인 것입니다. 그런데 여우와 악어는 서로 자기의 태생이 더 고귀하다며 자랑하고 있습니다. 악어는 자기 조상들이 전천후 운동선수였다고 자랑합니다. 그러자 여우는 "기나긴 세월 동안 운동을 열심히 해서 온몸이 갈라 터진" 것이라고 비아냥거립니다. 여러분, 이러한 악어의 뽐냄은 비웃음거리의 빌미가 됩니다. 하나님께서는 성도들에게 낮아지기를 원하십니다. 우리의 헛된 교만과 가식이 하나님을 슬프게 만든다는 것을 기억하십시오. 그리스도인으로서의 겸손한 삶을 살아가는 여러분이 되시길 바랍니다.

2) 여러분, 이웃에게 자기 자신을 자랑하여 상처를 준 적은 없습니까? 여우와 악어라는 이솝우화를 아십니까? 여우와 악어는 저마다 자신이 더 고귀한 태생이라고 자랑하고 있었습니다. 악어는 자신의 조상이 전천후 운동선수였다고 자랑하자, 여우는 악어에게 운동으로 등이 갈라졌냐고 비웃고 있습니다. 여러분, 비웃고 있는 상대방이 없으면 '나' 라는 존재의 의미도 없다는 것을 기억하세요. 인간은 관계의 동물입니다. 상대방을 아껴주고 감싸주며 살아갑시다.

이솝우화, 기독교 세계관으로 읽기

3) 나만의 해석하기

< 고쳐쓰기 1 >

여우와 악어가 같이 밥을 먹고 있었습니다. 밥을 먹다가 악어가 날카로운 이빨을 자랑합니다. 여우도 뒤질세라 자기의 탐스러운 털을 자랑합니다. 음식 먹는 것을 멈추고 서로 자랑을 합니다. 나중에는 자기 조상들 자랑을 하더니 싸움까지 하게 되었습니다. 악어가 이야기를 하였습니다.

"우리 선조들은 모두들 운동선수였어."
"그래? 그런데 너 피부가 왜 그래?"
"내 피부가 어때서?"
"울퉁불퉁하잖아. 징그러워."
"뭐라구?"
"징그럽다고 그랬다. 왜?"
"넌 눈이 째져서 사악해 보여."

처음에는 서로 자기자랑으로 시작하였지만, 나중엔 서로들 상대방의 약점을 들

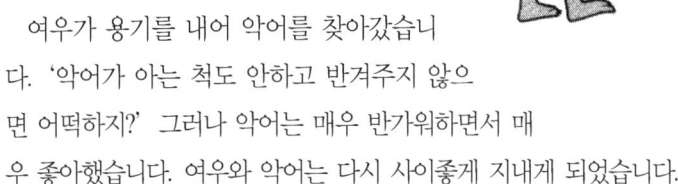

추어내며 헐뜯게 되었습니다. 상처를 받은 두 동물은 사이가 더욱 나빠졌어요. 그래도 친했던 친구였기 때문에 여우와 악어는 서로 마음이 불편했어요.

여우가 용기를 내어 악어를 찾아갔습니다. '악어가 아는 척도 안하고 반겨주지 않으면 어떡하지?' 그러나 악어는 매우 반가워하면서 매우 좋아했습니다. 여우와 악어는 다시 사이좋게 지내게 되었습니다.

<고쳐쓰기 2>

여우와 악어는 동물학교에 다니는 같은 반 친구랍니다. 이들은 반에서 1, 2등을 다투는 라이벌이었어요. 지난 시험 때는 여우가 1등을 했죠. 여우는 조회시간에 전교생이 보는 앞에서 우등상을 받았습니다. 그 모습을 지켜보는 악어는 약이 올랐어요.

"쳇! 원래 내가 받아야 되는 상인데, 다음 시험에는 내가 꼭 1등 할거야!"

너구리, 곰, 다람쥐 등 다른 친구들이 여우에게 축하한다며 칭찬을 해주었습니다. 그러나 악어는 축하해 주지 않았습니다. 다음 시험을 보는 날이 다가왔어요. 악어는 코피 터지게 열심히 공부했습니다. 이번 시험만큼은 여우를 이기겠다고 다짐, 또 다짐하면서.

시험이 끝나고 2주 후에 성적표가 나왔습니다. 결과는 악어가 1등, 악어는 좋아서 어쩔 줄을 몰랐습니다. 여우는 아깝게 한 문제 차이로 1등을 놓쳤습니다.

"악어야, 1등 축하해!"

여우가 악어를 축하해 주었어요.

"축하는 무슨 당연한 걸!"

콧대가 높아질 대로 높아진 악어는 한껏 뽐냈습니다. 악어는 친구들, 부모님, 선생님들에게 자기가 1등 했다며 자랑을 늘어놓고 다녔습니다. 그러던 어느 날,

"이번 시험 중에 영어 답에 문제가 있어요. 영어 시험 12번에 정답이 ③이 아니고 ⑤번입니다. 그래서 이번 시험은 악어랑 여우가 공동 1등을 했습니다."

담임 선생님께서 들어오셔서 이렇게 말씀하시자, 악어는 너무 놀랍고 창피해서 어쩔 줄을 몰랐습니다. 자기가 최고라며 뽐내고 다녔는데 이제 와서 뭐라고 변명해야 할지 앞이 막막했습니다. 여우 앞에서 거만하게 굴었던 것도 창피하고 미안했습니다. 수업이 끝나고 악어가 여우에게 찾아갔어요.

"여우야 미안해. 내가 너무 교만했던 것 같아."

"아니야, 너랑 같이 1등 하게 돼서 너무 좋아! 우리 앞으로도 계속 열심히 하자."

그 뒤로 여우와 악어는 멋진 라이벌 친구가 되었습니다.

11. 여우와 왕이 된 원숭이

[해석하기]

1) 신앙인은 남이 잘 되는 것을 축복해 줄 수 있는 너그러움이 있어야 합니다. 여우와 왕이 된 원숭이라는 이솝우화를 아십니까? 여우는 춤을 잘 추어 왕으로 선출된 원숭이가 미웠습니다. 시기심이 많은 여우는 거짓말을 하여 덫이 있는 곳으로 원숭이를 유인했습니다. 원숭이는 덫에 걸리고 말았어요. 그러자 여우는 원숭이에게 어리석다며 책망을 하였습니다. 여러분, "사촌이 땅을 사면 배가 아프다."라는 속담이 있습니다. 보편적으로 사람은 남이 잘되는 것을 함께 기뻐해 주고 축복해주는 것이 아니라 오히려 질투하며 싫어합니다. 남이 잘 되는 것을 보았을 때 당신은 어떤 모습을 보입니까? 하나님께서는 서로 사랑하고 섬기며 축복해 주기를 원하십니다.

2) 하나님께서는 모두가 협력하여 선을 이루길 원하십니다. 여우와 왕이 된 원숭이라는 이솝우화를 아십니까? 여우는 질투심 때문에 원숭이를 곤경으로 밀어 넣었습니다. 여러분, 하나님은 질투보다 모두가 화목하길 원하십니다. "우리가 알거니와 하나님을 사랑하는 자 곧 그 뜻대로 부르심을 입은 자들에게는 모든 것이 합력하여 선을 이루느니라"(롬 8:28). 서로 섬기는 모습, 이것은 하나님을 기쁘시게 하는 것입니다.

3) 우리는 잘 나갈 때 조심스럽게 행동해야 합니다. 여우와 왕이 된 원숭이라는 이솝우화를 아십니까? 원숭이가 조금만 조심하였다면 그러한 우를 범하지 않았을 것입니다. 성급하게 행동하기보다 주님께 한번쯤 더 기도하고 행동한다면 원숭이와 같은 잘못을 범하지 않았을 것입니다.

4) 나만의 해석하기

_____
_____
_____
_____
_____
_____
_____

〈고쳐쓰기 1〉

평소 내성적인 성격의 여우는 원숭이가 유일한 친구였습니다. 여우는 너무나 밝고 친구들에게 인기가 많은 원숭이가 부러워서, 비밀리에 '친구 만들기 프로젝트'를 계획했습니다. 그것은 바로 댄스! 여우는 친구를 사귀겠다는 일념 하에 인기 절정의 고난도 댄스, 통 아저씨 춤과 싸이 춤을 연습했습니다.

그가 완벽하게 춤을 마스터하게 되었을 때, 동물 마을에서는 댄스 왕을 선발하는 댄스 축제가 진행되었습니다. 여우는 하늘이 주신 기회라고 생각하며 댄스 페스티벌에 신청서를 냈습니다.

그런데 그곳에 친구 원숭이가 나타났습니다. 평소 모든 부분에서 자기보다 뛰어난 원숭이에게 콤플렉스를 가지고 있던 여우는 조금 걱정이 되기는 했지만 힘든 연습을 하였기 때문에 자신이 일 등할 것이라고 생각했어요.

드디어 대회는 시작되었어요. 행사장은 많은 사람들로 시끌벅적 했고, 참가자들은 각기 개성 있는 의상을 입고 있었어요. 탐색전을 벌이고 있던 여우는 우연히 외진 곳에 무릎을 꿇고 있는 원숭이를 발견하게 되었습니다. 여우는 '얼마 전부터 교회 다니자고 꼬시더니, 예수라는 신에게 일 등을 하게 해달라고 빌고 있나보군. 소용없을 텐데.'라고 생각하였습니다.

그러나 이 때 원숭이는 이런 기도를 하고 있었어요.

"예수님, 이 좋은 기회를 복음 전파에 사용하게 해 주세요. 몸으로 하나님을 찬양하며 사람들에게 하나님을 알리고 싶어요. 모든 것을 하나님께 맡깁니다. 도와주세요."

대회는 순조롭게 진행되었고, 드디어 여우의 차례가 되었어요. 여우는 그 동안 연습하였던 통 아저씨 춤과 싸이 춤을 추며 실력을 유감없이 발휘하였습니다. 행운의 여신이 자신에게 미소짓는 것처럼 느껴졌어요.

곧 이어 원숭이 차례가 되었어요. 원숭이의 워십은 고난도의 기술은 없었지만 사람들의 마음에 감동을 주는 춤이었어요.

"하나님은 사랑"이시라는 원숭이의 고백은 믿지 않는 사람들의 가슴마저도 찡하게 만들었어요.

여우의 기대와는 달리 원숭이가 일 등을 하고 말았어요.

여우는 질투를 느꼈지만 원숭이의 워십으로 하나님을 알며, 믿게 되었어요. 그리고 그는 교회에 다니게 되었고, 매우 밝고 긍정적인 생각을 하게 되었어요. 물론 그의 소원대로 많은 친구들이 생겼답니다.

<고쳐쓰기 2>

 디스코를 제일 잘 추는 원숭이는 여성층의 전폭적인 지지를 얻어 동물 세계의 왕으로 선출됩니다. 테크노춤으로 아쉽게 2위에 그친 여우는 원숭이가 미웠습니다. 여우는 어느 날 고기 한 덩어리가 놓여 있는 덫을 발견하고는, 원숭이를 꾀여 그곳으로 데리고 갔습니다. 원숭이는 평소 여우가 2인자라는 설움 때문에 복수할 거라는 계략을 간파하고 다음 날 가겠다고 말했어요. 그날 밤 원숭이는 신하를 시켜 여우가 설치한 덫을 다른 곳으로 옮겨 놓았습니다.
 날이 밝았습니다. 원숭이 왕은 여우를 데리고 고기가 있는 곳으로 갔습니다. 왕은 여우에게,
 "난 고기를 좋아하지 않으니 당신이나 먹으시오"
 당황한 여우는 벌벌 떨었습니다.
 여우는 자기가 설치한 덫이 있는 곳으로 들어가지 않을 수 없게 되었어요. 그런데 덫이 보이지 않습니다. 여우는 원숭이 왕에게 큰절을 하고 살려 달라고 애원을 하였습니다. 여우는 크게 잘못을 뉘우치고 원숭이 왕의 충실한 심복이 되었습니다.

12. 여우와 원숭이가 태생의 귀천을 따지다.

[해석하기]

1) 성도라면 허풍쟁이의 말을 반박하거나 질책하기보다 그들의 마음속을 들여다보고 상황에 맞게 대처하는 지혜를 갖추어야 합니다. 여우와 원숭이가 태생의 귀천을 따지다라는 이솝우화를 아십니까? 여우와 원숭이는 누가 더 귀한 태생인지 따지고 있습니다. 갑자기 원숭이가 땅이 꺼져라 한숨을 쉽니다. 그러자 여우가 무슨 일인가 물었습니다. 원숭이는 "아, 우리 조상님들이 거느렸던 종과 해방노예들의 비석들을 보니 슬픔이 절로 복받치네 그려."라며 허풍을 떱니다. 그러자 여우는 "아, 그런가? 마음대로 거짓말을 해도 죽은 사람이 살아나서 따질 리가 있겠는가."라며 짓궂게 대꾸합니다. 여러분, 이러한 경우에 성도라면 어떻게 대답해야 할 것인가를 생각해 보셨습니까? 여우처럼 짓궂게 대답하면 사이만 나빠질 뿐입니다. 원숭이의 마음 속을 들여다보고 적절하게 대답하는 여유를 가져야 합니다.

2) 하나님께서는 우리에게 겸손하라고 말씀하십니다. 여우와 원숭이가 태생의 귀천을 따지는 이솝우화를 아십니까? 여우와 원숭이는 누가 더 귀한 태생인지 따지고 있습니다. 갑자기 원숭이가 땅이 꺼져라 한숨을 쉽니다. 그러자 여우가 무슨 일인가 물었습니다. 원숭이는 "아, 우리 조상님들이 거느렸

던 종과 해방노예들의 비석들을 보니 슬픔이 절로 복받치네 그려."라며 허풍을 떱니다. 그러자 여우는 "아, 그런가? 마음대로 거짓말을 해도 죽은 사람이 살아나서 따질 리가 있겠는가."라며 짓궂게 대꾸합니다. 여러분, 두 동물과 같이 서로 자기가 잘 났다고 친구와 다투지 마십시오. 하나님께서는 우리에게 겸손하라고 말씀하십니다. 우리가 높아지려고 한다면 하나님께서는 낮아지게 하시고 우리가 낮아지려고 한다면 하나님께서는 높이신다고 말씀하십니다. "예수께서 앉으사 열두 제자를 불러서 이르시되 아무든지 첫째가 되고자 하면 뭇 사람의 끝이 되며 뭇 사람을 섬기는 자가 되어야 하리라 하시고"(막 9:35). 여러분, 자기를 낮추는 겸손한 사람이 됩시다.

3) 하나님께서는 우리에게 정직하라고 말씀하십니다. 여우와 원숭이가 태생의 귀천을 따지는 이솝우화를 아십니까? 여러분, 원숭이와 같이 자기가 더 낫게 보이려고 거짓말을 하는 것은 옳지 않습니다. 하나님께서는 우리에게 정직한 입술을 가지라고 말씀하십니다. "의로운 입술은 왕들의 기뻐하는 것이요 정직히 말하는 자는 그들의 사랑을 입느니라."(잠 16:13)

---

4) 나만의 해석하기

_____
_____
_____
_____
_____

〈고쳐쓰기〉

어느 더운 여름 주일날 아침, 여우 자매와 원숭이 형제가 교회에 함께 가고 있었습니다. 여우 자매는 매우 신실하여 하나님의 사랑을 실천했고, 원숭이 형제는 초신자입니다. 평소 잘난척하는 것이 주특기였던 원숭이 형제는 오늘도,

"우리 할아버지는 동물의 왕이었어. 난 왕족이야. 우리 집에는 화장실이 10개야. 화장실만 10개니까 우리 집이 얼마나 큰지 알겠지?"

"그래, 너는 왕족, 귀한 태생이구나. 좋은 집에서 행복하게 산다니 내 마음이 기쁘다."

이에 신이 난 원숭이 형제는 계속해서 잘난 척을 합니다.

"어찌나 여자들이 나를 귀찮게 하던지. 만나달라고 하는 여자들이 많아 죽겠어."

"원숭이 형제는 정말 잘 생겼어요. 여자들이 따를 만해요. 원숭이 형제가 사람들에게 사랑을 많이 받으니 내 기분이 너무 좋네요. 호호"

원숭이 형제는 잘난 척을 계속하였습니다.

그런데 여우 자매는 싫은 내색 한번 안하며 원숭이 형제를 세워주었습니다. 그러자 원숭이 형제는 차츰 여우 자매가 다른 사람들과 다르다는 생각이 들었습니다. 원숭이는 사람들에게 잘난 척을 할 때마다 모두들 자기를 인정해 주는 것이 아니라 덩달아 자신들도 잘났다고 하거나 자신을 싫어하며 비방했거든요. 그런데 여우 자매는 그들과 달리 자기를 인정해 줄뿐만 아니라 세워주기까지 합니다. 원숭이 형제는 여우 앞에서 잘난 척을 하면 할수록 자신이 작게만 느껴졌

고, 부끄러웠습니다. 원숭이 형제는 곰곰이 생각하였습니다. 여우 자매는 왜 다른 사람과 다른 것일까? 이런 생각을 하던 중 어느 새 교회에 도착하였습니다.

교회에는 찬송소리가 울려 퍼지고 있었고, 현관에 들어서자 호랑이 전도사님과 친구들이 그를 반갑게 맞이해 주었습니다. 원숭이 형제는 조용히 자리에 앉아 사람들을 관찰하였습니다. 모두들 얼굴엔 웃음을 띠고 있었고 자신과는 다른 무엇인가가 그들 속에 있는 것 같았습니다.

그리고 얼마 후 그는 답을 찾아내었습니다. 그들 속에 들어 있는 무엇, 그것은 바로 예수님이었습니다. 하나님이심에도 불구하고 스스로 낮아져 다른 사람을 섬기는 예수님, 한없는 사랑을 베푸시는 예수님, 여우 자매 속에 예수님이 계셨던 것입니다. 원숭이 형제는 자신만 잘나고 귀한 사람이라고 생각했던 지난날이 너무 부끄러웠습니다. 그리고 이제 자신의 마음 속에 예수님을 모시기로 하였습니다. 그래서 여우 자매와 같이 다른 사람들을 높여 주고 섬기는 사람이 되기로 하였습니다.

오늘은 유난히 하늘이 파란 즐거운 주일이었습니다. 원숭이 형제는 '예수님을 마음에 모신 것처럼 내 마음도 이제 저 파란 하늘처럼 넓어지겠지'라며 주님을 찬양했습니다.

13. 꼬리 잘린 여우

[해석하기]

1) 자신의 이익을 위하여 다른 사람에게 충고하지 말고 다른 사람들이 피해를 보지 않도록 바른 정보를 줍시다. 꼬리 잘린 여우라는 이솝우화를 아십니까? 덫에 꼬리가 잘려나간 여우는 너무나 수치스러워서 도저히 살 수가 없었습니다. 그래서 다른 여우들도 자신처럼 병신이 되면 수치스러움이 덜 것이란 생각이 들었습니다. 그는 친구 여우들을 한데 모아놓고 긴 꼬리는 보기에도 흉하고 쓸데없이 무게만 나가는 퇴화기관에 불과하다며 꼬리를 자르라고 충고합니다. 그 이야기를 듣던 여우가 "자네에게 득이 될 일이 없으면 이런 충고 따위는 애초부터 안 했을 것 아닌가?"라며 꼬리 잘린 여우의 속셈을 폭로합니다. 여러분, 꼬리 잘린 여우와 같은 사람이 되지 말고, 자신이 당한 고난을 다른 사람에게 알리어 그런 피해가 반복되지 않도록 해야 되겠습니다.

2) 여러분의 부족한 점을 인정하고 겸손히 나가면 하나님께서 귀하게 사용하실 것입니다. 꼬리가 잘린 여우라는 이솝우화를 아십니까? 덫에 걸려 꼬리가 잘린 여우는 자신의 약점을 감추기 위해 다른 여우들의 꼬리를 잘라 버리려고 하였습니다. 하지만 다른 여우들이 그의 속내를 알고 꼬리가

없는 여우를 웃음거리로 만들어 버렸습니다. 잔꾀를 부린 여우는 슬글슬금 도망치고 말았습니다. 여러분, 우리 모두는 한 가지 결점을 가지고 있습니다. 하나님께서는 부족한 우리를 사용하시면서 잘난 사람을 부끄럽게 하신다고 말씀하셨습니다. "하나님께서 세상의 미련한 것들을 택하사 지혜 있는 자들을 부끄럽게 하려 하시고 세상의 약한 것들을 택하사 강한 것들을 부끄럽게 하려 하시며"(고전 1:27). 여러분, 바울 사도도 약점이 있었습니다. 우리도 약점을 인정하고 겸손하게 살아갑시다.

3) 여러분, 달콤한 말로 우리를 미혹시키는 거짓 증거자에게 속지 마십시오. 꼬리가 잘린 여우라는 이솝우화를 아십니까? 덫에 걸려 꼬리가 잘린 여우는 그럴듯한 말로 다른 여우들에게 꼬리를 자르라고 유혹합니다. 하지만 지혜로운 여우들은 꼬리 잘린 여우의 말을 듣지 않고, "이 멋진 꼬리를 왜 잘라 버리겠어?"라고 입을 모아 소리쳤습니다. 여우는 웃음거리가 되었습니다. 여러분, 예수님께서도 거짓 선지자들에게 속지 말라고 말씀하십니다. "보라 내가 너희를 보냄이 양을 이리 가운데 보냄과 같도다. 그러므로 너희는 뱀같이 지혜롭고 비둘기같이 순결하라"(마 10:16).

4) 나만의 해석하기

_____
_____
_____
_____

〈고쳐쓰기〉

여우는 덫에 걸려 꼬리가 잘렸어요. 여우 꼬리가 뭉뚝하게 잘려 토끼 꼬리처럼 되고 말았어요. '이런 꼴로 어떻게 친구를 만나지?' 여우는 마음이 편치 않았습니다.

여우는 친구들을 한 곳으로 모았습니다.

"애들아!"

"하하 하하 하하하하 하하."

친구들은 배꼽이 빠져라 웃어댑니다. 그러자 여우는 진지하게 말을 합니다.

"애들아! 너희들 저 뒷동산 큰 고목 나무 숲 속 알지? 난 그곳에서 놀다가 덫에 걸려 꼬리가 잘리고 말았어. 나는 수치스럽지만 너희들 모두가 사랑하는 친구이기에, 나처럼 이런 일이 생기지 않기를 바라는 마음에서, 이렇게 이야기 하는 거란다."

한참 정신없이 웃던 친구들이 꼬리잘린 여우의 고마운 마음에 아무 말도 못하고 있었어요. 그 때 한 친구가,

"너는 우리의 친구구나. 이제 더 이상 수치스럽거나 창피하게 생각할 필요가 없어. 꼬리는 금새 자랄 것이고, 우리의 우정은 훨씬 커졌으니깐!"

여우 친구들이 모두 일어나 꼬리가 잘린 여우에게 박수를 보냈습니다.

14. 짓궂은 사나이

[해석하기]

1) 여러분 하나님을 시험하지 마십시오. 짓궂은 사나이란 이솝우화를 아십니까? 어떤 사나이가 신을 시험합니다. 그는 손에 제비를 쥐고 그 뜻을 물은 후, "죽었다"라고 대답하면 산 제비를 보여주고, "살았다"라고 대답하면 목 졸라 죽여 내놓으려는 속셈이었답니다. 신은 사나이가 자기를 시험하려는 것을 간파하고 "그쯤 해두어라! 네가 쥐고 있는 것이 산 것인지 죽은 것인지는 오직 네 마음에 달렸다."라고 대답했습니다. 그 사나이는 얼굴이 빨개져서 돌아갔습니다. 여러분의 하나님께서는 이와 같이 말씀하십니다. 너희의 생각은 짧다. 너희가 나를 시험하고 있는지 신뢰하고 있는지 나는 안다. 우리는 생명의 주인이 되시는 하나님을 신뢰하며 온전히 의지합시다. 그것이 인간을 창조하신 하나님에 대한 우리들의 올바른 태도입니다.

2) 전지전능하신 하나님 앞에 모든 것을 솔직히 내놓고 기도합시다. 짓궂은 사나이라는 이솝우화를 아십니까? 한 짓궂은 사나이가 신이 사기 치고 있음을 입증하기 위해서 제비 한 마리를 손에 쥐고 겉 옷자락에 숨기고 신에게 갔습니다. 그리고는 신이 "죽었다"하면 산 제비를 보여주고, "살았다"고 하면 목 졸라 죽인 뒤 내놓으려는 속셈이었습니다. 그러나 신은 "네 마음

에 달렸다"라고 말했습니다. 여러분, 하나님께서는 우리의 머리부터 발끝까지 우리의 모든 생각과 뜻까지도 다 아십니다. 그러한 하나님이시기에 모든 것을 주님께 내어놓고 기도합시다.

3) 인간은 어떠한 경우에도 하나님 위에 설 수 없습니다. 왜냐하면 인간은 하나님의 피조물이기 때문입니다. 짓궂은 사나이라는 이솝우화를 아십니까? 한 사나이가 신에게 도전장을 냅니다. 그는 누구도 맞출 수 없는 질문을 신에게 던져 신을 이길 수 있다는 생각에 기분이 좋았습니다. 그러나 신은 그의 속임수를 간파하고 그의 잘못을 지적해 주었습니다. 여러분 하나님은 전능하신 분이십니다. 인간은 하나님 앞에 낮아져야 합니다. 또 다른 사람 앞에서도 겸손해야 합니다. 하나님과 사람 앞에서 잔꾀나 부리고자 한다면 망신만 당하게 됩니다.

4) 나만의 해석하기

_____
_____
_____
_____
_____
_____
_____

<각색하기>

한 짓궂은 사나이가 엉뚱한 생각이 떠올랐습니다.

"신이 사기꾼임을 입증해 봐야지!"

그래서 이 사나이가 내기를 걸었습니다. '나 혼자 가기 심심하니까 친구를 불러 같이 가서 나의 능력을 보여 주어야지.' 이 사나이는 지나가는 사람을 불렀습니다.

"내가 신이 사기치는 것을 입증하겠소 내일 광장으로 모이시오"

드디어 약속한 날이 되었습니다. 사람들이 모여들기 시작했습니다.

그는 작은 제비 한 마리를 손아귀에 쥐고 겉옷 자락에 숨기고 광장으로 향했습니다. 그리고 신을 시험하기 시작했습니다. 사람들은 숨을 죽였습니다.

"내가 제비를 가지고 왔소 이 제비가 살았는지 죽었는지 맞춰보시오"

사나이는 신이 "죽었다"고 말하면 산 것을 보여 주고, "살았다"고 말하면 제비의 목을 졸라 죽은 제비를 보여줄 속셈이었습니다.

이 때 신의 음성이 들립니다.

"그만 두어라. 그 제비가 죽던지 살던지 네가 결정하려는 것이 아니더냐?"

사나이는 납작 엎드려 벌벌 떱니다. 사람들이 수근덕대기 시작했습니다. 사나이는 조롱거리가 되고 말았습니다.

15. 허풍선이

[해석하기]

1) 여러분께서는 혹시 행동보다 말이 앞서지 않습니까? 허풍은 곧 발각되고 맙니다. 허풍선이라는 이솝우화를 아십니까? 시민들에게 항상 남자답지 못하다고 불평을 듣는 5종 경기 선수가 있었습니다. 어느 날 그는 외국으로 여행을 떠났다가 얼마 후 귀향합니다. 그는 여러 나라에서 탁월한 업적을 세웠노라고 떠벌리며 돌아다녔지요. 그는 자기의 업적을 그리스에 가서 그곳 사람에게 물어보면 대답할 것이라고 말합니다. 그러자 이야기를 듣던 구경꾼 한 사람이 "친구 그 말이 사실이라면 목격자가 필요 없지. 로도스 섬이 바로 여기다 생각하고 한번 뛰어보게."라고 말했습니다. 여러분, 실력이 있는 사람은 허풍을 떨지 않습니다. 행동으로 입증할 수 있기 때문이지요. 성도는 허풍을 떨기보다 겸손하게 행동으로 보여야 합니다.

2) 하나님께서는 자기 자신을 높이려는 사람은 낮추시며 겸손하게 최선을 다하는 사람은 높이십니다. 허풍선이라는 이솝우화를 아십니까? 시민들에게 항상 남자답지 못하다고 불평을 듣는 5종 경기 선수가 있었습니다. 어느 날 그는 외국으로 여행을 떠났다가 얼마 후 귀향합니다. 그는 여러 나라에서 탁월한 업적을 세웠노라고 떠벌리며 돌아다녔습니다. 그는 자기

의 업적을 그리스에 가서 그곳 사람에게 물어보면 대답할 것이라고 말합니다. 그러자 이야기를 듣던 구경꾼 한 사람이 "친구 그 말이 사실이라면 목격자가 필요없지. 로도스 섬이 바로 여기다 생각하고 한번 뛰어보게."라고 말했습니다. 여러분, 5종 경기 선수처럼 자신을 높이려고 허풍을 떨지 맙시다. 그러한 사람은 하나님과 동료로부터 신뢰를 받지 못합니다. 그 사람의 능력과 인품은 결국 드러나게 되어있습니다. 신앙인은 순수한 동기를 가지고 성실히 최선을 다해야 합니다.

3) 행함이 없는 믿음은 다른 사람의 비웃음거리만 됩니다. 허풍선이라는 이솝우화를 아십니까? 어떤 5종 경기 선수가 있었습니다. 그는 남자답지 못한 사람이라는 평판을 듣는 사람입니다. 어느 날 그가 외국 여행을 마치고 돌아왔습니다. 그는 많은 사람들 앞에서 로도스 섬에서의 높이뛰기를 자랑합니다. "내가 로도스 섬에서 아주 멋지게 높이뛰기를 했소. 그것을 확인하고 싶으면 로도스 섬 사람들에게 물어보시오." "여보게 친구, 그 말이 사실이라면 목격자가 필요없지. 로도스 섬이 여기다 생각하고 한번 뛰어보게나." 여러분, 5종 경기 선수처럼 입으로만 사는 사람이 되지 맙시다. 혹, 여러분의 이러한 실수는 이천 년 전에 십자가에 못 박하신 그리스도를 다시 한번 못 박는 것이 됩니다. 믿음이 있는 사람은 신실하게 살아가야 합니다. 우리가 허풍을 떤다면, 세상 사람들은 우리를 하나님의 사람으로 보지 않을 것입니다.

4) 나만의 해석하기

_____

_____

〈각색하기〉

　진달래가 아름답게 핀 봄날의 장터, 사람들은 진달래꽃만큼이나 얼굴이 환합니다. 모두가 분주합니다. 긴 겨울동안 모습을 드러내지 않았던 사람들이 많이 눈에 띕니다. 건너 마을 체육대학에 다니는 청년이 거들먹거리며 나타났습니다. 그는 방학 동안에 그리스로 해외연수를 갖다왔는데 올림픽 5종경기에서 우승했던 선수를 이겼다고 떠벌이고 다녔습니다. 특히 로도스섬에서의 높이뛰기는 대업이었다고 큰소리로 말합니다.
　장터에 있는 사람들은 그가 누군인지 다 압니다. 장터 사람들은 평소에도 믿음직스럽지 못한 사람이라고 여겼던 터라 아무도 관심을 보이지 않습니다.
　그러자 어색해진 청년은 자신의 멋진 경기를 본 사람이 그리스에 가면 많으니 증인을 만날 수 있다고 큰 소리를 쳤습니다. 청년의 허풍을 듣고 있던 박물장수 아저씨가 나섰습니다.
　"여보게 그리스로 갈 필요까지 있겠나, 지난 번 전국체전에서 우승한 아랫마을 박씨네 아들과 한 번 겨루어 보는 것이 어떤가?"
　이내 멋쩍어진 청년은 박물장수 아저씨에게 대들면서 욕지거리를 해댑니다.

〈고쳐쓰기〉

　진달래가 아름답게 핀 봄날의 장터, 사람들은 진달래꽃만큼이나 얼굴이 환합니다. 모두가 분주합니다. 긴 겨울동안 모습을 드러내지 않았던 사람들이 많이 눈에 띕니다. 건너 마을 체육대학에 다니는 청년이 거들먹거리며 나타났습니다. 그는 방학동안에 그리스로 해외연수를 갖다왔는데 올림픽 5종 경기의 우승선수를 이겼다고 떠벌이고 다녔습니다. 특히 로도스섬에서의 높이뛰기는 대업이었다고 큰소리로 말합니다.
　장터에 있는 사람들은 그가 누군인지 다 압니다. 장터 사람들은 평소에도 믿

움직하지 못한 사람이라고 여겼던 터라 아무도 관심을 보이지 않습니다.

그러자 어색해진 청년은 자신의 멋진 경기를 본 사람이 그리스에 가면 많으니 증인을 만날 수 있다고 큰 소리를 쳤습니다. 청년의 허풍을 듣고 있던 박물장수 아저씨가 나섰습니다.

"여보게 외국까지 갖다 왔으니 좋은 경험을 했구먼. 어제 더욱 열심히 연습해서 국내에서도 좋은 성적을 올리게나, 자네 부친이 좋아하겠구만."

청년은 다른 사람들과는 달리 자신에게 관심을 보인 박물장수 아저씨의 말에 그만 머쓱해졌습니다. 청년은 종전에 허풍떨었던 것이 부끄러워 이내 꽁지를 빼었습니다. 그 후 청년은 겸손한 사람이 되었습니다.

16. 연못의 개구리들

[해석하기]

1) **극한 상황일수록 돌아가야 합니다.** 연못의 개구리들이란 이솝우화를 아십니까? 연못에 개구리 두 마리가 살았습니다. 날이 너무 가물어 연못이 말라 버리는 바람에 다른 연못을 찾아 나서게 되었습니다. 중간쯤 갔을 때 우물이 보였습니다. 그 우물을 보고 한 개구리 동료가 그 속으로 들어가자고 제안합니다. 그러자 다른 개구리는 만약 우물이 말라있다면 나올 수 없다고 대답합니다. 여러분, 현실이 어렵다고 이것저것 재지 않고 행동하면 되겠습니까? 당장 눈앞에 닥친 상황이 어렵다고 언발에 오줌 누는 격으로 허둥대면 낭패를 보기가 쉽습니다. 섣부른 결정을 내리기 전에 주님께 간구하며 일을 처리해 나갑시다.

2) **긴급한 선택의 순간이 왔을 때 바른 충고는 목숨을 살립니다.** 연못의 개구리들이란 이솝우화를 아십니까? 연못에 개구리 두 마리가 살았습니다. 날이 너무 가물어 연못이 말라 버리는 바람에 다른 연못을 찾아 나서게 되었습니다. 그런데 중간에 우물이 보였습니다. 개구리

동료가 우물 속으로 들어가자고 제안합니다. 그러자 다른 개구리는 우물이 말라있으면 어떻게 나올 수 있겠느냐고 대답합니다. 여러분, 다른 개구리 친구가 올바르게 충고를 하지 않았다면 어떻게 되었을까요. 극심한 가뭄이 계속되면 꼼짝없이 죽고 말았을 것입니다. 긴급한 선택의 순간이 왔을 때 친구의 충고를 다시 한번 되새깁시다.

3) 아는 척하다 다른 사람들에게 피해를 주지 않도록 하세요. 연못의 개구리라는 이솝우화를 아십니까? 가뭄이 들어 시냇가의 물이 다 마르자 개구리 가족은 더 이상 그곳에 살수 없게 되었습니다. 중간쯤 갔을 때 한 우물이 있었습니다. 그러자 한 개구리가 "우리 저 우물 속으로 들어가자!"라고 제안했습니다. 그 때 다른 개구리가 외쳤습니다. "그러다가 저 우물물 마저 말라 버리면 어떻게 나올 수 있지?" 여러분, "소경이 소경을 인도할 수 있느냐 둘이 다 구덩이에 빠지지 아니하겠느냐"(눅 6:39)라는 말씀이 있습니다. 첫번 째 말한 개구리처럼 모르면서도 아는 척하지 마십시오. 그러다가 다른 사람에게 큰 피해를 주게 됩니다.

4) 최선이라고 생각한 자신의 판단이 옳은지, 위기의 순간에 하나님께 의지합시다. 연못의 개구리라는 이솝우화를 아십니까? 가뭄이 들어 시냇가의 물이 다 마르자 개구리 가족은 더 이상 그곳에 살 수 없게 되었습니다. 중간쯤 갔을 때 한 우물이 있었습니다. 그러자 한 개구리가 "우리 저 우물 속으로 들어가자!"라고 제안하였습니다. 그 때 다른 개구리가 외쳤습니다. "그러다가 저 우물물마저 말라 버리면 어떻게 나올 수 있지?" 여러분, 위기의 순간이 오면 무엇인가를 결정해야 합니다. 특히 급박한 상황이 오면 그 결정이 더욱 어렵습니다. 대부분의 사람들은 급박한 상황이 되어야 그분을 의지합니다.

그러나 여러분 삶의 작은 부분에서 항상 주를 의지하세요. 그러면 긴박한 상황에 당황하지 않고 주님의 도우심을 바라며 위기를 극복할 수 있는 지혜가 생길 것입니다.

5) 나만의 해석하기

<각색하기>

최선이라고 생각한 자신의 판단이 항상 옳을까요?

극심한 가뭄이 있던 어느 해 늦 봄, 개구리 두 마리가 연못에 살고 있었습니다. 그 연못 또한 가뭄으로 물이 다 말라 버렸어요. 비상 물도 다 떨어지고 양수기 물도 바닥을 드러내고 말았습니다.

"개굴, 개굴, 에구 목말라"

"개고올, 물을 마시고 싶다."

개구리들은 며칠째 물을 못 마셔서 목이 탑니다.

"언제 비가 올까. 기상청에 알아볼까?"

"소용없어. 내가 이미 알아봤는데 이번 가뭄은 꽤 오래 갈거래."

"그럼 어떻게 하지?"

"우리 이렇게 앉아서 비가 오기만을 기다릴게 아니라 물을 찾아 떠나는 게 어때?"

"아! 그래. 그렇게 하자."

땡볕이라 숨이 막히지만 앉아 죽느니 살길을 찾아 힘들게 물을 찾아갑니다. 가는 곳마다 말라비틀어진 풀과 나무들을 보자 겁이 났어요.

"그냥 앉아서 죽을 것을 잘못했나봐."

개구리 두 마리가 죽음 일보 직전입니다.

그런데 다른 개구리가

"우물이다, 물, 물이다."

소리칩니다. 개구리 한 마리가 마치 오아시스를 발견한 듯이 너무 좋아하며 다른 개구리에게 말합니다.

"야, 살았다."

"그러다가 만약 우물 속에 물이 없으면 어떻게 나오려고 해?"

자, 여러분이라면 이런 때 어떻게 하시겠습니까?

〈고쳐쓰기〉

극심한 가뭄으로 개구리 나라에 있는 모든 연못이 다 말라버렸습니다. 칠월의 불볕 더위는 모든 만물을 마르게 했습니다. 개구리 나라의 개구리들이 물을 찾아 모두 떠나게 되었습니다. 청개구리와 홍개구리도 가만히 앉아 있을 수만은 없었습니다.

"우리도 물을 찾아 떠나야 하지 않을까?"

"그래, 우리도 어서 떠날 준비를 하자!"

이솝우화, 기독교 세계관으로 읽기

태어날 때부터 자란 고향을 떠나, 500리터 비상 물 한 통씩을 들고 개구리들은 물을 찾아 세상으로 나가게 되었습니다. 하지만 처음 나와 보는 세상에서 물을 찾기란 너무 힘든 일이였습니다. 찌는 듯한 더위에 이들은 모두 지쳐갔습니다.

"헉헉, 너무 힘들어. 우리 정말 물을 찾을 수 있을까?"

"힘을 내, 조금만 더 가면 물이 있는 곳을 찾을 수 있을 거야!"

힘들어 하는 청개구리에게 홍개구리가 말했습니다. 모두 힘겹게 걷고 있을 때, 청개구리는 더위에 지쳐 쓰러져 있는 학을 발견하게 되었습니다.

"어머나, 괜찮아요?"

"허~억, 물 좀 주세요."

홍개구리는 거의 죽어 가는 그 학을 못 본 채 그냥 갈 수가 없었습니다. 그러나 청개구리는 자신들도 힘든 상황에 남을 도우려는 홍개구리에게 그냥 가자고 재촉했습니다.

"하지만 어떻게 죽어 가는 학을 보고도 모른 체 할 수 있니?"

"우리도 죽을 지경인데 누굴 돕겠다는 거야?"

계속되는 갈등 속에서 청개구리만 물을 찾아 떠나게 되었습니다.

홍개구리는,

"자, 어서 물 좀 마셔요. 좀 괜찮아 질 거예요"

"정말 고마워요, 이 은혜를 어떻게 갚아야 할지."

홍개구리는 자신이 가지고 있던 물을 학에게 주었습니다. 학은 그 물을 마시고 곧 기운을 차리게 되었습니다.

"여행 중인가요?"

"아니요, 고향에 가뭄이 심하게 들어서 물을 찾아 이렇게 떠나온 거예요."

"아! 예~."

그 때 학은 이제 자신이 생명의 은인인 홍개구리를 도울 차례라고 생각했습니다.

"정말 잘 됐어요. 전 물이 있는 곳을 알고 있거든요! 자, 어서 제 등에 올라타요. 제가 데려다 줄게요."

"정말요? 너무 고마워요."

이렇게 해서 홍개구리는 학의 도움으로 물이 많이 있는 냇가에 안전하게 도착할 수 있었습니다. 그리고 시원한 물소리가 들리는 그곳에서 행복하게 살았습니다.

하지만 홀로 물을 찾아 떠난 청개구리는 도중에 물도 다 떨어지고 따가운 햇볕에 피부가 말라서 죽고 말았답니다.

17. 개구리 의사와 여우

[해석하기]

1) 우리는 남의 말을 듣고 섣불리 판단하기보다 '그 사람을 통해 하나님이 어떻게 역사하실까' 하는 기대 속에서 살아 봅시다. 어느 날 늪에 사는 개구리 의사가 모든 짐승들에게 외쳤습니다. "나는 모든 병의 치료법을 다 아는 의사입니다!" 이 말을 들던 여우가 "절룩거리는 것도 못 고치면서 어디 남들을 고치겠다고 나서?"라고 쏘아 붙였습니다. 여우는 개구리 의사가 발을 절룩거리는 것을 보고 의사 자격이 없다고 탓하고 있습니다. 여러분, 하나님께서는 지체 장애자인 개구리 의사를 통해서 역사하실 수도 있습니다. 하나님께서 능력을 주시면 못할 것도 없지 않습니까? 그런데 여우는 개구리 의사를 깔보았습니다. 우리는 겉모습으로 다른 사람을 판단해서는 안 됩니다. 오히려 하나님이 저 사람을 통해 역사하실 수 있도록 조건을 만들어 줍시다. 그리고 그를 위해 기도합시다.

2) 그리스도인은 복음을 전하기 전에 먼저 복음에 합당한 삶을 살고 있는지 자문해 보아야 합니다. 개구리 의사와 여우라는 이솝우화를 아십니까? 어느 날 늪에 사는 개구리 의사가 모든 짐승들에게 외쳤습니다. "나는 모든 병의 치료법을 다 아는 의사입니다!" 이 말을 듣던 여우가 "절룩거리는 것도 못 고치면서 어디 남들을 고치겠다고 나서?"라고 쏘아 붙였습니다. 그 말에 다른 동물들도 손가락질을 하며 웃었습니다. 개구리는 얼굴이 빨개져 늪으로 도망갔습니다. 여러분, 복음이 생명을 전하는 것임에도 불구하고 전하는 자의 삶이 복음에 합당하지 않으면 다른 사람에게 비웃음을 당하게 됩니다.

3) 나만의 해석하기

〈고쳐쓰기〉

어느 조그만 늪에 개구리 의사가 살고 있었어요.

그는 어렸을 때 무심코 찻길로 나갔다가 차에 치여서 한 쪽 발을 다치게 되었답니다. 그는 그 이후로 발을 절룩거리게 되었어요. 그래서 개구리는 모든 병을 고칠 줄 아는 의사가 되고 싶었어요. 그런데 고민이 있었어요.

"내 모습이 멀쩡하지 않은데 만병을 치료한다고 말하면 사람들이 어떻게 생각할까? 분명히 모두들 날 비웃겠지!"

개구리는 이 생각만 하면 풀이 죽었어요. 자신을 비하시키고 있던 개구리는 갑자기 이런 생각이 들었어요.

"아니, 내가 왜 이런 생각을 하지? 그래 비록 내 모습은 이렇지만 하나님께서 도와주시면 난 뭐든지 할 수 있어. 어떤 병도 고칠 수 있다고"

개구리는 열심히 공부하여 명의가 되었답니다.

마침 오늘은 늪 근처에 사는 동물들이 바자회를 여는 날이었어요. 개구리 의사는 용기를 내이 사람들 앞에 나왔어요. 그리곤 말했지요.

"여러분! 저는 의사입니다. 저는 모든 병을 다 고칠 수 있습니다. 비록 저는 발을 절뚝거리기는 합니다만 여러분의 건강을 위해서라면 모든 노력을 다하여 고칠 자신이 있습니다. 제겐 하나님께서 특별한 능력을 주시기 때문입니다."

모든 동물들은 개구리 의사를 보며 박수를 쳤답니다. 비록 그의 모습을 보면 믿음이 안가는 의사였지만 그의 용기가 동물들의 마음을 움직인 것이죠.

이 때 여우는,

"사실 저는 절룩거려 제 몸도 잘 가누지 못하면서 어찌 모든 병을 다 고친다고 하는지 말도 안 된다고 생각했었어요. 그런데 이젠 아니에요. 당신의 말을 통해 하나님께서 분명히 역사를 하고 계신 것을 느낄 수 있었어요. 제 딸의 병도 좀 고쳐주세요. 부탁합니다. 의사 선생님."

이곳 저곳에서 박수소리가 들렸습니다.

18. 세 마리 황소와 사자

[해석하기]

1) 이간질로 인한 다툼은 불행을 초래합니다. 세 마리 황소와 사자라는 이솝우화를 아십니까? 항상 함께 다니는 황소 세 마리가 사자의 이간질로 사이가 멀어지고 혼자 다니다가 결국 사자에게 잡아먹히고 말았습니다. 여러분, 예수님께서는 스스로 분쟁하는 나라마다 황폐해지고, 스스로 분쟁하는 동네마다 서지 못한다고 마태복음 12장 25절에서 말씀하셨습니다. 이간질로 서로를 불신하고 분쟁한다면 황소들처럼 결국 죽고 맙니다.

2) 생각이 깊고 슬기로운 사람은 쉽게 남의 꾐에 빠져들지 않습니다. 세 마리 황소와 사자라는 이솝우화를 아십니까? 사자가 큰 황소를 잡아먹고 싶어서 그들을 이간질시킵니다. 사자의 이간질에 속은 황소는 결국 사자에게 잡아먹히고 말았습니다. 여러분, 이 간질에 속지 마십시오. 생각이 깊은 사람은 상대방의 속셈을 간파하고 속지 않습니다.

이솝우화, 기독교 세계관으로 읽기

3) 나만의 해석하기

_____
_____
_____
_____
_____
_____
_____

〈각색하기〉

　세 마리 황소가 여유 있게 풀을 뜯고 있습니다. 햇볕은 따사롭고 맛있는 초록색 풀은 바람을 타고 춤을 춥니다. 이 모습을 바위 뒤에서 훔쳐보는 사자가 있었습니다. 사자는 세 마리 황소가 항상 함께 다녔기 때문에 어찌해 볼 도리가 없었습니다. 그래서 사자는 서로를 갈라놓기 위해 이간질을 하기로 마음먹었습니다.

　"황소야, 너 조금 전에 얼룩이 황소가 욕하는 것을 들었니? 네가 제일 좋은 것만 먹는다고 똥보라고 하더라."

　첫 번째 황소는 화가 났습니다. 자기가 가장 친하다고 생각했던 친구가 뒤에서 욕하다니 너무 실망이 컸습니다.

　이번에 사자는 얼룩이 황소를 찾아갔어요.

　"네 친구들이 너보고 느려서 같이 다니기 힘들고, 힘도 약해서 늘 보호를 받으면서도 고마워 할 줄 모른다고 하던 걸?"

얼룩이 황소도 힘이 쭉 빠져버렸어요.

황소 세 마리는 눈에 띄게 사이가 멀어졌어요.

그러다가 얼룩이 황소가 친구들에게 솔직히 얘기하기로 결심했어요. 자신이 정말 사랑하는 친구들을 잃을 것 같았거든요. 먼저 첫 번째 황소가 솔직히 친구들에게 말했습니다.

"애들아, 실은 사자가 나에게 이런 말을 하더라."

이 이야기를 들은 황소 두 마리는 당황했습니다.

"사자가 나에게도 같은 말을 했어!"

"어, 나도."

황소 세 마리는 사자의 꾀를 알아버렸죠.

며칠째 잔뜩 배를 곯은 사자는 서로 떨어져 있는 황소 세 마리를 상상하며 풀이 우거진 숲에서 황소들을 기다리고 있습니다. 그런데 뜻밖에도 셋이 함께 나란히 풀을 뜯고 있지 않겠어요. 이상하게 생각하던 사자는 옆에 지나가던 다람쥐에게 물어보았습니다.

"요즘 황소들끼리 사이가 나쁘지 않던?"

"아니, 저번에 비 때문에 땅이 미끄러져 풀을 먹다가 다쳤는데 다른 친구들이 구해 준 것을 보았거든."

그 뒤로 더욱 친해진 것 같아.

사자는 황소들 곁으로 어슬렁어슬렁 다가갔어요. 황소들이 코방귀를 뀌며 비웃었죠.

"네 잔꾀에 속아버릴 뻔했지만, 서로를 믿는 우리에겐 소용없어! 그나저나 동물의 왕이라는 사자가 이간질이나 하고 다녀도 되는 거냐? 넌 동물의 왕이 될 자격이 없어!"

사자는 자신의 비겁한 행동이 부끄러워 얼굴을 들 수가 없었습니다.

19. 집 족제비와 줄칼

[해석하기]

1) 죄는 욕심이라는 도구를 사용하여 우리를 유혹하고 오감을 마비시킵니다. 자기 무덤을 스스로 파지 말고 하나님이 주시는 진리를 바라보십시오. 집 족제비와 줄칼이라는 이솝우화를 아십니까? 집 족제비는 줄칼이 먹이인 줄 착각했습니다. 집 족제비가 대장간에 들어가 줄칼을 핥았습니다. 피가 철철 흘러나왔습니다. 그런데 집 족제비는 강철에서 즙이 흘러나오는 것으로 알고 피를 마셨어요. 결국 집 족제비는 혓바닥이 잘리고 말았습니다. 여러분, 집 족제비처럼 욕심을 이겨내지 못하고 있지는 않습니까? "욕심이 잉태한즉 죄를 낳고 죄가 장성한즉 사망을 낳느니라"(약 1:15). 그렇습니다. 영적으로 민감해야 죄의 유혹에서 벗어날 수 있습니다.

2) 지혜 없이 미련한 사람은 패망의 길로 갑니다. 집 족제비와 줄칼이라는 이솝우화를 아십니까? 집 족제비가 대장간에 숨어 들어가 줄칼을 핥기 시작했습니다. 피가 철철 흘러나왔습니다. 그러나 강철에서 즙이 흘러나오는 것으로 착각한 집 족제비는 맛있게 먹었어요. 결국 집 족제비는 혓바닥이 잘리고 말았습니다. 여러분, "미련한 자 편에 기별하는 것은 자기의 발을 베어 버림이라 해를 받느니라."(잠 26:6)라는 말씀을 기억합시다. 미련한 자의 최후는 패

망입니다.

> ### 3) 나만의 해석하기
>
> _____
> _____
> _____
> _____
> _____
> _____
> _____

〈고쳐쓰기〉

집 족제비 가죽이 질이 좋다고 신문 광고에 소개되었어요. 사람들은 너나할 것 없이 족제비를 잡기 시작했어요. 처음에는 쉽게 잡히더니 집 족제비들이 약아서 통하지 않는 거예요. 사람들은 집 족제비들이 꿀과 피를 좋아한다는 것을 알고, 줄칼에 꿀을 발라 놓았어요. 사람들은 일손도 줄이면서 집 족제비를 손쉽게 많이 잡게 되었어요.

반면에 집 족제비 마을에 비상회의가 열렸어요.

"요즘 우리 가족들이 사라지고 있다. 이러다가는 멸족되겠어."

"요즈음 사람들이 칼을 세워 놓은 다음부터."

"맞아요. 사람들이 칼을 세워 놓은 다음부터 동료들이 죽어가네요."

그 궁금증을 풀기 위해 지혜로운 집 족제비를 보냈습니다. 그러나 그도 돌아오지 않았습니다. 더욱 궁금증이 증폭되었어요. 어느 지혜로운 족제비가 말했어요.
"이 문제만 알게 된다면 더 이상 우리는 죽지 않을 것입니다."

젊은 집 족제비가 자청해서 나섰습니다. 젊은 집 족제비는 덫이 있는 곳으로 갔습니다. 꿀 냄새가 진동했어요. 지혜로운 집 족제비는 자기도 모르게 꿀을 막 핥고 있습니다. 그 순간 집 족제비는,

"아, 이거구나. 우리가 꿀과 피를 좋아한다는 그런 본능을 사람들이 이용하고 있었군."

지혜로운 집 족제비는 그 사실을 알게 되었고, 다른 식구들에게 가르쳐 주었습니다.

20. 노파와 의사

[해석하기]

1) 자신의 본분을 잊으면 더 큰 죄를 범하게 됩니다. 노파와 의사라는 이솝우화를 아십니까? 눈이 나빠진 할머니가 많은 치료비를 주기로 약속하고 의사를 불렀습니다. 의사는 할머니에게 연고를 발라주고, 할머니가 눈을 감고 있는 틈을 타서 가구를 하나씩 빼돌리곤 했습니다. 가구들을 대충 훔쳐냈을 때쯤 의사는 할머니에게 치료비를 청구했습니다. 할머니는 치료비 지불을 거부했습니다. 법정 소송이 벌어졌습니다. 할머니는 판사 앞에서 눈이 더욱 나빠졌기 때문에 치료비를 줄 수 없다고 말합니다. 할머니의 말인즉, "예전에는 집안에 가구가 다 보였는데, 이제 하나도 보이지 않는다."는 것이었습니다. 하나님께서 이 이야기를 통해 주신 지혜가 무엇일까요? 의사는 자기의 본분인 치료에 열심을 내지 않고 할머니의 가구에 관심을 가짐으로써 자기의 본분을 잊고 직무유기의 죄와 탐욕으로 인한 절도죄까지 짓게 된 것입니다. 의사가 본분을 다했더라면 정당한 치료비는 물론, 명의로 칭찬을 얻었겠지만 자신의 본분을 행치 않아 사람과 하나님께 동시에 죄를 지은 것입니다.

2) 욕심에 눈이 어두워지면 자신이 파놓은 함정을 보지 못하게 됩니다. 이것에 관한 재미있는 이야기를 하나 들려드릴까요? 눈이 나쁜

한 할머니가 치료를 받기 위해 의사를 집으로 불렀습니다. 그러나 이 의사가 할머니의 눈이 나쁜 것을 이용해, 치료는 대충하고 할머니의 가구를 하나씩 하나씩 빼돌렸습니다. 어쨌든 할머니의 눈은 점차 좋아져 치료를 그만하게 될 즈음, 그 집에는 남은 가구가 거의 없게 되었지요. 그런데도 뻔뻔한 의사는 치료비를 청구했고, 할머니는 그것을 거부했습니다 의사는 법원에 소송을 내어 치료비를 몽땅 받아내려 했지요. 결국 할머니는 판사 앞에서 증언을 하며 말하길 "예전에는 가구가 잘 보였는데, 이젠 가구가 보이지 않아요. 난 치료비를 줄 수 없단 말이예요!"라고 말했습니다. 여러분, 이 어리석은 의사는 결국 어떻게 되었을까요? 치료비는커녕 가구를 훔친 죄까지 모두 탄로 나서 죄값을 치루었겠지요? 의사는 자기 죄를 스스로 탄로나게 하셨습니다.

3) 청지기 정신을 가지고 직업에 임하지 않으면 관계의 파탄이 쉽게 다가옵니다. 노파와 의사란 이솝우화를 아십니까? 눈이 나빠진 할머니가 많은 치료비를 주기로 약속하고 의사를 불렀습니다. 의사는 할머니에게 연고를 발라주고, 할머니가 눈을 감고 있는 틈을 타서 가구를 하나씩 빼돌리곤 했습니다. 가구들을 대충 훔쳐냈을 때쯤 의사는 할머니에게 치료비를 청구했습니다. 할머니는 치료비 지불을 거부했습니다. 법정 소송이 벌어졌습니다. 할머니는 판사 앞에서 눈이 더욱 나빠졌기 때문에 치료비를 줄 수 없다며, "예전에는 집안에 가구가 다 보였는데, 이제 하나도 보이지 않는다."는 것이었습니다. 여러분, 의사는 재물에 사로잡혀 재물보다 훨씬 귀한 명예를 잃어 버렸습니다. 사람을 위해 물질이 있는 것이지 물질을 위해 사람이 있는 것이 아닙니다. 직업은 하나님의 뜻을 이루기 위한 귀중한 도구입니다. 청지기 정신을 가지고 하나님께 영광을 돌립시다.

4) 나만의 해석하기

<각색하기>

옛날 어느 마을에 할머니 한 분이 살았는데, 언제부터 눈이 잘 보이지 않았어요.

'에고고, 나도 이제 너무 늙었나? 왜 이리 뵈는 게 없담? 내일은 의사를 불러다가 치료 좀 받아봐야겠어.'

할머니는 동네 병원에 예약을 해두었어요. 예전부터 이 할머니가 혼자 살고 있다는 것을 알았던 의사는 꾀를 내어 꿍꿍이를 벌이기 시작했어요.

'흐음~ 이 할망구 눈에 약을 발라놓고 그 사이에 그 집에 있는 멋진 가구들을 하나씩 들고 나와야겠다. 보이지도 않는데 설마 알겠어?'

다음날, 의사는 할머니 집에 왕진

을 가서는,

"할머니! 이 약을 발라 드릴 테니 그 동안은 절대로 눈을 뜨시면 안됩니다."

라고 말하고는 약을 발랐지요. 그리고는 살금살금 의자 하나를 밖에다 내어 놓고 치료를 마치고, 의지를 가지고 갔어요. 그렇게 하루, 이틀, 한 달이 넘도록 의사는 신이 나서 가구를 훔쳤어요. 하지만 약에 효험이 있었는지 할머니 눈은 예전보다 좋아졌고 이제는 치료를 그만두게 되었어요. 의사가 진료비를 청구했어요. 그러자 할머니는

"예끼! 이놈. 눈이 도로 안 보이는데 어찌 치료비를 청구해?"

"흠! 좋소 법정에서 이야기합시다."

재판 날, 판사는 할머니에게 이야기했어요.

"할머니 눈을 치료받았으면 당연히 그 댓가를 치루어야지 왜 그러세요"

"내 눈이 어두운 건 사실이지만 치료받기 전에는 잘 보이던 가구들이 치료를 받을수록 안 보인 다는 게 말이 됩니까?"

이 말을 듣고 눈치를 챈 판사는 의사에게 벌을 주었습니다.

21. 여인과 하녀들

[해석하기]

1) 누구든지 어떤 일이 힘들다고 잔꾀를 부리면 나중에 더 고생을 하게 됩니다. 여인과 하녀라는 이솝우화를 아십니까? 주인인 과부가 새벽을 알리는 수탉의 울음소리를 듣고 하녀들을 일터로 내보냅니다. 하녀들은 수탉을 죽이면 늦잠을 잘 수 있다는 생각에 수탉을 죽였습니다. 그러나 하녀들의 계획은 빗나가, 주인은 새벽이 오기도 전에 하녀들을 일터로 내보내서 일을 시킵니다. 여러분, 일이 힘들다고 게으름을 피우며 요령을 부리면, 나중에 더한 고생을 하게 됩니다. 힘들더라도 현실에 충실하십시오. 그러면 언젠가 주인이 감동하여 그 노고를 인정해 줄 때가 있을 것입니다. "우리가 선을 행하되 낙심하지 말지니 피곤하지 아니하면 때가 이르매 거두리라"(갈 6:9).

2) 상대방이 죄를 범했을 때 그 원인을 알고 그들을 배려합시다. 여인과 하녀란 이솝우화를 아십니까? 부지런한 과부가 젊은 하녀를 몇 사람 두고 있는데, 새벽닭이 울기가 무섭게 이들을 깨워 일터로 내보냅니다. 하녀들은 녹초가 되어 방법을 모색했습니다. 하녀들은 주인의 잠을 깨우는 수탉이 원흉처럼 보였기 때문에 수탉을 죽었습니다. 그러나 수탉이 사라진 후 과부는

더욱 일찍 하인들에게 일을 시켰습니다. 여러분, 주인이 하녀들이 '얼마나 힘이 들면 그러한 행동을 했을까'라고 생각하여 그들을 배려했으면 얼마나 좋았을까요. 잘못한 일을 보고 야단을 치기 전에 문제의 근본 원인을 살펴보는 지혜가 있어야겠습니다.

3) 나만의 해석하기

_____
_____
_____
_____
_____
_____

〈고쳐쓰기〉

어느 한 마을에 과부가 살고 있습니다. 그 과부는 부지런하기로 마을에 소문이 자자하였습니다. 그녀는 젊은 하녀를 몇 사람 두고 있었는데 새벽닭이 울기가 무섭게 이들을 깨워 일터로 보냈습니다. 하녀들은 새벽부터 밤까지 일을 하기 때문에 녹초가 되었습니다.

"너무 하시네. 새벽부터 밤늦게까지 진짜 왜 저래."

큰 하녀가 아픈 발을 어루만지며 투덜거립니다.

"그러게 말이야, 닭만 울면 귀신 같이 일어나 깨우니"
작은 하녀도 불만을 늘어놓습니다.
"그래서 말인데 우리 그 닭을 없애면 어떨까?"
큰 하녀가 작은 목소리로 속삭입니다.
"뭐?"
"생각해 봐, 저 닭만 없으면 주인이 우리를 일찍 깨울 수 있겠어."
"그러니까, 수탉만 없으면, 우리 늦잠을 자도 된다."
"바로 그거지."
하녀는 닭이 놀라 소리를 크게 지르지 못하게 살금살금 조심조심 닭에게 다가갑니다. 수탉의 목을 조르려는 순간,
"야!"
하녀는 뒤로 넘어질 뻔했습니다. 수탉이 말을 하는 것이 아니겠어요.
"너희들 나를 없애려고 하는 거야."
"그래 너 때문에 우리들이 잠잘 수가 없어."
"그건 너희들 생각이 잘못이야. 주인 마님을 부지런한 분이라 닭이 울지 않으면 더 일찍 깨우실 거야."
"정말."
너희들이 힘들다고 하기 전에 관점을 바꾸어서 생각해 봐.
"너무 힘든데, 내 팔자가 왜"
라고 하지 말고,
"아니야, 오늘 이만큼 수확했으니 주인 마님이 고마워하시겠지. 날로 발전하는 내일 처리 솜씨, 참으로 눈부신 걸."
하녀들은 관점을 바꾸어서 열심히 일했습니다. 그랬더니 주인이 하녀들을 크게 칭찬했습니다.

22. 여인과 암탉

[해석하기]

1) **우리가 하나님의 자녀로서 욕심을 부리면 그 행동이 그리스도를 욕되게 합니다.** 여인과 암탉이라는 이솝우화를 아십니까? 어느 과부에게 매일매일 달걀을 하나씩 낳는 암탉이 있었습니다. 과부는 암탉이 알을 하루에 하나씩 낳는 것이 마음에 차지 않아 모이를 두 배로 주었죠. 그랬더니 암탉은 뚱뚱해져서 하루에 알을 한 개도 낳지 못하게 되었습니다. 여러분, 과부와 같은 잘못을 저지르고 있지 않습니까? 욕심에 눈이 멀어 상식 이상의 결과를 기대할 때 낭패를 보게 됩니다. 탐심을 버리고 하나님께서 주신 복에 감사하며 살아갑시다.

2) **무지는 패망의 어머니입니다.** 여인과 암탉이란 이솝우화를 아십니까? 어느 과부가 두 개씩 알을 낳게 하기 위해 많은 모이를 주었습니다. 하지만 닭이 알을 하나도 낳지 못하게 되었습니다. 너무 살이 쪄서 알을 낳을 수 없게 된 거지요. 여러분, 과부는 무지했습니다. 그 결과 손해를 보았습니다. 성도 여러분, 알기에 힘쓰세요.

3) 나만의 해석하기

<각색하기>

옛날 어느 곳에 과부가 살았어요. 그 과부에겐 귀한 닭이 한 마리 있었습니다.

닭은 매일같이 알을 하나씩 낳았고, 그것을 모았다가 팔아 아이들 학용품을 사주고 용돈도 주었어요. 과부는 매일 같이 알을 하나씩 모아보았자, 돈이 되지 않기에 욕심이 생겼습니다.

"기왕이면 하루에 두 개씩은 낳을 것이지 겨우 한 개씩 낳을 게 뭐람!"

과부는 닭에게 먹이를 많이 주었어요.

'닭아, 아주 크고 맛있는 알을 두 개씩 낳으렴, 그러면 네가 맛있는 음식을 줄 게.'

과부는 풀과 채소, 곡식을 닭에게 많이 주었습니다.

그런데 이게 웬일입니까? 닭이 알을 하나도 낳지 못하게 되었습니다. 닭이 너무 살이 올라 알을 낳을 수 없게 된 것입니다.

23. 돌고래와 고래와 멸치

[해석하기]

1) 다른 사람의 일에 함부로 참견하지 마십시오. 만일 참견하고 싶으면 아무 때나 나서지 말고 상황을 보고 나섭니다. 돌고래와 고래와 멸치라는 이솝우화를 아십니까? 돌고래와 고래가 패싸움을 벌였습니다. 갈수록 싸움이 치열해져 유혈이 낭자합니다. 멸치 한 마리가 수면에 고개를 빠끔히 내밀고는 양편을 화해시키려고 했습니다. 그러자 돌고래가 쏘아붙였습니다. "네 녀석이 중재자로 나서는 꼴을 보느니 차라리 우리끼리 싸우다 죽는 게 덜 창피하겠다." 여러분, 아무 때나 나서지 맙시다. 두 집단의 보스끼리 싸우는 데 지나가는 행인이 화해를 시킨다고 나서면, 과연 화해가 되겠습니까? 위와 같은 상황에서는 정의감에 불타서 앞뒤를 못 가리고 덤비기보다는 경찰에 신고한다든지 현명하게 처신해야 합니다.

2) 힘이 있다고 변변치 못한 사람을 무시해서는 안 됩니다. 돌고래와 고래와 멸치라는 이솝우화를 아십니까? 돌고래와 고래가 패싸움을 벌였습니다. 갈수록 싸움이 치열해져 유혈이 낭자합니다. 멸치 한 마리가 수면에 고개를 빠끔히 내밀고는 양편을 화해시키려고 했습니다. 그러자 돌고래가 쏘아붙였습니다. "네 녀석이 중재자로 나서는 꼴을 보느니 차라리 우리끼리 싸우다

죽는 게 덜 창피하겠다." 여러분, 힘이 없고 돈이 없는 사람을 무시해서는 안 됩니다. 어떤 사람들은 힘이 없는 자 앞에서 강해지고, 힘이 있는 자 앞에서 약해집니다. 그러나 여러분이 성도라면 힘이 있는 자 앞에서 목소리를 높이고 힘이 없는 자 앞에서 목소리를 낮출 수 있는 용기가 필요합니다. 예수님께서는 "옳다 옳다, 아니라 아니라 하라, 이에서 지나는 것은 악으로 좇아 나느니라."라고(마 5: 37) 말씀하셨습니다.

3) 나만의 해석하기

___

<각색하기>

야인시대의 열풍이 바다세계에도 불어 그 동안 사이가 안 좋았던 돌고래와 고래가 패싸움을 벌이게 되었습니다. 그들은 생사를 건 결투를 합니다.

그런데 그들의 싸움 때문에 피해를 보는 친구들이 너무 많았습니다. 새우의 제과점은 엉망이 되었고요. 넙치의 옷가게도 문을 닫아야 했어요. 시간이 갈수록 다른 물고기들의 희생이 늘어납니다.

참다못한 멸치가 용기를 내어 그들을 말렸습니다.

"여러분! 우리 멸치와 참치도 오랜 원한 관계였지만 바다 세계의 평화를 위해서 서로 화해하고 있습니다. 고래와 돌고래도 모든 바다세계 생물들을 위해서 참아 주시면 감사하겠습니다."

그러자 두목 돌고래가 쏘아붙이며 말했습니다.

"야, 치! 죽고 싶지 않음 가만히 있어. 네가 말리는 꼴을 보느니 그냥 싸우다 죽는 게 우리 고래들의 명예를 지키는 것이다. 알겠냐?"

24. 웅변가 데마데스

[해석하기]

1) 성도 여러분, 핵심적인 복음을 듣기에 힘쓰십시오. 웅변가 데마데스란 이솝우화를 아십니까? 웅변가 데마데스가 아테네 시민들 앞에서 연설을 합니다. 그런데 청중들은 아무도 그의 말에 귀를 기울이지 않았습니다. 어느 날 청중들은 재미있는 이솝우화를 해달라고 그에게 주문합니다. 데마데스가 말문을 열었습니다. 여신과 제비와 뱀장어가 함께 여행을 갔습니다. 그러다가 강어귀에 다다랐습니다. 그러자 제비는 하늘로 날아가고, 뱀장어는 물 속으로 잠수를 했습니다. 이 대목에서 웅변가 데마데스는 입을 꾹 다물었습니다. 그랬더니 누군가 "여신은요?" "여신은 당신에게 화가 났지요. 국가의 중대사는 소홀히 하면서 이솝우화 따위에 귀기울이는가?" 해서요. 여러분, 성도라면 "국가의 중대사를 소홀히 하면서 이솝우화 따위에 귀기울이는가?"라는 말을 심각하게 되새겨 보아야 합니다. 혹여 복음의 핵심적인 교리보다는 구수하고 흥미 있는 이야기를 설교자에게 요구하고 있지는 않습니까? 성도는 분별력을 가지고 진정으로 중요하고 유익한 것이 무엇인지 생각하고, 하나님 말씀 속에 들어 있는 핵심을 파악하는 지혜로운 사람이 되어야겠습니다.

2) 하나님의 말씀이 아닌 다른 것을 찾으려고 하지 마십시오.

하나님께서는 인간이 다른 것에 귀 기울이는 것을 기뻐하지 않으십니다. 웅변가 데마데스라는 이솝우화를 아십니까? 하루는 웅변가 데마데스가 시민들 앞에서 연설을 하고 있었습니다. 그러나 시민들은 그의 말을 듣지 않고, "이솝우화를 들려주세요."라고 말합니다. 화가 치민 데마데스는 중요한 일에는 관심도 없고 이솝우화 따위만 좋아하는 시민들을 나무랐답니다. 여러분, 하나님의 말씀은 뒷전으로 하고 내가 듣기 좋은 것, 흥미로운 것들만 듣기를 좋아하지 않습니까? 올바른 성도가 되기 위해서는 진정한 말씀을 들으려는 자세가 필요합니다. 하나님께서는 그런 모습을 보시기를 원하십니다.

3) 나만의 해석하기

〈각색하기〉

웅변가 데마데스가 아테네의 시민들 앞에서 연설을 했어요. 그런데 청중들은 아무도 그의 이야기를 듣지 않았답니다.

"우리에게 이솝우화 한 편을 들려주시오"

그 말을 들은 데마데스는
"좋소. 내가 이야기 하나 들려주지."
하고 말문을 열었어요.

"데메테르 여신과 제비와 뱀장어가 같은 길로 여행을 하다가 강어귀에 다다랐소. 제비는 하늘로 올라가 버리고 뱀장어는 물 속으로 잠수를 해 버렸지."

그랬더니 누군가 물었어요.
"그럼 데메테르 여신은?"
데마데스가 대답했어요.
"여신은 당신에게 화가 났소. 국가의 중대사는 소홀히 하면서 이솝우화 따위에 귀 기울인다고 말이오"

25. 여행을 떠난 디오게네스

[해석하기]

1) 다른 사람에게 도움을 받았다면, 그 일에 대해 판단하기에 앞서 먼저 감사하는 마음을 가져야 합니다. 여행을 떠난 디오게네스란 이솝우화를 아십니까? 아테네의 나무 술통에 살았던 철학자 디오게네스가 여행을 하게 되었습니다. 디오게네스는 가파른 강둑 때문에 그만 발이 묶였습니다. 그 때 그 지방 사람의 도움으로 강물을 무사히 건너게 되었습니다. 디오게네스는 돈이 없어 감사를 드리지도 못해 고민에 빠져 있는 중에, 그 사람이 또 다른 사람을 건널 수 있게 도와주었습니다. 그러자 디오게네스가 "자네가 해준 일이 고맙지 않네. 무조건 해야 한다는 것은 일종의 강박관념에서 나온 것이라네."라고 말했습니다. 디오게네스는 오히려 그 사람을 나무라고 있습니다. 여러분, 그 지방 사람은 무조건적인 사랑으로 그의 목숨을 살려 주었는데 디오게네스는 자기에게 사랑을 베푼 은인에게 핀잔을 주고 있습니다. 디오게네스는 마치 하나님이 강박관념 때문에 사랑을 베푸신 것이 아니냐고 질문하는 세상 사람과 같은 면이 있습니다. 다른 사람에게 도움을 받았다면 그것을 따지기 이전에 먼저 감사하는 것이 사람의 도리가 아닙니까?

2) 우리는 세상을 구원으로 이끄는 그리스도의 창문으로서 언

제나 그 문을 활짝 열어두어야 합니다. 여행을 떠난 디오게네스란 이솝우화를 아십니까? 아테네의 나무 술통에 살았던 철학자 디오게네스가 여행을 하게 되었습니다. 디오게네스는 가파른 강둑 때문에 그만 발이 묶였습니다. 그 때 그 지방 사람을 만나 강물을 무사히 건너게 되었습니다. 디오게네스는 돈이 없어 감사 드리지도 못해 고민에 빠져 있는데, 그 사람이 강을 건너지 못하는 다른 사람을 발견하고 무등을 태워주어 건네 주웠습니다. 그러자 디오게네스가 "자네가 해준 일이 고맙지 않네. 무조건 해야 한다는 것은 일종의 강박관념에서 나온 것이라네."라고 말합니다. 여러분, 디오게네스는 오히려 그 사람을 나무라고 있습니다. 여러분, 그 지방 남자처럼 누구에게나 마음의 문을 열고 손을 내밉시다. 좁은 소견으로 상황을 따지다보면 최적의 시기를 놓칠 수가 있습니다. 그러므로 그리스도인은 어려운 일을 당하고 있는 이웃에게 즉각적으로 다가갈 수 있는 넉넉한 그리스도의 창문이 됩시다.

3) 나만의 해석하기

<각색하기>

디오게네스라는 한 청년이 멀리 여행을 가고 있었어요. 그곳은 넓은 강을 둘러싸고 있는 멋진 곳이었답니다. 그가 강둑을 지나가고 있을 때의 일이었어요. 갑자기 회오리가 치더니 강물이 올라와 그를 덮쳤지요. 디오게네스는 강물 속에서 헤어 나오지 못하고 살려달라고 소리치기 시작했답니다.

한편 반대편에서는 그 지역에 사는 사람이 그쪽으로 걸어오고 있었습니다. 그 사람은 방금 전에 멋있는 옷을 사 입고 뽐내며 거리를 돌아다니던 길이었어요. 그 사람은 강물 속에 빠진 디오게네스를 보았답니다.

"살려줘! 살려줘!"

그는 구출하고 싶었지만 그의 아까운 옷이 젖을까봐 망설였습니다. 하지만 그 사람은 옷보다 사람의 생명이 중요하기 때문에 허겁지겁 달려와 그를 구출해 주었습니다. 디오게네스는 그러한 그가 고마웠지만 가난했기 때문에 감사표시도 못하고 머리를 긁적거렸어요.

어떤 사람이 강둑을 또 건너지 못하고 있습니다. 그러자 디오게네스는,

"당신, 얼떨결에 나를 도와주었지요? 다 알고 있습니다. 그러니 굳이 감사드리지 않아도 되겠군요."

그 남자는 황당해 했습니다.

26. 나무꾼과 소나무

[해석하기]

1) 여러분, 안에서 나오는 악한 것들을 경계하지 않으면 넘어지기 쉽습니다. 나무꾼과 소나무란 이솝우화를 아십니까? 나무꾼이 소나무를 베고 있습니다. 나무꾼은 소나무 조각으로 만든 쐐기 덕분에 소나무를 쉽게 벨 수 있었습니다. 소나무는 "내 몸을 찍는 도끼보다 내 몸에서 나온 쐐기가 더 무섭구나."라고 탄식합니다. 여러분, 소나무 쐐기가 소나무를 쉽게 무너뜨리듯이 자기 안에서 나오는 악한 것들이 여러분을 망하게 할지도 모릅니다. 그러므로 성도는 안에 들어 있는 악한 것들로 인해 쓰러지기 전에 안에 있는 악한 것들을 버려야 합니다(막 7:21-22).

2) 어떠한 일을 할 때에 그 일이 가져올 결과를 생각하며 신중하게 행동합시다. 나무꾼과 소나무란 이솝우화를 아십니까? 나무꾼이 소나무를 베고 있습니다. 나무꾼은 소나무 조각으로 만든 쐐기 덕분에 소나무를 쉽게 벨 수 있었습니다. 소나무는 "내 몸을 찍는 도끼보다 내 몸에서 나온 쐐기가 더 무섭구나."라고 탄식합니다. 여러분, 소나무처럼 어떤 일을 행하고 그 결과로 자신이 피해를 당하는 일이 종종 있습니다. 예를 들면, 우리들이 편리를 위해 자연을 계발하지만 그것이 지나쳐 환경오염을 초래하고 그것이 재앙이 되어

인류가 파멸될 위기에 처해 있습니다. 그러므로 우리는 어떤 일을 행할 때마다 신중하게 앞뒤를 따져볼 뿐만 아니라 하나님께 지혜를 구하면서 행동해야 합니다.

3) 우리 믿음의 성장을 방해하는 훼방꾼은 아주 가까운 곳에 있습니다. 나무꾼과 소나무라는 이솝우화를 아십니까? 나무꾼들이 소나무를 베고 있었는데, 소나무 조각으로 만든 쐐기 덕분에 일을 아주 쉽게 끝낼 수가 있었습니다. 그러자 소나무는 이렇게 탄식했습니다. '내 몸을 찍는 도끼보다 내 몸에서 나온 쐐기가 더 무섭구나.' 여러분, 우리를 가장 힘들게 하는 것이 무엇입니까? 바로 가장 가까이 있는 것이 나를 힘들게 합니다. 그게 누구입니까? 이웃입니까? 아니면 친척입니까? 바로 나입니다. 내가 나를 넘어지게 하고 나를 죽입니다. 이 점을 명심하십시오.

4) 나만의 해석하기

_____
_____
_____
_____
_____
_____
_____

〈각색하기〉

"이영차" 나무꾼들의 기합소리가 온 숲을 울립니다. 한 쪽에서는 쐐기를 박고 다른 한쪽에서는 도끼날을 찍어 댑니다.

'자, 오늘도 힘차게 일해 볼까?'

나무꾼은 손에 '퇴'하고 침을 뱉고는 힘차게 도끼를 집어듭니다. "우지끈" 소나무는 잘도 넘어 갑니다. 그리고 도끼날을 찍을 때마다 '쩍'하고 벌어지는 소리가 시원스레 들려옵니다. 조금 지나자 박자도 맞고 속도도 붙으니 나무꾼들은 주루룩 흐르는 땀에 아랑곳하지 않고, 마냥 신이나 즐겁게 일을 합니다.

그런데 나무꾼들과는 반대로 쓰러져 가는 소나무들은 영 죽을 맛입니다.

"아야, 아야."

순간 날카로운 도끼날이 다가옵니다. 소나무는 호흡이 당장이라도 멈출 것만 같습니다. 그런데 그 도끼날 보다 더 무서운 것이 있었습니다. 그것은 이상한 모양의 뾰족한 막대기 입니다. 그래서 자세히 살펴보니 '아니 이게 웬걸!' 그 뾰족하게 생긴 막대기가 다름 아닌 소나무 조각으로 만든 것이었습니다.

'아니, 이럴 수가! 내 몸을 찍는 도끼보다 내 몸에서 나는 쐐기가 더 무섭구나.'

당황한 소나무는 정신이 아찔했습니다.

나무꾼의 도끼질은 계속됩니다.

27. 암사슴과 포도넝쿨

[해석하기]

1) 주님의 은혜를 망각하지 말고 감사하며 살아갑시다. 암사슴과 포도넝쿨이라는 이솝우화를 아십니까? 암사슴은 자신의 목숨을 구해준 포도넝쿨을 먹음으로 사냥꾼에게 잡히고 맙니다. 만약 암사슴이 바스락거리며 포도넝쿨을 먹지 않았다면 위기를 모면할 수 있었을 것입니다. 숨이 넘어가는 순간 암사슴은 개탄합니다. "어찌 남을 탓하랴! 목숨을 살려준 잎사귀를 다치게 한 장본인이 바로 나 자신인 걸!" 그렇습니다. 우리도 구원이 어디에서 온 줄 망각할 때가 많습니다. 그리고 그 구원의 은혜를 베풀어주신 이를 소홀히 하며 대적하는 어리석음을 범하지 말아야겠습니다. 암사슴처럼 구원의 은혜를 망각하면 심판이 있습니다.

2) 하나님께서 주신 기회를 선용하십시오. 암사슴과 포도넝쿨이라는 이솝우화를 아십니까? 사냥꾼에게 쫓기던 암사슴이 포도넝쿨 뒤에 숨었습니다. 완벽히 숨었다고 안심한 암사슴은 잎사귀를 뜯어먹었습니다. 사냥꾼은 그 바스락 소리를 듣고 암사슴에게 화살을 쏘았습니다. 암사슴은 죽게 되었습니다. 여러분, 하나님께서는 우리에게 도움을 주십니다. 하지만 우리는 하나님이 주신 기회를 모르고 그것을 선용하지 못하는 경우가 많습니다. 여러분, 어리석은 암

사슴 같이 되지 말고 기회를 선용합시다.

 3) 먼 미래를 바라보지 않고 눈앞의 욕구를 따르기에 급급하면 사망의 길에 이릅니다. 암사슴과 포도넝쿨이라는 이솝우화를 아십니까? 사냥꾼에게 쫓기던 암사슴이 포도넝쿨 뒤에 숨었습니다. 완벽히 숨었다고 안심한 사슴은 배고픈 것을 참지 못하고 잎사귀를 먹었습니다. 사냥꾼은 바스락거리는 소리를 듣고 암사슴에게 화살을 쏘았습니다. 사슴은 죽었습니다. 여러분, 우리도 암사슴과 같이 배고픈 욕구를 이기지 못해 치명타를 입을 때가 있습니다. 동생에게 팥죽을 팔았던 에서처럼 말입니다. 여러분, 눈앞에 있는 이익만 바라보지 말고 더 멀리 크게 바라보십시오.

> 4) 나만의 해석하기
>
> _____
> _____
> _____
> _____
> _____
> _____
> _____

 <고쳐쓰기>

 사냥꾼에게 쫓기던 암사슴이 포도넝쿨 뒤에 몸을 숨겼습니다. 사냥꾼이 암사

숨을 찾습니다.

"어, 어디로 갔지? 분명 이쪽으로 왔는데 저쪽으로 가자."

"아! 천만다행이다. 그런데 긴장이 풀리니까 배가 고픈걸!"

한 동안 숨어 있던 사슴은 바로 눈 앞에 있는 포도나무 잎사귀가 먹고 싶었습니다.

"잎사귀가 흔들리지 않게 조금만 먹자."

"안 돼! 날 먹으면 안 돼."

"칫! 너 잎사귀 주기가 아까워서 그렇지."

약이 오른 사슴은 포도넝쿨에게 비아냥대며 말했습니다.

"아냐, 그런 것이 아니라 배가 고프다면 내 잎사귀를 얼마든지 줄 수 있어. 하지만 네가 만약 내 잎사귀를 먹는다면 사냥꾼이 잎사귀를 먹는 소리를 듣고 와서 널 죽일 거야."

암사슴은 순간 움찔했어요.

"포도넝쿨아, 미안해 내가 너무 경솔했어. 너는 나를 숨겨줬는데."

"아냐, 괜찮아. 방심은 절대 금물이야. 알겠지?"

28. 지붕 위의 송아지와 늑대

[해석하기]

1) 높은 지위에 있다고 교만하면 남의 비웃음만 살뿐입니다. 지붕 위의 송아지와 늑대라는 이솝우화를 아십니까? 어쩌다 지붕 위에 올라앉게 된 송아지가 지나가던 늑대에게 온갖 욕지거리를 퍼부으며 비웃었어요. 그러자 늑대가 "지금 날 비웃는 건 자네가 딛고 선 자리라네." 라고 대꾸했습니다. 여러분, 진정으로 강한 힘은 정신적으로 상대방을 감화시키는 것입니다. 조금 높은 자리에 올랐다고 해서 낮은 자리에 있는 사람을 인격적으로 모독해서야 되겠습니까? 그러한 행동은 오히려 낮은 자리에 있는 사람들에게 비웃음만 살뿐입니다.

2) 우리의 정체성은 오직 하나님께서 부여하신 것임을 항상 기억합시다. 지붕 위의 송아지와 늑대라는 우화를 아십니까? 송아지 한 마리가 지붕 위에 올라가서는 늑대에게 마구 욕을 해대며 비웃습니다. 그러자 늑대가 "이봐 그 위에 있는 네 녀석! 지금 날 비웃는 건 네가 아니라 네가 딛고 선 자리라는 걸 알아둬!" 라고 말합니다. 여러분, 이렇게 늑대에게 욕을 하던 송아지가 땅에 내려오면 어떻게 될까요? 송아지는 자기의 지위를 착각하고 있습니다. 우리도 때때로 이런 실수를 범하게 됩니다. 우리의 진정한 정체성을 망각하

고 성적이나 돈 또는 사람과의 관계로 자신의 정체성을 과시하려고 합니다. 물론 자신이 가진 것이 많을 때에 우쭐거릴 수 있지만, 그것이 영원히 지속되겠습니까? 우리는 하늘나라의 시민으로서 그리스도의 제자됨을 자랑하며 선한 일을 합시다. "우리는 그의 만드신 바라 그리스도 예수 안에서 선한 일을 위하여 지으심을 받은 자니 이 일은 하나님이 전에 예비하사 우리로 그 가운데서 행하게 하려 하심이니라"(엡 2:10).

3) 나만의 해석하기

〈각색하기〉

어느 마을에 아주 크고 어마어마한 집이 있었어요. 그 집은 너무나 튼튼해서 보는 사람마다 놀라곤 했죠. 그 마을에 살고 있는 송아지 한 마리가 이런 생각을 하게 되었어요.

'저 집의 지붕 위에 올라간다면 무서울 것이 없겠다.'

그래서 송아지는 지붕 위로 올라갈 방법들을 생각해 보았어요. 여러 가지 궁리 끝에 송아지는 지붕 위로 올라갔어요. 그 위에서 내려다보는 마을은 정말 아름다웠어요. 그 위에 있으면 자기가 아주 위대한 것같은 생각이 들었어요. 그래서 송아지는 지붕 위에서 온갖 허세는 다 부렸습니다. 그러다가 밑을 내려다보니 평소에 자기를 괴롭히던 늑대 한 마리가 지나가고 있었어요. 그래서 송아지는 이 때다 싶어서 늑대에게 소리쳤어요.

"이 바보 같은 늑대야! 나를 괴롭혀 봐라, 너는 나에게 아무 것도 할 수 없지?"

송아지는 여러 가지 욕을 퍼부으면서 늑대를 비웃었어요. 그러자 늑대가 이렇게 대꾸했답니다.

"이봐, 그 위에 있는 네 녀석! 지금 날 비웃는 건 네가 아니라 네가 딛고 선 자리라는 걸 알아둬!"

29. 송아지와 플롯을 부는 늑대

[해석하기]

 1) 위기에 봉착했을 때 절망하지 말고 하나님께 지혜를 간구합시다. 송아지와 플롯을 부는 늑대라는 이솝우화를 아십니까? 무리에게 뒤쳐진 송아지는 늑대에게 쫓기고 있었습니다. 쫓기던 송아지는 갑자기 뒤돌아 서서 "늑대 아저씨, 제가 아저씨 밥이 되더라도 영예롭게 죽고 싶으니, 아저씨 플롯 연주에 맞춰 춤을 추게 해주세요."라고 말했습니다. 그리하여 늑대가 플롯을 불고 송아지는 춤을 추었어요. 사냥개가 시끄러운 풍악소리를 듣고 늑대에게 달려듭니다. 늑대는 "내가 당해도 싸다. 백정이 본분을 지키지 않고 피리 부는 사람 노릇을 했으니."라며 한숨을 쉬었습니다. 여러분, 호랑이에게 물려도 정신만 차리면 산다는 속담이 있습니다. 어려운 상황에서도 절망하지 말고 지혜를 발휘하면 살 수 있습니다. 특히 절망적인 상황이 닥치면 침착함과 냉정함을 잃어 잘못된 판단을 내리게 됩니다. 왜 그렇게 불안하고 절망하게 됩니까? 자신의 힘으로 그 위기를 벗어나려고 하기 때문입니다. 여러분, 위기의 상황에 봉착하게 되면 하나님께 지혜를 구하십시오.

 2) 하나님께서 주신 기회를 놓치지 말고 붙잡읍시다. 송아지와 플롯을 부는 늑대라는 이솝우화를 아십니까? 무리에게 뒤쳐진 송아지는 늑대에

게 쫓기고 있었습니다. 쫓기던 송아지는 갑자기 뒤돌아 서서 늑대에게 말했습니다. "늑대 아저씨, 제가 아저씨 밥이 되더라도 영예롭게 죽고 싶으니, 아저씨 플룻 연주에 맞춰 춤을 추게 해주세요." 그리하여 늑대가 플룻을 불자 송아지는 춤을 춥니다. 사냥개가 시끄러운 풍악소리를 듣고 늑대에게 달려듭니다. 늑대는 "내가 당해도 싸다. 백정이 본분을 지키지 않고 피리 부는 사람 노릇을 했으니." 여러분, 늑대의 한탄하는 소리가 들립니까? 늑대는 자신에게 찾아온 기회를 놓쳤습니다. 최선을 다해도 잡기 힘든 것이 기회입니다. 좋은 기회가 주어지면 그 기회를 선용하십시오.

3) 나만의 해석하기

〈각색하기〉

하늘은 맑고 들판에 싱싱한 풀들이 잘 자라고 있습니다. 그래서 소 무리는 한 마리의 송아지와 함께 풀을 뜯기 위해 들판으로 나갔습니다. 그런데 멀리서 늑대가 나타났습니다. 늑대는 소 무리를 바라보며 '흠, 저렇게 소가 많다니. 오늘은 내가 복이 터졌군. 어디 보자 쉽게 잡을 수 있는 놈이 어디 없을까' 라고 생각했습니다.

그 때 늑대의 눈에 한 마리의 어린 송아지가 보였습니다.

"옳지. 저 어린 송아지라면 내 밥으로 적당하고 큰 소들보다 달리기가 느려서 쉽게 잡을 수 있겠다. 크크크"

늑대는 한 송아지를 선택하고 소들을 향해 돌진했습니다. 소들은 갑자기 나타난 늑대 때문에 사방으로 흩어지며 도망쳤습니다. 무서운 늑대에게 쫓기던 송아지는 생각했습니다.

'이대로 가다간 잡히겠다. 이대로 당하고 있을 순 없지. 아, 이렇게 하면 되겠다. 헉헉'

쫓기던 송아지가 갑자기 뒤돌아 섰습니다. 오히려 늑대가 놀랄 정도입니다.

"늑대 아저씨, 죽기 전에 플롯 소리에 맞추어 춤을 추고 싶어요. 아저씨가 플롯을 잘 부신다는 소식을 들었거든요."

늑대는 송아지의 말에 어깨가 으쓱했습니다.

"그렇지. 내가 플롯을 좀 잘 불지. 넌 죽어서도 내 연주에 감사하게 될 거다."

그리하여 늑대가 플롯을 불고 송아지는 플롯 장단에 맞추어 예쁘게 춤을 추었어요. 그 연주소리가 근처에 있던 사냥꾼의 집까지 들렸습니다. 낮잠을 자던 사냥개가 그 소리를 듣고,

"어떤 놈이 감히 내 낮잠을 방해하는 거야. 감히 나의 단잠을 깨우다니 어떤 놈인지 걸리기만 해봐라."

사냥개가 들판으로 가보니 늑대 한 마리가 플롯을 불고, 송아지가 그 연주에 맞추어 춤을 추고 있었습니다.

"멍멍!"
더 가까이 가보니 옆집에 살고 있던 송아지였어요.
"멍멍, 멍멍!"
송아지는 사냥개를 보고 눈짓으로 살려달라고 애원했습니다. 이에 사냥개가 늑대에게 달려들었습니다.
"앗!"
늑대는 갑작스런 사냥개의 공격에 맥없이 당했습니다.
늑대는 사냥개에게 혼줄이 나면서 울부짖었습니다.
"내가 당해도 싸다. 백정이 본분을 지키지 않고 무슨 음악가라고 플롯을 불었담."

30. 독사와 여우

[해석하기]

1) 성도가 고난을 인과응보라고 생각하면 그것은 편협한 생각입니다. 독사와 여우라는 이솝우화를 아십니까? 독사 한 마리가 한 무더기의 가시덤불을 타고 강물에 휩쓸려가고 있었습니다. 지나치던 여우가 "배를 보면 주인을 아는 법이지!"라고 매몰차게 말합니다. 여러분, 다른 사람들이 어려움을 겪는 것을 보고 그것을 인과응보라고 생각하고 있지 않습니까? 그러나 고난은 하나님의 선물일 수도 있습니다. 우리는 주변에 있는 사람들이 고난받는 것을 보고 그것을 인과응보라고 섣불리 말하기보다는 시련을 극복할 수 있도록 격려하고 기도하는 자세를 가져야겠습니다.

2) 언어는 한 사람의 영혼에 지대한 영향력을 끼치므로 그리스도인들은 언어 사용에 신중을 기해야 합니다. 독사와 여우라는 이솝우화를 아십니까? 독사 한 마리가 한 무더기의 가시덤불을 타고 강물에 휩쓸려 가고 있었습니다. 지나치던 여우가 "배를 보면 주인을 아는 법이지!"라고 매몰차게 말합니다. 주님은 말씀하십니다. "나는 너희에게 이르노니 형제에게 노하는 자마다 심판을 받게 되고, 형제에 대하여 나가라 하는 자는 공회에 잡히게 되고, 미련한 놈이라고 하는 자는 지옥 불에 들어가게 되리라." 주님께서는 형

제와 이웃에게 저주의 말을 퍼붓는 것은 언어 폭력이기 때문에 심판을 받을 것이라고 말씀하십니다. 그리스도인은 향기로운 말, 다른 사람에게 희망을 주고 덕을 끼치는 언어를 사용해야겠습니다.

3) 성도는 하나님의 은혜를 생각하며 다른 사람의 불행에 냉담해서는 안 됩니다. 독사와 여우라는 이솝우화를 아십니까? 독사 한 마리가 한 무더기의 가시덤불을 타고 강물에 휩쓸려가고 있었습니다. 지나치던 여우가 "배를 보면 주인을 아는 법이지!"라고 매몰차게 말합니다. 여우는 독사가 떠내려가는 것을 보고 비아냥거리고 있습니다. 여러분, 설령 독사의 행실이 좋지 못하더라도 위급한 상황에 처한 독사를 도와주어야 합니다. 참된 그리스도인의 자세는 다른 사람의 불행에 함께 아파하며 슬픔을 나누는 것입니다. 또 그리스도인은 어두운 곳을 환하게 비춰주며, 만물이 소생할 수 있도록 온기를 채워주어야 합니다.

> 4) 나만의 해석하기
>
> _____
> _____
> _____
> _____
> _____
> _____

<각색하기>

옛날 옛날에 작은 숲이 있었어요. 그곳에는 동물 친구들이 살고 있었어요. 고양이, 개, 다람쥐, 뱀, 여우, 모두모두 사이좋게 지냈어요.

그러던 어느 날이었어요. 숲 속에 비가 내리기 시작했어요. 한 방울, 두 방울, 그러더니 큰비가 되어버렸어요. 순식간에 많은 비가 내려서 그만 숲 속이 강처럼 물이 고였어요. 동물친구들은 걱정이 되었어요.

"어쩌면 좋아. 어떻게 하지?"

"빨리 피해야 해! 우리 저 바위 위로 올라가자."

"그래그래. 애들아, 우리 모두 바위로 올라가자. 어서어서."

모든 동물친구들은 서둘러서 바위 위로 올라갔어요. 그리고 비가 그치기만을 기다렸어요.

그런데 갑자기 뱀이 바위 아래로 내려가기 시작했어요. 동물친구들은 너무 놀랐답니다. 모두 뱀에게 내려가지 말라고 했어요. 그 때 뱀이 말했어요.

"여기서 있다간 떠내려 갈 거야. 난 저 가시덤불 속에서 있겠어. 여기보다 저기가 더 안전할거야."

"뱀아, 거긴 너무 위험해. 우리와 여기 함께 있자!" 고양이와 개가 말했어요.

"맞아, 거긴 너무 위험해, 가지마, 응?" 다람쥐가 말했어요.

하지만 뱀은 친구들의 말을 듣지 않고 스르륵 바위 밑으로 내려가서 가시덤불 속으로 들어갔어요. 친구들은 걱정이 되었어요.

어머! 이게 어떻게 된 거죠?

가시덤불이 갑자기 흔들거리더니 강물에 떠내려가는 게 아니겠어요?

"어머! 어떻게 해, 뱀아! 어서 나와!!"

친구들이 뱀을 불렀지만, 뱀은 너무 놀라 목소리도 나오지 않았어요. 친구들은 나무를 엮어서 던져 보지만 구출할 수 없었어요.

결국 뱀은 가시덤불과 함께 떠내려가고 말았습니다. 친구들은 너무나 슬펐어요. 그 때, 뱀을 도와주지 않았던 여우가 말했어요.

"어머머. 난 뱀이 언젠가는 큰 일을 저지를 거라 생각했어. 어쩜 저렇게 미련할까? 흥! 난 내려가겠어."

31. 독사와 줄칼

[해석하기]

1) 우리는 믿음의 사람들로서 다른 사람이 도움을 요청할 때 단호하게 거절하기보다 그들의 어려움을 해결하기 위해 최선을 다 합시다. 독사와 줄칼이라는 이솝우화를 아십니까? 독사가 연장들에게 도움을 애걸하자 다른 연장들은 도와주었습니다. 이에 독사는 '줄칼'이라는 이름이 너무 좋아서 그에게 도움을 요청했습니다. 그러자 줄칼은 다른 연장과 달리, 자신은 원래 받기만 좋아하는 놈이라 자기에게 도움 받을 것이란 생각은 하지 말라며 단호하게 거절했습니다. 여러분의 모습이 줄칼과 같지 아니 한지요. 다른 사람이 그리스도인이기 때문에 도움을 요청하는 데 기독교인이 아닌 다른 사람보다 더 인색하지 아니 한지요. 우리는 그리스도인의 이름에 걸맞게 타인의 도움에 적극적이어야겠습니다.

2) 다른 사람의 도움을 애걸하기보다 하나님께 지혜를 간구하며 해결 방법을 찾아 보세요. 독사와 줄칼이라는 이솝우화를 아십니까? 독사가 연장들에게 도움을 애걸하자 다른 연장들은 도와주었습니다. 이에 독사는 '줄칼'이라는 이름이 너무 좋아서 그에게도 도움을 요청했습니다. 그러자 줄칼은 다른 연장과 달리, 자신은 원래 받기만 좋아하는 놈이라 자기에게 얻어낼

수 있을 거란 생각을 말라며 단호하게 거절을 했습니다. 여러분, 독사처럼 다른 사람들의 도움만으로 살아가려는 생각을 버리십시오. 하나님께 지혜를 간구하며 자신의 재능을 최대한도로 활용하며 살아야 합니다. 힘과 재능이 있는데도 남에게 애걸하여 사는 것은 바람직한 행동이 아닙니다.

3) 나만의 해석하기

〈각색하기〉

깊은 산 속에 작은 오두막집이 있었어요. 그 집에는 망치, 도끼, 톱, 못 등 여러 연장들이 대장간에 있었어요.

어느 날이었어요. 그 날도 도구들은 힘든 일을 마치고 대장간 안에서 쉬고 있었어요. 그런데 갑자기 문이 빼꼼 열리더니 바짝 마른 독사가 들어오는 게 아니겠어요. 힘이 좋은 망치와 날카로운 톱은 깜짝 놀랐어요.

"넌, 누구니, 왜 그렇게 말랐니."

"난, 독사야, 지금 너무 배가 고프구나! 내게 먹을 것을 좀 주지 않겠니?"

도구들은 고민을 했어요. 독사에게 도움을 주어도 되나, 혹시 밥을 먹고 기운이 나서 우리 주인을 물면 어떡하지.

하지만 도구들은 독사의 간청을 들어주기로 했어요. 독사는 너무 기뻤어요. 여러 친구들에게 먹을 것을 받은 독사는 마지막으로 줄칼에게 가서 말했어요.

"줄칼아, 먹을 것을 좀 주렴."

그러자 줄칼이 말했어요.

"나도 받기만 좋아하는 놈이야, 너에게 줄 것이 없어."

32. 독사와 물뱀

[해석하기]

1) 말보다 행동이 중요합니다. 독사와 물뱀이라는 이솝우화를 아십니까? 독사와 물뱀이 땅과 샘물을 차지하기 위해 결투를 벌이고자 원군을 요청하고 있습니다. 물뱀을 싫어하는 개구리들이 독사에게 찾아가 지지를 약속했습니다. 물뱀과 독사가 혈투를 벌입니다. 개구리들은 개굴개굴 소리를 지릅니다. 가까스로 이긴 독사는 화가 났습니다. 독사는 지지를 약속했으면 행동으로 보여주어야지 소리만 질러대면 무슨 소용이 있느냐고 개구리들을 나무랐습니다. 우리도 개구리와 같은 사람이 아닌지요. 말로만 번지르르하게 약속하고 실제적인 도움이 필요할 때 행동으로 보여주지 않는다면 모든 사람들로부터 원망의 대상이 되기 쉽습니다.

2) 주님을 믿는 성도 가운데 행동하기보다 말이 앞선 분들이 많이 있습니다. 독사와 물뱀이라는 이솝우화를 아십니까? 이 우화에서 타산지석으로 삼아야 할 것은 개구리의 모습입니다. 개구리들은 독사에게 소리로 도와준다는 약속했습니다. 여러분, 우리의 모습이 그렇지 않습니까? 우리의 믿음의 모습을 행동으로 보이지 않고 입으로만 주의 사랑을 고백하지 않습니까?

성경에 행하지 않는 믿음은 죽은 믿음이라는 구절이 있습니다. 가난한 사람에게 행동으로 도웁시다.

3) 약속을 할 때 구체적으로 하지 않으면 오해를 받기 쉽습니다. 독사와 물뱀이 땅과 샘물을 차지하기 위해 결투를 벌이고자 원군을 요청하고 있습니다. 이 때 물뱀을 싫어하는 개구리들이 독사에게 찾아가 지지를 약속했습니다. 물뱀과 독사가 혈투를 벌입니다. 개구리들은 개굴개굴 소리를 지릅니다. 가까스로 이긴 독사는 화가 났습니다. 독사는 지지를 약속했으면 행동으로 보여주어야지 소리만 질러대면 무슨 소용이 있느냐고 개구리들을 나무랐습니다. 여러분, 개구리는 약속을 지켰습니다. 그러나 약속을 할 때 실제적인 도움을 주지 못할 것이라는 판단이 서면 그것을 상대방에게 알려야 합니다. 그렇게 하지 못할 때 오해를 받기 쉽습니다.

4) 나만의 해석하기

〈각색하기〉

화창한 날씨가 되면 언덕 위에 있는 샘터에 물을 마시러 가는 독사가 있었어요. 샘터의 주인인 물뱀은 독사가 제 영토에 만족하지 않고 샘터까지 넘보는데 화가 나서 독사를 저지하고자 결심했습니다. 물뱀은 독사에게 결투를 신청했어요. 결투 날짜가 잡히자, 물뱀을
끔찍이 싫어하던 개구리들은 독사에게 찾아갔습니다.

"독사님, 저희들의 힘이 미약하지만, 독사님을 위해 최선을 다하겠습니다."

독사는 흐뭇해하며 흔쾌히 승낙하였습니다. 결투 당일 날 물뱀은 독사에게,

"만약 누가 이기든지 간에, 이기는 사람이 이 영토를 차지하는 것이고, 지는 사람은 패배를 인정하여 다시는 영토를 넘보지 않는 거야. 동의 할 수 있지!"

"당연하지. 약속은 꼭 지키마."

비가 오는 저녁 결투가 시작되고, 독사와 물뱀은 혈투를 벌였습니다. 그러자 개구리들은,

"개골개골, 독사님 이기세요"

라고 시끄럽게 소리 내어 울기만 하였습니다.

가까스로 승리를 쟁취한 독사는

"왜 너희들은 도움을 주지 못하고, 오히려 더 성가시게 울기만 하였느냐?"

라고 개구리들에게 호통을 쳤습니다.

개구리들은

"저희들은 육체적인 도움을 준 것이 아니라, 목소리로 도왔답니다."

라고 말하였습니다.

33. 다랑어와 돌고래

[해석하기]

1) **원수를 사랑합시다.** 다랑어와 돌고래라는 이솝우화를 아십니까? 돌고래에게 쫓기던 다랑어가 혼신의 힘을 다해 허공으로 힘차게 뛰어오릅니다. 다랑어가 모래사장에 털썩 떨어져 숨을 헐떡이고 있습니다. 다랑어를 거의 잡을 수 있었던 돌고래는 다랑어를 잡겠다는 일념으로 함께 뛰어올라 나란히 백사장에 눕게 되었습니다. 임종을 맞이한 다랑어는 숨을 가쁘게 몰아쉬며 "이제는 죽음이 두렵지 않구나. 나를 이 지경으로 몰아넣은 원수가 황천길에 동행이 될 테니." 여러분, 꼼짝못하고 죽음을 기다리는 신세가 된 다랑어였지만, 돌고래가 자기와 마찬가지 신세가 된 것을 위안으로 삼고 있습니다. 여러분, 이 우화는 예수님의 사랑을 다시 한번 생각나게 해줍니다. 예수님은 "너희는 네 이웃을 몸과 같이 사랑하거라. 또 네 원수도 그렇게 사랑하거라. 자기를 사랑하는 사람을 사랑하는 것은 세리도 하는 것이다."라고 말씀하셨습니다. 예수님께서는 자신을 십자기에 못박던 자들을 저주하지 않았습니다. 예수님은 자신을 판 가롯 유다에게 오히려 그의 탄생을 안타까워하며 슬퍼하셨습니다. 그런데 지금 우리의 모습은 어떻습니까? 물귀신 다랑어의 모습인지, 아니면 예수님께서 보이신 사랑의 모습인지요. 이 황량한 시대에 우리의 마음 그릇에 예수님의 사랑을 담아

야 하겠습니다. "서서 기도할 때에 아무에게나 혐의가 있거든 용서하라 그리하여야 하늘에 계신 너희 아버지도 너희 허물을 사하여 주시리라 하셨더라"(막 11:25).

2) 과도한 집착은 화를 부릅니다. 다랑어와 돌고래라는 이솝우화를 아십니까? 돌고래에게 쫓기던 다랑어가 혼신의 힘을 다해 허공으로 힘차게 뛰어오릅니다. 다랑어가 모래사장에 털썩 떨어져 숨을 헐떡이고 있습니다. 다랑어를 거의 잡을 수 있었던 돌고래는 다랑어를 잡겠다는 일념으로 함께 뛰어올라 나란히 백사장에 눕게 되었습니다. 임종을 맞이한 다랑어는 숨을 가쁘게 몰아쉬며 "이제는 죽음이 두렵지 않구나. 나를 이 지경으로 몰아넣은 원수가 황천길에 동행이 될 테니." 여러분, 우리도 일상생활에서 얼마든지 집착이 생길 수 있습니다. 돈, 명예, 권력, 지위 등에 너무 집착하게 되면 돌고래처럼 백사장에서 숨을 헐떡일 수 있습니다.

> 3) 나만의 해석하기

〈각색하기〉

"돌고래 아저씨, 나와 무슨 원수가 졌다고 나를 계속 따라오면서 못살게 굽니까?"

"야, 다랑어 너 거기 안서, 곧 잡힐 것 가만히 있거라."

다랑어는 급박해졌습니다.

'안되겠다. 에잇, 저 귀찮은 놈을 떨어내야지.'

다랑어는 온 힘을 다해 달렸습니다. 하지만 돌고래가 바로 뒤에 있네요. 그래서 다랑어는 높이 솟아올랐습니다.

고래도 다랑어를 잡기 위해 높이 뛰어 올랐습니다. 그런데 이게 웬일입니까? 다랑어와 돌고래는 숨을 헐떡거리고 있네요.

"다랑어 살려, 다랑어 살려."

아무리 소리 쳐도 도와주는 사람이 없습니다. 다랑어는 마지막 발악을 합니다.

"돌고래놈아, 너 때문에 죽게 되었다. 그런데 말이야, 원수인 너와 함께 죽게 되니 다행이다."

34. 말처럼 울부짖은 솔개

[해석하기]

1) 하나님께선 각 개인에게 주신 아주 특별하고 귀한 은사들을 소중히 여기고 계발합시다. 말처럼 울부짖는 솔개라는 이솝우화를 아십니까? 카랑카랑한 목소리를 가진 솔개가 말의 울어 젖히는 목소리를 따라 하다가 오히려 자신의 목소리를 해쳤다는 이야기입니다. 여러분은 어떤 모습입니까? 말처럼 자신의 목소리를 자랑스럽게 여기고 울어댑니까? 아니면 솔개처럼 말의 목소리를 흉내냅니까? 여러분, 자신의 은사를 소중히 여기고 계발하십시오. 성경은 각자의 부르심이 다르다고 했고, 각자 해야 할 일 또한 다르다고 말씀하고 있습니다. 당신이 가지고 있는 재능은 당신만의 고유한 아름다움입니다. 그 아름다움을 지키고 가꿔 나가십시오. 그것이 당신을 만드신 하나님 아버지의 뜻일 것입니다. "우리에게 주신 은혜대로 받은 은사가 각각 다르니 혹 예언이면 믿음의 분수대로, 혹 섬기는 일이면 섬기는 일로, 혹 가르치는 자면 가르치는 일로, 혹 권위 하는 자면 권위 하는 일로, 구제하는 자는 성실함으로, 다스리는 자는 부지런함으로, 긍휼을 베푸는 자는 즐거움으로 할 것이니라"(롬 12:6-8).

2) 여러분, 자족하는 삶에는 기쁨이 있습니다. 여러분 혹시 말처럼

울부짖은 솔개라는 이솝우화를 아십니까? 옛날 옛적에 솔개는 카랑카랑한 높은 음조의 목소리를 갖고 있었다고 합니다. 그러나 어느 날 근사한 말의 목소리가 샘이 나서 그것을 흉내내다가 원래의 자기 목소리마저 잃어 버렸습니다. 솔개는 자족하지 못하고 과욕을 부리다가 본래만도 못한 목소리를 갖게 되었습니다. 세상 사람들 가운데 어리석은 솔개처럼 자신이 갖고 있는 것보다 다른 사람이 갖고 있는 것이 크게 보이며 욕심을 부리는 사람이 많이 있습니다. 여러분, 이러한 경우가 허다합니다. 주어진 환경에 자족하며 사는 것이 삶의 지혜 가운데 하나입니다.

3) 남의 떡이 커 보인다는 속담처럼 자기가 갖지 못한 것을 시샘하는 것은 바람직한 일이 아닙니다. 말처럼 울부짖은 솔개라는 이솝우화를 아십니까? 옛날 옛적에는 솔개의 울음소리가 지금과 달리 높고 카랑카랑하였다고 합니다. 그런데 솔개가 말이 근사하게 울부짖는 것을 보고 말의 목소리를 흉내내다가 자기의 목소리를 잃게 되었습니다. 여러분, 우리도 솔개처럼 자신이 가진 것을 보지 못하고 남의 것만 보면서 부러워하고 있지는 아니 한지요.

4) 나만의 해석하기

_____
_____
_____
_____

〈고쳐쓰기〉

　숲 속에 한 마을이 있었습니다. 그 마을에는 가지각색의 동물들이 살고 있었어요. 그 중 솔개는 목소리가 높고 카랑카랑하여 노래를 잘하기로 유명하였죠. 솔개는 매일매일 노래솜씨를 뽐냈습니다. 그래서 많은 동물들은 솔개를 부러워하며 모두 한마디씩 칭찬을 하였습니다.
　"솔개는 어쩜 저렇게 목소리가 고울까?"
　"솔개는 우리 숲 속에서 최고로 멋진 목소리를 가졌어."
　"맞아, 맞아. 나는 매일 솔개의 노래 소리를 듣기 위해 일도 제대로 못한다니까."
　"나도 솔개처럼 아름다운 목소리를 가졌다면, 아마 이 세상에 부러울 게 없을 거야."
　다들 솔개의 목소리를 칭찬하기에 바빴습니다. 솔개는 공연히 어깨가 으쓱해졌어요. 그래서 오늘도 변함없이 자신의 목소리를 뽐내며 노래를 시작했지요.
　그 때 갑자기 말이 나타났습니다. 말의 얼굴엔 광채가 가득했습니다. 눈동자는 호수처럼 맑았고, 오똑 솟은 코며, 커다란 입, 나무랄 곳이 한군데도 없습니다. 갑자기 말의 얼굴을 본 솔개는 기가 죽고 말았습니다. 솔개는
　'내 얼굴은 뒤죽박죽 어느 한 곳 성한 곳이 없는데' 라는 생각이 들자, 갑자기 자신이 초라하게 보였습니다. 솔개는 깊은 실의에 빠지고 말았습니다. 솔개는 숲 속 깊은 곳에 숨어 매일매일 말의 얼굴처럼 멋지게 되기를 기도했습니다.
　아무리 노력해도 솔개의 얼굴이 말의 얼굴이 될 리는 없었습니다. 기분이 울적해진 솔개는 집을 찾아가는 도중에 우연히 말이 솔개의 목소리를 흉내내고 있는 것을 발견하였습니다.
　'이상하다. 저렇게 멋진 얼굴을 가진 말이 지금 무얼 하고 있는 거지? 말 좀 봐, 지금 저 멋진 얼굴로 이상한 소리를 내고 있잖아.'

솔개는 의아해 했습니다. 그리고 곧 충격을 받았습니다. 며칠 전 자신을 칭찬하던 친구들의 말이 생각났기 때문입니다. 말의 생각이 꼭 자신의 마음과 같은 것을 발견했습니다. 솔개는 말에게로 살금살금 다가갔습니다. 인기척을 느낀 말이 뒤를 돌아보면서 깜짝 놀라 당황하는 빛을 보였습니다.

"어! 소 소 솔개구나. 여긴 어쩐 일이야?"

"그냥 지나가던 길에 우연히 들렀어. 지금 뭐하고 있었어?"

"사실은 며칠 전 내가 열심히 노래를 부르고 있는데 어디선가 멋진 네 모습이 보이지 않겠어? 그래서 기가 죽어 숲에서 열심히 너의 얼굴처럼 되기를 기도하고 있었지. 그런데 아무리 기도해도 도저히 너처럼 되지 않아 속이 상했어. 그런데 우연히 이 길을 지나가다가 너의 모습을 보면서 난 한 가지를 깨달았어. 그건 말야. 바로 자신이 갖고 있는 그 각각의 개성이 가장 어울리고 예쁘다는 거야. 내가 아무리 네 얼굴처럼 되려고 해도 안 되는 것처럼."

"그렇구나. 맞아, 정말 네 말이 맞는 것 같아. 나도 괜히 헛고생만 할 뻔했어."

"그래, 우리 이렇게 멋진 것들로 채워주신 분께 감사하자."

"정말 그거 좋은 생각이야."

그 날 이후로 숲 속에는 다시 아름다운 소리가 울려 퍼지기 시작했습니다. 솔개의 목소리는 날마다 더 고와져 갔습니다. 한편, 말의 얼굴도 계속해서 어여뻐져 갔습니다.

35. 새사냥꾼과 살무사

[해석하기]

1) 우리는 종종 자신의 유익과 만족을 위해 어떤 일을 계획하고 실행하다가 정말 크고 중요한 것을 놓치는 사람들을 보게 됩니다. 새사냥꾼과 살무사라는 이솝우화를 아십니까? 새사냥꾼은 나무 위에 앉아 있는 지빠귀 잡기에만 온 정신을 집중했습니다. 이렇게 하늘만 보고 있다가 사냥꾼은 그만 잠자는 살무사를 밟아 살무사에게 물려 죽고 맙니다. 이제 우리의 모습을 돌아볼 때인 것 같습니다. 혹시 여러분도 지빠귀에 정신을 팔려 살무사를 밟고 있지는 않습니까? 여러분들을 유혹하고 미혹케 하는 지빠귀로부터 눈을 떼어 주위에 살무사는 없는지 먼저 살펴보십시오. 성경에 죄가 우는 사자와 같이 덤벼들 것이라는 말씀하고 계십니다. 나의 유익과 만족을 쫓다 죄악의 사자에게 물리고 있지는 않은지요. 경계하십시오. 당신이 쓸데없는 것에 미혹되어 빠져들 때 죄가 당신에게 조금씩 다가오기 시작할 것입니다. 이제 여러분을 미혹하는 것에서 눈을 떼십시오. 그리고 주위를 둘러보십시오.

2) 여러분, 주님의 은혜에 감사하시기 바랍니다. 우리는 절망과 위기를 넘나드는 예측불허의 인생을 살고 있습니다. 그러나 그 위기의 상황 속에서도 우리 주님께서는 피할 길을 주시고, 우리도 알아차리지 못하는 선하신

길을 열어주십시오. 새사냥꾼과 살무사라는 이솝우화를 아십니까? 어느 날 한 사냥꾼은 나무 위에 앉아 있는 지빠귀를 보고 그것을 잡기 위해 옆의 나뭇가지에 끈끈이를 발라놓고 온 정신을 집중하고 있었습니다. 지빠귀로서는 자신도 모르는 사이에 엄청난 위기의 상황에 휩싸이고 만 것입니다. 그런데 지빠귀에만 온 정신을  집중하고 있던 새사냥꾼이 잠자는 살무사를 잘 못 밟아서 물려 죽게 되었습니다. 지빠귀는 자신도 모르는 사이에 이런 위기의 상황을 벗어난 것입니다. 이와 같이 나 자신도 모르는 위기를 하나님은 미리 아시고 지켜주시는 것을 여러분은 알고 있습니까? 마치 우리가 길을 갈 때 교통사고를 미리 예방하고 계신 것처럼 말입니다. 항상 돌보시는 주님의 손길에 감사하는 삶을 사시길 간절히 바랍니다.

3) 지나치게 한 곳에 집착하게 되면 상황 판단이 흐려지므로 조심해야 합니다. 새사냥꾼과 살무사라는 이솝우화를 아십니까? 새사냥꾼은 나무 위에 앉아 있는 지빠귀 잡기에만 온 정신을 집중했습니다. 새사냥꾼은 이렇게 하늘만 보고 있다가 그만 잠자는 살무사를 밟아 물려 죽고 맙니다. 그렇습니다. 새사냥꾼은 새를 잡는데만 지나치게 열중하다가 생명을 잃게 되었습니다. 우리도 이처럼 한곳에 집착하게 되면 자신도 모르게 사망에 이를 수 있습니다. 따라서 우리는 늘 균형감각을 가지고 깨어서 자신을 돌보아야겠습니다.

이솝우화, 기독교 세계관으로 읽기

4) 나만의 해석하기

_____
_____
_____
_____

〈각색하기〉

한 마을에 새사냥꾼이 있었습니다. 새사냥꾼은 무엇을 하든지 어디를 가든지 항상 새에 대하여 관심이 많았습니다. 그는 새소리만 들리면 앞뒤를 보지 않고 그곳을 향해 달려갔습니다. 새사냥꾼은 오늘도 사냥을 하기 위해 덫과 끈끈이를 들고 사냥을 나갔습니다. 한 숲을 지나가며 사냥꾼은 이리저리 열심히 둘러보았습니다.

'이상하다. 오늘은 왜 새가 한 마리도 보이지 않지?'

해가 질 무렵 한 마리의 새도 잡지 못한 사냥꾼은 마음이 다급해졌습니다. 사냥꾼은 오직 새를 잡겠다는 일념 하에 숲 속 깊은 곳까지 갔습니다. 그 때 지나가던 원숭이가 사냥꾼에게 말을 걸어왔습니다.

"어이, 당신, 왜 이 깊은 숲 속까지 왔소?"

"나는 새사냥꾼이라오. 그런데 이상하게도 오늘은 새가 한 마리도 안 나타나는군요? 그래서 새를 찾다보니 결국 여기까지 와버렸소"

"그렇군. 하지만 오늘은 해도 지고 있고 여기는 깊은 숲 속이라 위험하니 이만 돌아가는 게 좋을 듯 싶소"

"고맙소, 내 그 충고 잘 받겠소이다. 하지만 아직 날도 저물지 않았고, 이 근처에 새가 보일 것 같으니, 내 조금만 찾아보고 돌아가겠소."

"좋을 대로 하쇼. 하지만 금방 돌아가는 게 좋을 거요."

원숭이와 대화를 마친 새사냥꾼은 귀를 쫑긋 세우고 눈을 부릅뜬 채 앞으로 나아갔습니다. 그 때, 새사냥꾼은 키 큰 나무 위에 앉아 있는 지빠귀를 발견하였습니다.

'그럼 그렇지. 드디어 한 마리가 걸려들었구나. 저 지빠귀만 잡으면 얼른 집으로 돌아가야겠다. 옳지! 저 옆 나무에 끈끈이를 발라야겠다.'

사냥꾼은 서둘러 바로 옆의 나뭇가지에 끈끈이를 바르고 나무 위를 바라보았습니다. 하늘만 뚫어지게 쳐다보고 있던 그는 바로 옆에 살무사가 있는 것도 모르고 지빠귀를 잡기 위해 조금씩 걸어갔습니다.

그 때 우연히 길을 가다 이것을 본 원숭이가 소리쳤습니다.

"어! 위험해. 움직이지 말고 그 자리에 시시오. 바로 옆에 살무사가 사고 있단 말이오!"

이 말을 듣고 깜짝 놀란 새사냥꾼은 눈이 번쩍, 그 소리에 놀란 지빠귀도 날아가 버렸습니다. 새사냥꾼은 잠자는 살무사를 피해 얼른 숲 속을 빠져 나왔습니다.

"이런, 내가 깊은 숲 속은 위험하다고 하지 않았소? 어찌, 충고를 충고로 받아들이지 않았던거요? 잘못하다간 목숨까지 잃을 수 있소!"

"휴, 고맙소. 정말 고맙소! 하마터면 내 목숨을 하찮은 지빠귀 때문에 잃을 뻔했소! 그 충고를 들었어야 하는 건데 내가 엉뚱한 것에 너무 집착을 하고 있었소. 다음부턴 당신의 충고에 귀를 기울이겠소. 다시 한번 감사의 뜻을 전하는 바이오."

사냥꾼은 자신이 새에 대해 너무 집착하고 강했음을 깨닫고 이를 크게 뉘우쳤습니다.

36. 늙어빠진 말

[해석하기]

1) **주의 일에 힘쓰면 행복합니다.** 사도 바울은 성도들에게 "항상 주의 일에 더욱 힘쓰는 자가 되라."(고전 15:58)고 권면하고 있습니다. 우리의 모습은 어떠합니까. 우리는 어떤 환경에서도 맡겨진 사명에 충성할 수 있습니까? 늙어빠진 말이라는 이솝우화를 통해 우리의 모습을 생각해 봅시다. 옛날에 늙은 말이 있었습니다. 젊어서는 경주마로서 경마장을 누볐지만 지금은 방앗간에 팔려서 연자방아를 돌리는 신세가 되었습니다. 말은 과거에 비해 비참한 처지에 빠진 자신을 생각하며 탄식을 했습니다. "경마장을 누비던 때가 엊그제 같은데 지금은 이런 몰골이 되다니." 말은 현재를 과거의 영화와 비교하며 괴로워하고 있습니다. 여러분, 이 말이 불행합니까, 행복합니까? 아마 대부분의 성도님들은 이 말은 불행하다고 생각하실 겁니다. 아니 어쩌면 과거에 열심히 일한 말을 혹사시키느냐고 주인을 책하실지도 모르겠습니다. 그러나 저는 이렇게 생각합니다. 이 말은 축복 받은 말이라고요. 늙어서 별 쓸모가 없음에도 불구하고 천한 일이긴 하지만 쓰임을 받고 있으니 말입니다. "오직 주께서 각 사람에게 나눠 주신 대로 하나님이 각 사람을 부르신 그대로 행하라"(고전 12:3). "내게 주신 은혜로 말미암아 너희 중 각 사람에게 말하노니 마땅히 생각할 그 이상의 생각을 품지 말고 오직 하나님께서 나눠주신 믿음의 분량대로 지혜롭게 행하라"(롬

12:3). 여러분, 그리스도인은 항상 이런 생각을 갖고 있어야 합니다. 지금 이 자리가 하나님께서 나를 사용하고 계신 곳이다. 그래야만 우리는 흔들리지 않고 주님의 일에 더욱 힘쓰는 사람이 될 수 있습니다. 바울은 너희 수고가 주님 안에서 헛되지 않은 줄을 안다고 말하고 있습니다.

2) 예수 그리스도를 믿는 성도들은 젊음을 낭비해서는 안됩니다. 젊음의 때에 우리에게 주어진 체력과 지혜는 주님을 위해서 사용해야 합니다. 젊은 시절의 소중한 시간과 힘을 헛된 것에 쓰는 것은 죄악입니다. 늙어빠진 말이라는 이솝우화를 아십니까? 옛날에 늙은 말이 있었습니다. 젊어서는 경주마로서 경마장을 누볐지만 지금은 방앗간에 팔려서 연자방아를 돌리는 신세가 되었습니다. 말은 과거에 비해 비참한 처지에 빠진 자신을 생각하며 탄식을 했습니다. "경마장을 누비던 때가 엊그제 같은데 지금은 이런 몰골이 되다니." 그렇습니다. 젊음의 시기는 금방 지나갑니다. 패기와 열정이 식을 줄 모르고 불타오르던 날이 엊그제 같은데 벌써 나이가 들어 몸도 마음도 마음대로 하지 못할 날이 금방 찾아옵니다. 그렇기 때문에 젊은 날의 시간을 값지고 귀하게 보내야 합니다. 여러분, 젊은 시절을 허랑방탕하게 보낸 사람들은 늙어서 후회해도 아무 소용없습니다. 솔로몬은 "너는 청년의 때 곧 곤고한 날이 없다고 할 때가 가깝기 전에 너의 창조자를 기억하라."(전 12:1)고 말하고 있습니다. 젊은 시절 나 자신만을 위해 고집스럽게 살기보다는 주님을 위해 젊음을 드립시다. 그리하면 그분께서 우리의 영혼까지 책임져 주십니다.

3) 한번 간 시간은 다시 오지 않으니 지금 주어진 시간에 충실합시다. 우리는 시간의 중요성을 알면서도 잊고 지낼 때가 많습니다. 늙어빠진 말이라는 이솝우화를 아십니까? 옛날에 늙은 말이 있었습니다. 젊어서는 경주마로서 경마장을 누볐지만 지금은 방앗간에 팔려서 연자방아를 돌리는 신세가 되었습니다. 말은 과거에 비해 비참한 처지에 빠진 자신을 생각하며 탄식을 했습니다. "경마장을 누비던 때가 엊그제 같은데 지금은 이런 몰골이 되다니." 여러분, 30년, 40년 후를 생각해 봅시다. 우리는 모두 늙은 말처럼 후회하고 한탄하는 모습이 아니길 바랄 것입니다. 그렇다면 어떻게 해야 할까요? 젊은 시간은 인생에서 가장 귀하고 좋은 시기라고 할 수 있습니다. 우리에게는 이루고자 하는 꿈이 있고, 그 꿈을 이루기 위한 많은 할 일이 있습니다. 늙은 말이 젊은 시절에 꿈을 가지고 노력했다면 무거운 연자방아를 돌리며 한탄하지는 않을 것입니다. 알맞은 시기에 최선을 다하지 않으면 좋은 결과를 얻을 수도 없을 뿐 아니라 후회해도 소용이 없습니다. 지혜의 왕 솔로몬은 게으른 자가 되지 말고 지혜로운 자가 되라고 말합니다. "게으른 자의 가을에 밭 갈지 아니하나니, 그러므로 거둘 때에는 구걸할 지라도 얻지 못하리라"(잠 20:4). 여러분, 한번 가면 절대로 오지 않는 귀한 시간을 소중히 여기고, 그 시간에 최선을 다하는 지혜로운 사람이 됩시다.

4) 여러분, 힘이 있을 때 앞 일을 대비하세요. 늙어빠진 말이라는 이솝우화를 아십니까? 경마장에서 달리던 말 한 마리가 늙어서 방앗간에 팔리게 되었습니다. 늙어 버린 말은 자신의 처지에 대해서 한탄을 했습니다. 여러분, 지금 강하다고 해서 나중에서도 강할 것이라고 생각해서는 안 됩니다. 항상 나중을 대비하는 지혜가 필요한 것입니다. 강할 때 약할 때를 대비하세요. 기독인의 미래에 대한 대비는 기도입니다. "기도를 항상 힘쓰고 기도에 감사함으로 깨

어 있으세요"(골 4:2).

5) 나만의 해석하기

＜각색하기＞

경마장에 너무나 뛰어난 말이 있습니다. 그 말은 경주에서 일 등만 하는 아주 훌륭한 말이었어요. 말은 계속해서 우승을 하게 되자 우쭐해서 자기를 이길 자가 없다고 생각했어요.

세월이 지나고 말은 점점 늙어가게 되었어요. 젊고 기운이 센 말들이 들어오자 예전에 일 등만 했던 말은 점차 순위가 떨어지게 되었어요.

'야, 초조하다. 이제 네 신세는 어떻게 되지, 선배들이 팔려 가는 것을 보고 조금씩 준비를 했어야 했는데.'

하지만 이젠 때가 늦었습니다.

어느 날 경주마는 방앗간에 팔려가게 되었어요. 이 말은 주인이 시키는 일을 거절했어요.

"주인님, 나는 이런 일을 할 수 없어요, 너무 천박한 일이에요."
"돈주고 사왔는데 무슨 말이냐"
"주인님, 천박한 일은 할 수 없습니다."

말은 주인에게 비오는 날 먼지 나듯 맞고 나서, 정신 차리고 일을 하게 되었습니다.

해도해도 끝이 없는 일, 젊어서 저축하지 못한 자신이 원망스러웠습니다.

37. 말과 머슴

[해석하기]

1) 땀을 흘리지 않고 얻은 불의의 재물은 무익하며 사망에 이르게 합니다. 말과 머슴이라는 이솝우화를 아십니까? 말이 먹을 보리를 훔쳐서 팔아먹는 머슴이 있었습니다. 어느 날 그는 미안한 마음에 말을 빗질하고 닦아주었으나, 말은 "내게 멋지게 보이는 게 정말로 좋으면, 내 먹이로 나오는 보리나 훔쳐 팔지 마세요."라고 말했습니다. 여러분, 자신의 이익만을 채우기 위해 남에게 피해를 주지 맙시다. "불의한 재물은 무익하여도 의리는 죽음에서 건지느니라."(잠 10:2) 그렇습니다. 하나님의 뜻에 합당치 않은 불법적인 수단을 통해 얻어진 재물은 육체적 안락과 쾌락을 가져올지 몰라도 그것은 일시적인 것입니다. 그리고 그것은 마침내 하나님의 심판 대상이 된다는 점을 기억합시다.

2) 외양만 화려하게 차려입고 생명이 없다면 아무 소용이 없습니다. 말과 머슴이라는 이솝우화를 아십니까? 말이 먹을 보리를 훔쳐서 팔아먹는 머슴이 있었습니다. 어느 날 그는 미안한 마음에 말을 빗질하고 닦아주었으나, 말은 "내게 멋지게 보이는 게 정말로 좋으면, 내 먹이로 나오는 보리나 훔쳐 팔지 마세요."라고 말했습니다. 여러분, 보리는 말에게 가장 소중한 것입

니다. 그 보리를 도둑질한 머슴은 자신의 과오를 무마하기 위해 말을 열심히 가꾸어 줍니다. 그러나 말에게는 이런 단장이 별반 중요한 것이 아니었습니다. 먹이가 부족해서 영양실조에 걸리면 아무 소용이 없기 때문입니다. 여러분, 사단은 마치 부정한 머슴과 같습니다. 사람들을 말씀에서 떠나게 하고, 외양만 화려하게 차리면 된다고 말합니다. 그것은 생명을 빼앗는 것과 마찬가지입니다. 성도는 하나님의 말씀을 먹어야 참으로 살 수 있습니다. 성도는 눈으로 보기에 미끈하고 혀로 느끼기에 달콤한 것에 현혹되지 말고, 참으로 생명이 되는 복음에 관심을 두어야 하겠습니다.

3) **겉과 속이 다른 행동을 하지 맙시다.** 말과 머슴이란 이솝우화를 아십니까? 머슴은 말이 먹을 보리를 훔쳐다가 팔아먹고, 그 찜찜한 마음을 달래기 위해 하루종일 말을 빗질하고 닦아주었습니다. 그러자 말이 "내가 멋지게 보이는 게 정말로 좋으면, 내 먹이로 나오는 보리나 훔쳐 팔지 마세요."라며 머슴을 나무랐습니다. 여러분, 말이 머슴의 허위의식을 강하게 질타하고 있습니다. 우리는 다른 사람을 대할 때 겉과 속이 다른 행동을 하지 맙시다. 사람은 속일 수 있다 해도 불꽃같은 눈으로 감찰하시는 하나님은 절대로 속일 수 없습니다.

4) **우리는 하나님 앞에서 정직해야 합니다.** 말과 머슴이란 이솝우화를 아십니까? 머슴은 주인을 속이고 있습니다. 머슴은 말먹이를 팔아 자기 소유로 삼았습니다. 그는 양심에 찔려 말을 돌보는 척하였습니다. 여러분, 머슴이 회칠한 바리새인과 같지 않습니까? 그들은 백성들을 돌보는 듯하지만 실제로는 백성의 것을 탈취하고 성전의 것을 자기 소유를 삼는 악덕을 행했습니다. 그래서 그들은 예수님께 책망을 받고 있습니다. 여러분, 미물인 말도 머슴의 행동을

알고 있는데 하나님을 속일 수 있다고 생각하십니까?

5) **하나님이 주신 양들을 귀하게 키웁시다.** 말과 머슴이란 이솝우화를 아십니까? 머슴은 말을 먹이는 사명을 저버리고, 말을 재산 증식의 도구로 이용하고 있습니다. 여러분, 혹시 소명을 상실하고 자기 욕심만 부리고 있지 않습니까? 하나님 앞에 회개하고 양들을 푸른 초장으로 인도합시다. 만약 양들이 아무 것도 모른다고 생각한다면 그것은 큰 오판입니다.

---

6) 나만의 해석하기

_____
_____
_____
_____
_____
_____
_____

〈각색하기〉

머슴이 늘 말의 먹이인 보리를 훔쳐다 팔았습니다.
처음엔 한 주먹을 훔쳐다 팔았습니다.
"에이, 이 정도야 괜찮겠지."
그러나 또 욕심이 생겼습니다. 이번엔 두 주먹을 훔쳐다 팔았습니다.

"두 주먹 정도야."
또 욕심이 생겨 세 주먹을 훔쳤습니다.
"다음에 좀 더 먹이면 되지"
계속 그런 식으로 말의 먹이를 훔치다 팔았습니다.
그러나 머슴은 마음이 걸려 말의 몸을 잘 손질해 주었습니다.
"야, 멋있다."
그러자 말이 한 마디 했습니다.
"내가 멋지게 보이는 게 좋으면, 내 먹이로 나오는 보리나 훔쳐다 팔지 마세요"
그 말을 듣고 머슴은 얼굴이 홍당무가 되었습니다.

38. 말과 나귀

[해석하기]

1) 모든 것에 협력하여 선을 이루라는 주님의 말씀에 순종합시다. 말과 나귀라는 이솝우화를 아십니까? 무더운 여름, 나귀가 무거운 짐을 지고 걸어갑니다. 나귀는 힘들어 죽을 지경입니다. "말 친구, 내 짐을 조금만 덜어가지 않겠나. 곧 죽을 것 같다." 그러나 말은 들은 척도 안 합니다. 나귀는 과로로 결국 죽고 말았습니다. 그러자 주인은 나귀가 진 무거운 짐을 몽땅 말에게 지게하고, 나귀의 가죽까지 벗겨서 말등에 얹혔습니다. 말은 탄식합니다. "가벼운 짐도 지지 않으려 하다가 이 무거운 짐을 몽땅 지고 가죽까지 지고 가다니!" 여러분, 조금 편안 하려다 도리어 다른 사람의 짐까지 짊어진 어리석은 말을 보고 무슨 생각을 하십니까? 협력하여 선을 이룩합시다. 그것이 하나님의 거룩하신 뜻이십니다.

2) 행복은 멀리 있지 않습니다. 서로가 배려하고 부족한 것을 메꿀 때 행복하게 됩니다. 말과 나귀라는 이솝우화를 아십니까? 짐을 지고 가던 나귀가 함께 짐을 지고 길을 나선 말에게 짐 좀 가져가라고 부탁합니다. 그러나 말은 나귀의 부탁을 못 들은 척 했습니다. 한계를 넘어선 나귀는 결국 죽고, 말은 죽은 나귀의 짐까지 지고서야 후회를 합니다. 말은 나귀의 짐을

들어주는 것보다 더 힘들게 되었기 때문입니다. 여러분, 인간 관계에서 도움과 사랑이 필요합니다. 성경은 서로간의 사랑을 강조합니다. "서로 돌아보아 사랑과 선행을 서로 격려하며"(히 10:24)라고 말씀하고 있습니다. 더불어 사는 삶을 위한 가장 기본적인 태도는, 먼저 약자 편에

서서 그들의 소리를 듣고자 하는 것입니다. 그러나 인간은 이기적인 마음 때문에 자기 외의 다른 사람의 필요에 대해서는 잘 느끼지 못합니다. 그러므로 약자의 소리를 듣기 위해서는 다른 사람에 대해 열려있는 마음, 배려하는 마음이 있어야 합니다. 그런데 이러한 마음은 어떻게 하면 가질 수 있을까요? 그것은 약한 자를 지으신 이가 하나님이시며, 하나님께서 그들을 동일하게 사랑하고 계심을 알 때 가능합니다. 또 자신도 약자가 될 수 있다는 것을 알 때 그들의 소리에 귀를 기울일 수 있는 것입니다. 여러분 "귀를 막아 가난한 자의 부르짖는 소리를 듣지 아니하면 자기의 부르짖을 때에도 들을 자가 없으리라"(잠 21:13)는 말씀을 기억합시다. 지체가 힘들어하는 조그마한 짐을 우리는 도와야 합니다. 교회의 머리이신 예수 그리스도 안에서 각 지체들이 사랑과 선행으로 격려하며 하나될 때 비로소 행복이 가까이 옴을 느낄 수 있을 것입니다.

3) 우리는 세상에서 소외된 약하고 병든 자, 가난한 자를 사랑해야 합니다. 말과 나귀라는 이솝우화를 아십니까? 한 주인 밑에서 일하는 말과 나귀가 짐을 지고 함께 길을 나섰습니다. 그런데 말은 짐을 조금만 나누어 져 달라는 나귀의 부탁을 거절했습니다. 결국 나귀는 과로로 쓰러져 죽고, 말은

나귀와 나귀의 짐까지 지고 가게 되었습니다. 만약에 말이 나귀의 말을 듣고 짐을 좀 덜어주었다면 말은 그런 고생을 하지 않았을 것입니다. 힘든 동료의 짐을 나눠지는 것은 한 주인 밑에서 같이 일하는 동료로서 마땅히 해야 할 일이기도 했습니다. 여러분, 세상의 병든 자, 가난한 자들과 우리는 모두 하나님을 섬기는 종입니다. 그리고 한 형제입니다. "네 이 뺨을 치는 자에게 저 뺨도 돌려대며 네 겉옷을 빼앗는 자에게 속옷도 금하지 말라. 무릇 네게 구하는 자에게 주며 네 것을 가져가는 자에게 다시 달라지 말며"(눅 6:29-30). 우리는 우리에게 도움을 요청하는 이들을 외면해서는 안됩니다. 예수님께서 말씀하신 것처럼 그들에게 우리의 속옷까지 줄 수 있는 마음을 가져야 합니다.

4) 우리는 주님께 빚진 자로서 이웃의 아픔을 돌아보고 그 아픔을 나눠질 수 있어야 합니다. 말과 나귀라는 이솝우화를 아십니까? 말과 나귀가 함께 짐을 지고 가고 있었답니다. 지친 나귀가 말에게 도움을 요청합니다. 말은 들은 체도 안 합니다. 결국 나귀는 과로로 죽었고, 말은 나귀의 모든 짐을 지게 되었습니다. 여러분, 주님은 모든 짐을 주님께 맡기라고 말하십니다. 주님의 제자인 우리도 이웃의 짐을 맡아야 합니다.

5) 자신의 일만 생각하고 어려운 이웃을 돌아보지 않는다면 우린 언젠가 그에 대한 대가를 치르게 될 것입니다. 말과 나귀라는 이솝우화를 아십니까? 말과 나귀가 함께 짐을 지고 가고 있습니다. 나귀가 말에게 짐을 조금만 덜어 가라고 부탁합니다. 말은 무거운 짐을 지고 있다며 들은 체도 안 합니다. 결국 나귀는 과로로 죽었고 말은 모든 짐뿐 아니라 무거운 나귀의 가죽까지도 지게 되었습니다. 여러분, 모든 사람들은 크고 작은 짐들을 지고 살아갑니다. 대부분의 사람들은 자신의 짐을 지고 가는 것으로 만족합니다.

하지만 예수님은 우리에게 그들의 짐을 지고 가라고 말씀하십니다. 오리를 가자고 하면 십리를 가라.

6) **우리는 공존의 방법을 모색해야 합니다.** 말과 나귀의 이솝우화를 아십니까? 한 주인 밑에서 일하는 말과 나귀가 있었습니다. 하루는 말과 나귀가 함께 짐을 싣고 가고 있었는데, 몸집이 작은 나귀는 짐을 지고 가기가 너무 힘들었습니다. 나귀는 말에게 도움을 요청했습니다. 말은 거절하였고 나귀는 죽고 말았습니다. 이제 혼자 남은 말은 나귀의 일까지 다하게 되었습니다. 우리는 혼자 살아갈 수 없는 존재입니다. 서로의 아픔을 짊어지고 공존해야 합니다.

> 7) 나만의 해석하기
>
> _____
> _____
> _____
> _____
> _____
> _____
> _____

〈각색하기〉

날씨가 무더운 어느 여름날이었습니다. 주인 밑에서 일하는 나귀와 말이 매우 무거운 짐을 지고 산을 힘겹게 올라가고 있었어요. 짐이 너무 무거워서 말과 나귀는 지쳐 있었어요. 나귀가 말에게 말했어요.

"날씨도 더워 죽겠는데 짐도 굉장히 무겁구나. 말아 너는 어때?"

말이 대답했어요.

"이까짓 짐 가지고 엄살을 부리기는, 아무 소리하지 말고 그냥 걷기나 해!"

나귀는 기분이 상하니 짐이 더욱 무거웠어요. 한참 지나 산 중턱에 이르러서 다시 나귀는 말에게 말했어요.

휴우, 아직 산을 넘지도 못했구나. 너무 힘들다. 다리도 후들거리고 허리도 너무 아파서 더 이상은 못 걷겠어"

'허약한 나귀 같으니라고'

나귀는 너무 힘들어서 말에게 다시 말했어요.

"말아, 내가 너무 힘들어서 그런데 내 짐을 조금만 가져 갈 수 없겠니?"

그런데 말은 한마디 대답도 없이 그냥 걸어가는 것이었어요.

그래서 또다시 나귀는 말에게 요청했어요.

"말아, 너는 나보다 몸집도 좋고 힘도 좋아서 힘이 별로 들지 않겠지만, 나는 지금 무척 힘들거든, 말아 나좀 도와줘라."

말은 들은 체도 하지 않고 자기 길만 걸어갔어요. 잠시 후에 갑자기 뒤에서 '퍽' 하는 소리가 들렸어요. 말은 나귀가 엄살을 부리는 줄 알고 웃으면서 뒤를 돌아봤어요. 그런데 나귀는 엄살을 부린 것이 아니라 죽은 것이었어요. 주인이 나귀에게 가까이 가서 맥박을 짚어 보더니 한숨을 푹 쉬었어요. 그리고는 나귀의 짐을 말의 등에 올려놓기 시작했어요. 말은 나귀 가죽까지 지고 가게 되었어요. 말은 한숨을 내쉬며 탄식했어요. '내가 조그만 나귀의 짐을 들어주었다면 나귀가 죽을 일도 없고, 나귀의 짐을 몽땅 지는 일은 없었을 텐데, 이제 나귀의 가죽까지 지고 가다니!'

〈고쳐쓰기〉

날씨가 화창한 어느 여름날이었어요. 나귀와 말이 함께 짐을 짊어지고 길을 걷고 있었어요.

나귀와 말이 사이좋게 짐을 짊어지고 가고 있는데, 갑자기 그들 앞에 여우가 나타났어요. 여우가 나귀와 말에게 먼저 말을 걸었어요

"말아, 나귀야! 너희 둘 중에 누가 더 빠르고 힘이 세니? 저번에 토끼와 거북이의 경주에서는 거북이가 이겼거든, 내 생각에는 나귀가 더 빠를 것 같다."

여우는 심술쟁이여서 말과 나귀가 사이좋게 짐을 짊을 지고 가는 모습을 보고 약이 올라서 이간계를 쓰고 있는 것입니다. 나귀는,

"토끼와 거북이의 경주에서 거북이가 이긴 이유는 토끼가 거북이를 무시하기 때문인데 내 친구 말은 교만하지 않거든. 그래서 아마 우리 둘이 경주한다면 말이 분명히 이길거야"

작전에 실패한 여우는 약이 올랐어요. 그래서 작전을 바꾸었어요.

"내가 보기엔 너희 둘은 어울리는 친구 사이가 아니야! 말은 롱다리이고 너는 숏다리."

여우는 나귀를 놀리기 시작했어요.

"나귀야! 너 뱁새가 황새 따라가다 다리 찢어진 이야기 들어봤어?"

나귀는 자존심이 상해서 한숨을 내쉬었어요. 나귀의 한숨쉬는 모습을 본 말은 여우에게 말했어요.

"나는 비록 다리는 길지만 나귀는 다리가 튼튼한단다."

여우는 아무리 이간계를 써도 둘 사이의 우정에 금이 가지 않자 부끄러웠어요.

39. 갈대와 올리브나무

[해석하기]

1) 언제나 자기가 취했던 방법만 고집하지 말고 상황에 따라 유연하게 움직이면서 바람직한 해결점을 찾읍시다. 갈대와 올리브 나무라는 이솝우화를 아십니까? 갈대와 올리브 나무는 제가 굳고 힘이 세다고 자주 다투었습니다. 올리브 나무는 갈대에게 힘없이 바람한테 살랑거린다고 핀잔을 주었습니다. 그러나 갈대는 입을 꾹 다물고 아무 말도 하지 않았습니다. 그로부터 얼마 후 바람이 세차게 불어 왔습니다. 갈대는 흔들리고 휘어지면서 바람을 비킬 수 있었지만 올리브 나무는 바람에 정면으로 맞서다 바람의 힘을 이기지 못하고 꺾여 버렸습니다. 여러분, 우리가 살아가는 동안 언제나 자기 방법만 고집하지 말고 상황에 따라 적절한 방법을 찾아 대처해야 합니다. 특히 성도는 우리의 삶 속에서 인도하시는 하나님의 방법을 조용히 기다리는 자세가 필요합니다.

2) 겸손은 지혜에서 나옵니다. 갈대와 올리브 나무라는 이솝우화를 아십니까? 갈대와 올리브 나무는 제가 굳고 힘이 세다고 자주 다투었습니다. 그러자 올리브 나무는 갈대에게 힘없이 바람한데 살랑거린다고 핀잔을 주었습니다. 갈대는 입을 꾹 다물고 아무 말도 하지 않았습니다. 그로부터 얼마 후 바람

이 세차게 불어 왔습니다. 갈대는 흔들리고 휘어지면서 바람을 비킬 수 있었지만 올리브 나무는 바람에 정면으로 맞서다 바람의 힘을 이기지 못하고 "뚝" 꺾여 버렸습니다. 우리도 올리브나무와 같을 때가 많습니다. 자신의 재능과 능력을 너무 믿고 다른 이를 무시하거나 깔보는 경우 말입니다. 자기가 조금 잘난 면이 있다고 해서 그것을 내세우고 자기를 높이는 사람은 언젠가는 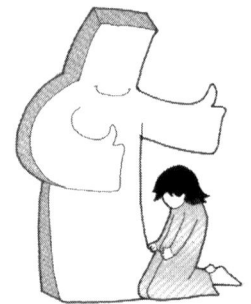 무너지게 되기 마련입니다. 비록 갈대처럼 연약하고 작은 사람일지라도, 묵묵히 제자리를 지키며 겸손하게 사는 여러분들이 되시길 바랍니다. 항상 두려워하는 마음으로 하나님께 맡기고 낮아져서 섬길 때, 우리는 지혜로운 사람이 될 수 있습니다.

3) **진정한 자신의 모습을 찾읍시다.** 갈대와 올리브 나무라는 이솝우화를 아십니까? 갈대와 올리브 나무가 있었습니다. 올리브 나무는 갈대가 힘없이 아무 바람한테나 지조 없이 살랑거린다고 핀잔을 주었습니다. 그런데 얼마 후 세찬 바람에 맞서서 버티던 올리브나무는 그만 꺾어져 버렸습니다. 여러분, 올리브 나무가 좀더 겸손한 마음으로 자기 자신을 바라본다면 얼마나 좋았겠습니까? 갈대는 다른 누군가가 자신을 억누르고 무시할지라도 자신감을 갖고 행복한 삶을 유지했습니다. 여러분도 갈대처럼 겸손한 마음으로 자신의 모습을 바라보십시오. "너희 중에 누구든지 으뜸이 되고자 하는 자는 너희의 종이 되어야 하리라"(마 20:27).

4) 신자는 세상과 타협하지 말고 그것을 극복해야 합니다. 갈대와 올리브 나무라는 이솝우화를 아십니까? 평소 올리브 나무는 가벼운 바람에도 흔들리는 갈대를 지조 없다고 비난했는데, 거센 바람이 불어왔을 때 그만 뚝 부러지고 말았다는 이야기입니다. 잘 알려진 이 이야기에서 우리는 흔히 갈대의 모습을 칭찬하고, 올리브 나무의 거만을 지적합니다. 그러나 이 이야기를 조금은 다른 시각에서 볼 수도 있을 것입니다. 갈대와 올리브 나무를 우리 성도의 모습으로 보고, 바람을 고난으로 본다면 어떨까요? 갈대와 같은 성도에게 고난이란 별 큰 의미가 없습니다. 그것이 크든 작든, 그냥 그 흐름에 맞춰서 비껴가기만 하면 되기 때문입니다. 하지만 올리브 나무와 같은 성도에게는 고난이란 중요한 것입니다. 그들은 어떠한 고난에도 타협하지 않기 때문입니다. 그들은 자신에게 어떠한 손해가 있을지언정 자신의 믿음을 버리지 않는 사람들입니다. 물론 올리브 나무의 거만힌 모습을 본받으라고 말하는 것은 아닙니다. 우리에게는 올리브 나무와 같은, 어떠한 바람에도 흔들리지 않는 강직함이 필요하다는 것입니다. 참 성도라면 이 올리브 나무와 같이 손해가 나에게 있고 그러한 희생이 요구된다고 할지라도, 우리를 쓰러뜨리려고 하는 주위 환경과 타협해서는 안 됩니다. "그리 아니하실 지라도 왕이여 우리가 왕의 신들을 섬기지도 아니하고, 절하지도 아니할 줄 아옵소서"(다니엘 3:18).

5) 나만의 해석하기

_____

_____

_____

_____

⟨고쳐쓰기⟩

금방이라도 비가 쏟아질 것 같은 여름날, 울창한 숲 속에 갈대와 올리브 나무가 살고 있었어요. 어? 그런데 이게 무슨 소리죠? 어머, 갈대와 올리브 나무가 서로 제가 더 힘세다고 다투고 있군요.

"내가 너보다 훨씬 힘도 세고 편해."

"웃기지 마. 네가 나보다 힘이 세다고? 바람한테 살랑거리는 주제에."

"뭐? 뭐라고."

갈대는 억울했지만 입을 꾹 다물었어요. 그로부터 얼마 후 어디선가 이상한 소리가 들렸어요. 이를 어쩌나, 나무들이 무서워하는 바람이 세차게 불어댑니다.

"쌩, 쌩, 쌩."

아주 세찬 바람이네요. 저쪽에 보이는 갈대는 흔들리고 휘어지면서 바람을 잘 비켜갑니다. 하지만 올리브 나무는 끝까지 바람에 정면으로 맞서고 있어요.

"오호라, 바람아, 나를 이겨 보겠다는 거냐? 어디 한 번 해보자."

바람은 올리브 나무가 미워서인지 더 거세게 불어옵니다.

"뚜~ 둑....."

올리브 나무가 견디지 못하고 꺾어집니다. 바람이 다 지나간 후 갈대가 올리브 나무에게 말했어요.

"괜찮아? 우리가 이길 수 없는 게 있어. 그럴 때는 맞서는 것보다 몸을 맡기는 것이 낫지 않을까?"

"네 말이 맞는 것 같아, 갈대야, 아까 놀린 거 정말 미안해."

갈대는 올리브 나무를 일으키고 상처를 꼭 싸매어 주었습니다.

40. 강물에 똥을 싼 낙타

[해석하기]

1) 악한 일을 하면 그 결과가 자기에게로 돌아옵니다. 강물에 똥을 싼 낙타라는 이솝우화를 아십니까? 낙타는 혼자 강을 건너다가 아무도 보지 않자 그 자리에 똥을 쌌습니다. 하지만 낙타는 똥을 싸는 순간 똥이 자신보다 앞지를 것이라는 생각을 하지 못했습니다. 낙타가 싼 똥이 빠른 물살 때문에 낙타를 앞질러 갔고, 낙타는 똥물로 목욕을 하며 강을 건너게 되었습니다. 우리는 이런 일을 많이 경험하게 됩니다. 특히 수영장에서 화장실 가는 것이 귀찮아 그냥 그 자리에서 볼일을 보는 경우가 있습니다. 그 순간 편할지 모르지만 결국 오줌 물에서 수영을 하게 됩니다.

2) 여러분, 세상에 소망을 두면 목표가 흐려집니다. 성도라면 하늘에 소망을 두고 예수 그리스도의 십자가를 지고 나아가야 합니다. 강물에 똥을 싼 낙타라는 이솝우화를 아십니까? 물살이 빠른 강을 건너던 낙타가 물 속에서 똥을 쌌는데, 물살이 어찌나 빠른지 똥은 금새 낙타를 앞질러 흘러 내려갔습니다. 이를 보고 낙타는 어안이 벙벙해서 "저게 뭐야? 내 뒤에 있던 것이 나보다 먼저 가네."라고 말했습니다. 여러분, 낙타에게는 건너편이라는 목표가 있었습니다. 그 목표를 향해 나아가는 길은 빠른 물살로 인해

힘들고 험하였습니다. 때문에 낙타는 쉽게 떠내려가는 똥을 보고 깜짝 놀랐습니다. 조금만 더 생각해 봅시다. 똥은 쉽고 빨리 가지요. 하지만 곧 물고기 또는 수중생물의 밥이 되어 사라질 것입니다. 그러나 낙타는 힘들지만 그 강물만 지나면 그가 목적했던 곳에 도달할 수 있을 것입니다. 여러분, 성도는 십자가를 지고 천국이라는 목표로 나아가야 합니다. 이 길은 힘들고 험합니다. 그러나 그 결과는 영원한 행복이 있습니다. 여러분, 힘들더라도 목표를 향해 달려갑시다.

3) **근거 없는 서열은 중요한 것이 아닙니다.** 낙타가 강물에 똥을 싸고, 똥이 자기를 앞질러 가는 것을 보고 "내 뒤에 있는 것이 나보다 먼저 가네."라고 기분 나빠했습니다. 여러분, 순서는 충분히 역전이 가능합니다. 늦게 출발해도 그 사람의 노력에 따라 순위가 달라질 수 있습니다.

4) 나만의 해석하기

〈각색하기〉

햇볕이 쨍쨍 내리 쬐는 어느 무더운 여름날입니다. 사막에 사는 대머리 낙타 아저씨도 날씨가 너무 더워서 선풍기를 찾습니다.

"아휴, 더워, 선풍기가 어디 있지?"

그렇게 한참을 찾던 중 저 앞에 있는 선풍기를 발견하고 그곳으로 뛰어 갔습니다. 그 순간 낙타 아저씨의 가발이 바람에 날려 휙하고 날아가 버렸습니다.

"어 저기 날아가는 게 뭐지, 가발이 나보다 먼저 가네."

낙타는 너무 더워 선풍기 바람으로는 견딜 수가 없습니다. 그래서 강으로 갔습니다. 수영하기에는 물살이 제법 빠릅니다. 낙타는 수영을 좋아하기 때문에 물살을 타고 즐깁니다. 그 때 배가 갑자기 아파 왔습니다. 에라, 모르겠다. 낙타는 물 속에서 똥을 쌌습니다. 그런데 이게 웬일입니까? 똥은 물살을 앞질러 갑니다.

낙타는 어안이 벙벙했습니다.

"저기 가는 저게 뭐지, 내 뒤에 있는 것이 나보다 먼저 가네."

그 때 똥이 말했습니다.

"나라고 너보다 늦게 가라는 이유 있니? 너도 나보다 앞서 가려면 수영해 보렴."

낙타는 더 어안이 벙벙해서 말도 못하고 수영을 하다 기분이 나빠 물에서 나왔습니다.

야, 정말 더운 날이다.

41. 낙타와 코끼리와 원숭이

[해석하기]

1) 섬기는 삶을 살아야 진정한 지도자가 될 수 있습니다. 낙타와 코끼리와 원숭이라는 이솝우화를 아십니까? 동물 왕을 뽑는 동물회의가 열렸습니다. 자신들이 꽤나 훌륭하다고 생각하고 있던 낙타와 코끼리가 한 표를 호소하며, 자신의 장점을 다투어 자랑했습니다. 그러자 원숭이가 나서서, "낙타는 잘못을 보고도 분노할 줄 모르며, 코끼리는 겁이 나서 도망칠 때 다른 이의 안전을 고려할 줄 모른다."는 점을 들어, 둘 다 통치자로서는 자격 미달이라고 통박했습니다. 여러분, 사람은 공동체를 이루어 질서를 만들고 리더를 뽑습니다. 대부분의 사람들은 한 그룹의 장이 되는 것이 출세라는 생각을 하게 되고, 출세하고자 서로가 서로를 헐뜯으며 팽팽한 긴장감 속에 살아갑니다. 그러한 모습은 우리 기독교에서도 심각한 현실로 나타나고 있습니다. 이 시대의 기독교가 다른 종교보다 더 바닥으로 추락한 것은 군림이 아닌 섬김의 자세를 가지고 있는 참된 지도자가 없기 때문이 아닌가 생각합니다. 이제 우리 스스로 반성을 합시다. 참된 지도자는 섬기는 데에서 찾을 수 있습니다.

2) 사람들은 타인을 시샘하는 마음 때문에 좋은 점을 보기보다는 약점을 들추어내는 경우가 많습니다. 낙타와 코끼리와 원숭이도

그런 이야기입니다. 짐승들이 왕을 뽑기 위해 회의를 열었습니다. 낙타와 코끼리가 왕이 되고자 했으나 원숭이가 제동을 걸고 나섰습니다. 원숭이의 눈에 비친 낙타와 코끼리는 허점투성이었습니다. 과연 낙타와 코끼리는 왕이 될만한 좋은 면이 없었을까요? 찾아보면 많았을 것입니다. 그러나 원숭이는 시샘하는 마음이 있었기에 그들의 허점만 보았을 것입니다. 여러분, 원숭이와 반대로 허물을 덮어주는 분이 계십니다. 바로 하나님이십니다. 하나님은 우리를 사랑하사 독생자 예수를 이 땅에 보내주셨습니다. 그리고 우리를 천사들이 부러워할 만한 하나님의 아들로 삼아 주셨습니다. 우리도 하나님의 마음을 품고 타인을 사랑의 눈으로 바라봄으로써 허물을 덮어주고 서로를 높여주는 삶을 살아갑시다.

3) 나만의 해석하기

〈각색하기〉

짐승들이 왕을 뽑는 문제로 동물회의를 열었습니다. 낙타와 코끼리가 한 표를 호소합니다.

"나는 사막을 횡단할 수 있다. 사막을 횡단할 수 있는 사람 나와 보라고 해."
"나보다 힘이 센 놈 있으면 나와 보라고 해, 내가 왕이 될 자격이 있지."

낙타와 코끼리는 인내심과 큰 키로 밀어붙여 동물의 왕이 되기를 기대하는 속셈입니다.

이 때 원숭이가

"낙타는 잘못을 저지른 사람에게도 결코 분노할 줄 모르기 때문에 실격이고, 코끼리는 새끼 돼지만 보면 겁을 먹고 도망치기 때문에 부적격입니다. 그래가지고서는 백성의 안전을 챙길 수 있을지 의문입니다."

그러자 모든 동물들의 마음이 원숭이에게 쏠립니다. 그리고 "우리 모두 아이큐가 높은 원숭이를 왕으로 추대합시다."라고 여우가 단상으로 뛰어가 일장 연설을 하고 있습니다.

42. 춤추는 낙타

[해석하기]

1) 우리는 때때로 우리 자신의 연약함과 낮은 자존감으로 하나님의 말씀을 판단하며 하나님의 명령에 순종하지 않을 때가 있습니다. 춤추는 낙타라는 이솝우화를 아십니까? 낙타는 주인이 춤추기를 요구하자, "제가 품격을 잃는 건 춤출 때뿐만이 아니랍니다. 전 걸을 때조차 우아하질 않아요."라며 거절을 합니다. 낙타는 어떠한 시도도 해보지 않고 주인의 말을 거절해 버렸습니다. 이 우화에서 낙타는 주인의 명령에 반항했습니다. 주인의 명령을 순종하지 않는 낙타의 모습은 하나님 앞에서 우리의 모습을 보는 것 같습니다. 여러분, 주님은 우리의 모습을 다 알고 계십니다. 그런 주님께서 약하고 못난 부분을 사용하기를 원하시면, 주님이 우리의 약한 모습을 사용하셔서 영광을 받으시기를 원하시는 줄 알고 주님의 명령에 순종합시다.

2) 하나님께서는 우리가 하나님께 의지하고 순종하기를 바라십니다. 춤추는 낙타라는 이솝우화를 아십니까? 낙타는 주인이 춤추기를 요구하자, "제가 품격을 잃는 건 춤출 때뿐만이 아니랍니다. 전 걸을 때조차 우아하질 않아요."라며 거절을 합니다. 낙타는 어떠한 시도도 해보지 않고 주인의 말을 거절해 버렸습니다. 여러분, 가끔 누군가 무리한 요구를 할 때 거절만 한 적

은 없으신지요. 비록 우리가 생각할 때에 도저히 불가능하다고 생각하는 일도, 다른 사람이 볼 때 잘할 수 있다고 생각해서 무리한 요구를 할 수 있습니다. 그러므로 타인을 통해 여러분이 가진 장점을 발견할 수도 있습니다. 따라서 다른 사람이 여러분에게 어떤 것을 요구하면 그것이 죄가 아닐진대 한번 해보십시오. 특별히 하나님께서 여러분에게 무엇을 강요하실 때에는 억지로라도 순종하세요.

3) 나만의 해석하기

〈고쳐쓰기〉

부슬부슬 비가 내리는 어느 날 오후. 달콤한 잠을 자고 있는 낙타를 누가 흔들어 깨웠습니다. 낙타의 단잠을 깨운 사람은 바로 주인님이었습니다. 낙타는 떠지지 않는 눈을 비비며 간신히 일어나 앉았습니다. 주인이 흥분해서 소리를 쳤습니다.

"낙타야! 날 위해 춤을 춰주지 않겠니? 오늘 발레 공연을 보고 왔는데 네가

우아하게 춤을 추는 모습을 꼭 보고 싶구나! 부탁이야!"

낙타는 어이가 없었습니다.

'나른한 오후, 게다가 비까지 내리는 날에 음악도 없이 춤을 추라고 곤히 자고 있는 자신을 깨우다니! 두발로 설 수도 없는 나에게 우아하게 춤을 추라고 시키다니! 제 정신인 걸까? 난 걸을 때조차 우아하지 못한데, 왜 주인님은 내가 할 수 없는 일을 강요할까?'

낙타는 처음에는 이런 생각으로 화도 났지만 다시 생각해 보았습니다. 자기가 아플 때에 잠도 자지 않고 옆에서 도와주고 보살펴 주던 일들과 늘 밥을 챙겨주던 다정한 주인님의 모습을 떠올렸습니다. 그러자 낙타는 어떤 모습으로 춤을 추어도 주인이 기뻐해 줄 것이라는 확신이 생겼습니다. 그런 생각이 들자 낙타는 더 이상 가만히 있을 수 없었습니다. 비록 잘 추지는 못하지만 발을 구르고 머리를 흔들면서 춤을 추기 시작했습니다. 낙타의 춤은 우스꽝스러운 폼이었지만 그 어떤 누구의 춤보다도 우아하고 아름다웠습니다.

그 모습을 보고 있던 주인은 낙타가 순종하는 모습이 너무 아름다워서 낙타를 부둥켜 안고 함께 춤을 추었습니다. 주인은 낙타와 함께 너무도 행복하고 즐겁게 춤을 추었습니다. 이 날 이후로 낙타와 주인은 서로에게 있어 더할 나위 없이 소중한 존재가 되었습니다.

43. 게와 여우

[해석하기]

1) 하나님 곁을 떠나면 안전하지 못합니다. 게와 여우란 이솝우화를 아십니까? 바다에 살던 게가 육지에 올라와서 고독을 즐겼습니다. 이 때 굶주림에 지친 여우가 잽싸게 달려와 게를 먹어치웁니다. 먹히기 바로 직전 게는 깨달았습니다. "나는 이런 일을 당해도 싸! 바다에서 살아야 할 내가 땅에서 살 수 있을 거라 착각하다니!" 여러분, 바다를 떠난 게의 모습은 하나님을 떠난 성도의 삶과 같습니다. 하나님을 떠난 삶은 위험합니다. 하나님의 자녀는 하나님의 품안에 있을 때 안전합니다.

2) 모이는 데 힘쓰는 성도들이 됩시다. 게와 여우란 이솝우화를 아십니까? 바다에 살던 게가 육지에 올라와서 고독을 즐겼습니다. 이 때 굶주림에 지친 여우가 잽싸게 달려와 게를 먹어치웁니다. 먹히기 바로 직전 게는 깨달았습니다. "나는 이런 일을 당해도 싸! 바다에서 살아야 할 내가 땅에서 살 수 있을 거라 착각하다니!" 여러분, 초등학교에서 일어나는 일명 '왕따'라는 집단 따돌림이 심각한 사회적인 문제로 떠오르고 있습니다. "너무 말이 없이 조용하거나 잘난 척을 많이 하는 어린이는 집단 따돌림을 당한다." 하여 매스컴에서도 떠들썩합니다. 왕따를 당하는 아이들은 자기 나이 또래의 아이들과 같이 뛰어 놀

지도 못하고 대화도 못하기 때문에 점점 내성적이고 소극적으로 되어 고독해 지기 쉽습니다. 마침내는 지나친 우울증에 빠지거나, 지나치게 자기 자신을 비하시켜 모든 일에 자포자기하기도 하고, 억눌려 있던 감정들을 절제하지 못하여 폭력적이고 파괴적인 성향을 띤 아이로 자랄 수 있습니다. 여러분, 기독교인 중에도 이 게와 같이 교회 모임에 잘 빠지는 성도가 있습니다. '그냥 예배에만 참석해서 나 혼자 은혜 받으면 되지 뭐!' 하고서 주일 예배만 참석하는 성도들이 많은 교회일수록 성도간의 교제가 없습니다. 하지만 성경은 "모이기를 폐하는 어떤 사람들의 습관과 같이 하지 말고 오직 권하여 그 날이 가까움을 볼수록 더욱 그리하자."(히 10:25)라고 말합니다. 한 신앙 공동체 안에 있을 때 여우와 같은 사탄을 이겨낼 수 있습니다. 우리 모두 모이는데 힘쓰는 성도들이 됩시다.

3) 우리의 평화는 사람에게 있는 것이 아니라 하나님 안에서만 오직 존재합니다. 게 한 마리가 바다를 떠나 뭍으로 올라와 혼자 고독한 삶을 즐기고 있다가 굶주림에 허덕이는 여우에게 잡혀 먹히고야 말았다는 이야기가 있습니다. 게에게 있어 바다는 생명의 근원지이며, 마땅히 자신이 있어야만 할 장소입니다. 자기 생명의 근원지를 떠났을 때부터 이미 생명의 위협을 느낄 수밖에 없는 것 아닐까요. 물고기는 물을 '제한' 이라고 생각하지 않습니다. 물이 자신들을 살 수 있게 해주는 생명의 장소임을 알기 때문입니다. 마찬가지로 기차도 레일을 '제한' 으로 받아들이지는 않습니다. 레일을 벗어나면 더 이상 움직일 수 없는 쓸모 없는 것이 돼버리기 때문입니다. 지금 우리의 모

습을 잠시 살펴봅시다. 하나님의 품이야말로 우리의 영원한, 그리고 궁극적인 거주지라고 생각하지 않으십니까? 우리는 하나님 품안에서만 참 행복과 안식을 느낄 수 있는 존재입니다. 그런데도 우리 주위에는 우리가 마땅히 살아야 할 곳인 주님의 품을 떠나, 혼자서 고독을 즐긴다면 그것은 성도로서 바람직한 현상이 아닙니다.

4) 나만의 해석하기

_____
_____
_____
_____
_____
_____
_____

<각색하기>

게 한 마리가 원래 살던 바다를 떠나 뭍으로 올라와서 홀로 외롭게 거닐고 있었어요.

'야, 심심하다. 친구들이 없으니 이렇게 심심하구나, 미처 몰랐네'

이 때 너무너무 굶주려서 이빨 사이에 낀 며칠 전에 먹었던 음식 찌꺼기까지 싹싹 긁어 먹는 여우가 나타났어요.

여우는 게를 발견하고는 너무 배가 고파 이렇게 말했어요.

"게야, 난 너무 배고파서 너를 잡아먹어야겠다!"
게는 도망갈 수도 없었어요. 모두가 단단한 땅이니 숨을 곳이 없네요.
여우는 게에게 달려가 마구 발로 쿵쿵 때려서 깨버리고 잡아먹으려고 했어요.
게는 그 때야 후회하기 시작했어요.
'나는 이렇게 잡혀 먹혀도 싸! 나는 원래 바다에서 살아야 하는데 땅에서도 잘 살 수 있을 거라고 생각한 내가 바보지.'
게는 후회했지만 늦었습니다. 결국 게는 여우에게 잡혀 먹히고 말았습니다.

44. 새끼 게와 어미 게

[해석하기]

1) 우리는 주님의 자녀로서 그분을 닮아가야 합니다. 새끼 게와 어미 게란 이솝우화를 아십니까? "옆으로 걷지마, 그리고 축축한 바위에다 옆구리를 그렇게 질질 끌지 말아라." 어미 게가 새끼 게에게 이렇게 해라 저렇게 해라 충고를 하고 있군요. 그러자 새끼 게는 "날 가르치고 싶으면 엄마부터 똑바로 걸어보세요." 여러분, "똥 묻은 개가 겨 묻은 개를 나무란다"는 속담이 생각나세요. 새끼 게는 어미 게에게 먼저 본을 보이라고 말합니다. 사실 "소경이 소경을 인도할 수 없습니다." 그러나 예수님은 다르십니다. 예수님은 먼저 모범을 보이셨습니다. 따라서 예수님의 자녀인 성도는 진리가 되시는 예수님을 닮아가야 합니다.

2) 하나님께서는 우리에게 말보다 행동으로 남을 가르치라고 말씀하십니다. 새끼 게와 어미 게란 이솝우화를 아십니까? "옆으로 걷지마, 그리고 축축한 바위에다 옆구리를 그렇게 질질 끌지 말아라." 어미 게가 새끼 게에게 이렇게 해라 저렇게 해라 충고를 합니다. 그러자 새끼 게는 "날 가르치고 싶으면 엄마부터 똑바로 걸어보세요." 여러분, 우리도 세상에서 이런 질책을 때대로 받습니다. 성도는 이러한 질책을 받지 않기 위해서 행함이 없는 믿음은

죽은 믿음이라는 말씀을 가슴에 새겨야 합니다. 성도 여러분, 죽음 믿음은 열매를 맺을 수 없기 때문에 하나님을 기쁘시게 할 수 없습니다.

3) 먼저 다른 사람을 가르치기 전에 자신을 돌아보아야 합니다. 새끼 게와 어미 게란 이솝우화를 아십니까? "옆으로 걷지마." "그리고 축축한 바위에다 옆구리를 그렇게 질질 끌지 말아라." 어미 게가 새끼 게에게 이렇게 해라 저렇게 해라 충고를 합니다. 그러자 새끼 게는 "날 가르치고 싶으면 엄마부터 똑바로 걸어보세요." 우리도 종종 어미 게처럼 행동할 때가 많습니다. "내 눈 속에 있는 들보는 보지 않고 남의 눈에 있는 티끌은 잘 본다."라는 속담처럼, 자신은 완벽하고 항상 다른 사람이 문제가 되죠. 그것은 자기 자신을 제대로 알지 못한, 즉 자신의 어리석음을 드러내는 행동입니다. 타인을 평가하기 전에 먼저 자신의 모습부터 객관적으로 진지하게 평가합시다.

4) 그리스도인이 그리스도인답게 살지 못하면 세상 사람들에게 비난을 받습니다. 새끼 게와 어미 게란 이솝우화를 아십니까? "옆으로 걷지마." "그리고 축축한 바위에다 옆구리를 그렇게 질질 끌지 말아라." 어미 게가 새끼 게에게 이렇게 해라 저렇게 해라 충고를 합니다. 그러자 새끼 게는 "날 가르치고 싶으면 엄마부터 똑바로 걸어보세요."

그렇습니다. 어미 게는 새끼 게의 비난에 아무 말도 할 수 없습니다. 여러분, 우리의 행동이 어미 게와 같다면 우리도 세상 사람들로부터 비난을 받게 됩니다. 그런데 우리가 비난을 받게 되면 더 나아가 하나님이 비난받게

되는 결과를 초래합니다. 따라서 그리스도인은 그리스도인답게 살아야 합니다.

5) 나만의 해석하기

_____
_____
_____
_____
_____
_____
_____

〈각색하기〉

어느 화창한 여름날이었습니다. 햇님은 쨍쨍 갯벌을 향해 얼굴을 내밀고 있었고, 바람님은 한들한들 움직이고 있었습니다. 이때 갯벌에서 어미 게가 갓 태어난 새끼 게에게 걸음마 연습을 시키고 있었어요.

"이리와 보렴, 아가야"

"네, 엄마"

새끼 게는 어미 게의 말을 듣고 어미 게를 따라 걸음마 연습을 하였습니다. 그러나 어미 게는 새끼 게에게 야단을 쳤습니다.

"야야, 넌 어째서 옆으로만 걷느냐? 보기 흉하다. 남들이 보면 자식을 이렇게 가르쳤냐고 흉보겠구나. 의젓하게 앞으로 걷거라. 그리고 축축한 바위에다 옆구리를 질질 끌지 말아라. 동네 사람들에게 창피해서 너랑 못 다니겠다. 잘 좀 걸어. 맛있는 것 사줄게"

"알았어, 엄마."

새끼 게는 똑바로 앞을 보고 걸었습니다. 그러나 아무리 앞을 향해 똑바로 걸으려고 해도 생각처럼 되지 않습니다. 어미 게는 다시 새끼 게에게 핀잔을 주었습니다. 그러자 새끼 게가 대답을 합니다.

"엄마, 엄마, 방법을 가르쳐 주세요. 엄마가 똑바로 걷는 것을 보면 내가 따라하도록 노력할게요. 엄마부터 똑바로 걸으시면 내가 그것을 보고 따라 할 수 있겠는데…."

45. 호두나무

[해석하기]

1) 성도는 시련을 믿음으로 감내하며 하나님께 감사하는 생활을 해야 합니다. 호두나무란 이솝우화를 아십니까? 한 길가에 선 호두나무는 매일 같이 돌멩이 세례를 당합니다. 호두나무는 한숨을 쉬며 탄식합니다. "이렇게 올해에도 내년에도 똑같은 수고와 고통을 감수해야 하다니 내 신세도 참 딱하구나!" 그렇습니다. 그리스도에게 속한 성도도 한 길가의 호두나무와 같습니다. 지나가는 사람들이 열매를 따먹기 위해 돌을 던집니다. 그 때마다 우리는 상처받고 아파할 때가 많습니다. 그러나 관점을 바꾸어, 열매를 먹는 사람들이 얼마나 행복할까?라고 생각해 보면 기쁨이 넘칠 것입니다. 여기에 그리스도인의 비밀이 있습니다. 성도는 돌멩이 세례에 짜증을 내기보다 다른 사람에게 나누어 줄 무엇이 있다는 것에 감사하며 생활해야겠습니다.

2) 여러분, 십자가를 진정으로 지십시다. 타인으로 인해 피해를 보거나 타인을 위해 대신 짐을 져야 할 때 여러분은 어떻게 행하는지요. 호두나무 이솝우화를 들어봅시다. 호두나무는 호두를 얻기 위한 사람들에게 매일 돌멩이 세례를 당했습니다. 그리고 내일도 사람들에게 돌멩이를 맞을 것을 알았습니다. 호두나무는 너무 괴로웠습니다. 우리는 호두나무를 통해 예수님의 십자가의 의

미를 조금이나마 알 수 있습니다. 예수님도 육신의 몸을 입고 오셔서 십자가를 지실 때 "가라사대 아버지여 만일 아버지의 뜻이어든 이 잔을 내게서 옮기옵소서. 그러나 내 원대로 마옵시고 아버지의 원대로 되기를 원하나이다."(눅 22:42)하시며 괴롭고 고통스러웠지만, 그 쓴잔을 주의 사랑하는 백성들을 위해 마셨습니다. 여러분, 예수님의 제자로서 십자가를 진정으로 지기 원하십니까? 우리는 사랑하는 주의 백성들을 위해 기꺼이 십자가를 지신 예수님의 십자가 사건에 동참합시다. 십자가 사건에 동참하지 못하고, 자기의 신세를 딱하게 여긴 호두나무처럼 되지 맙시다.

3) 고난을 기쁘게 받아들이세요. 호두나무란 이솝우화를 아십니까? 한 길가에 선 호두나무는 매일 같이 돌멩이 세례를 당합니다. 호두나무는 한숨을 쉬며 탄식합니다. "이렇게 올해에도 내년에도 똑같은 수고와 고통을 감수해야 하다니 내 신세도 참 딱하구나!" 여러분, 사람은 누구나 크든지 작든지 고난을 겪고 있습니다. 그리고 '왜 나만 이런 고통과 어려움을 당해야 하나?' 하는 것이 우리들의 고백일 것입니다. 그러나 호두나무가 돌을 맞는 것이 나쁜 일만은 아닙니다. 호두나무에 호두가 열리면 돌멩이를 던지던 많은 사람들이 열매를 먹으며 기뻐합니다. 그렇습니다. 우리에게 항상 고통과 어려움만이 있는 것은 아닙니다. 그 고통의 끝에는 하나님께서 예비하신 기쁨의 잔치와 아름다운 열매가 준비되어 있습니다. 고통 당하는 사람은 이 말씀을 기억해 보시기 바랍니다. "그러므로 너희가 이제 여러 가지 시험을 인하여 잠깐 근심하게 되지 않을 수 없었으나 오히려 크게 기뻐하도다 너희 믿음의 시련이 불로 연단하여도 없어

질 금보다 더 귀하여 예수 그리스도의 나타나실 때에 칭찬과 영광과 존귀를 얻게 하려 함이라"(벧전 1:6-7). 고통과 어려움 속에 있는 지체들이 있습니까! 하나님께 원망과 불평만 할 것이 아니라, 기뻐하고 기도하십시오.

4) 나만의 해석하기

_____
_____
_____
_____
_____
_____
_____

〈각색하기〉

한 길가에 호두나무 하나가 서 있었습니다. 지나가던 사람들은 호두나무를 볼 때마다 짱돌을 하나씩 들어 냅다 집어 던졌지요.
"휘~익"
"퍽!"
그렇게 돌을 맞을 때마다 호두나무는
'아, 저 자식들을 그냥 죽일 수도 없고, 착한 내가 참아야지.'
라고 하며 한 해, 한 해 참고 있었습니다.
그러던 어느 해. 호두나무의 분노가 폭발하고 말았답니다. 그것은 어느 한 중

학생이 짱돌을 하나만 던졌으면 괜찮았는데, 세 개씩이나 던졌기 때문이죠. 화가 난 호두나무는 그 학생을 향해 소리를 질렀습니다.

"야, 이 자식아! 너 죽을래? 왜 돌멩이를 세 개씩이나 던지는 거야?"

그러자 중학생은 어이없다는 듯이 호두나무를 쳐다보고는 이렇게 말을 했어요.

"한 대 더 맞을래?"

순간적으로 겁을 먹은 호두나무는 그 중학생에게 말했답니다.

"마이 무그따 아이가. 고마 해라."

중학생은 다시 호두나무에게 으름장을 놓았습니다.

"한 번만 더 소리 지르면 밑둥치를 확 잘라버린다!"

그러고는 횡하니 가버렸어요. 호두나무는 한숨을 쉬며 탄식했어요.

"이렇게 매년마다 똑같은 수모와 고통을 감수해야 하다니, 내 신세도 참 딱하구나!"

46. 채소에 물을 주는 정원사

[해석하기]

1) 많은 사람 중에서 하나님께 선택받은 성도는 주님 안에서 특별하게 자라나는 귀한 존재입니다. 채소에 물을 주는 정원사란 이솝우화를 아십니까? 채소에 물을 주는 정원사 곁을 지나치던 행인이 멈추어 서서 정원사에게, 야생채소는 저토록 무성하고 튼튼하게 자라났는데 양식 채소는 시들시들하고 힘이 없느냐고 물어 보았습니다. 그러자 정원사는 야생 채소에게는 대지가 친어머니이지만 양식 채소한테는 계모이기 때문이라고 대답했습니다. 그렇습니다. 우리들이 어머니 되신 하나님 안에 거할 때 우리는 보호받아 무성하고 튼튼하게 자랄 수 있습니다. 반면 주님과 우리와의 교통이 끊어졌을 때 양식 채소처럼 온도가 조금만 올라가도 그 뿌리가 흔들리고 시들시들하게 됩니다.

2) 우리들의 어머니이신 하나님 안에 거합시다. 계모가 키우는 아이들이 친모가 키우는 아이들만큼 잘 자랄 수 있을까요. 채소에 물을 주는 정원사란 이솝우화를 아십니까? 채소에 물을 주는 정원사 곁을 지나치던 행인이 멈추어 서서 정원사에게, 야생 채소는 저토록 무성하고 튼튼하게 자라났는데 양식채소는 시들시들하고 힘이 없느냐고 물어 보았습니다. 그러자 정원사는 야생 채소에게는 대지가 친어머니이지만 양식 채소한테는 계모이기 때문이라고 대답

했습니다. 이와 같이 우리의 친어머니, 즉 우리를 낳으신 분만이 우리를 가장 잘 돌봐주실 수 있고 잘 키워주실 수 있습니다. 그렇다면 우리의 친어머니는 누구일까요? 바로 하나님이십니다. 우리들을 창조하시고 언제나 우리 곁에서 우리와 함께 하시는 하나님이 바로 우리들의 친어머니입니다. "여호와 하나님이 흙으로 사람을 지으시고 생기를 그 코에 불어넣으시니 사람이 생령이 된지라"(창 2:7). 그렇습니다. 우리들의 친어머니이신 하나님만큼 우리들을 잘 키워주시고 이끄시고 지켜주실 분은 없습니다. 우리가 하나님 안에 거할 때 하나님께서 주시는 사랑과 은혜로 삶이 풍성해질 것입니다. 우리의 친어머니이신 하나님 안에 거하십시오.

3) 가정은 하나님께서 우리에게 주신 최초의 공동체로서 너무나 소중하고 아름다운 곳입니다. 채소에 물을 주는 정원사란 이솝우화를 아십니까? 채소에 물을 주는 정원사 곁을 지나치던 행인이 멈추어 서서 정원사에게, 야생 채소는 저토록 무성하고 튼튼하게 자라났는데 양식 채소는 시들시들하고 힘이 없느냐고 물어 보았습니다. 그러자 정원사는 야생 채소에게는 대지가 친어머니이지만 양식 채소한테는 계모이기 때문이라고 대답했습니다. 왜 양식채소는 야생 채소와 똑같은 물을 먹고 같은 양분을 먹는데 야생 채소처럼 튼튼하고 무성하게 자라지 못할까요? 그것은 사랑의 차이에서 오는 것이죠. 아무리 조건이 똑같아도 사랑과 관심이 다르다면 당연히 상반된 결과가 나옵니다. 식물도 인간처럼 사랑과 관심을 직감적으로 안다고 합니다. 여러분 혹시 하나님께서 주신 자녀들을 계모처럼 키우고 있지 않습니까? 성

경은 "또 아비들아 너희를 노엽게 하지 말고, 오직 주의 교양과 훈계로 양육하라."(엡 6:4)라고 분명히 말씀하고 계십니다. 우리는 하나님께서 주신 아름다운 사랑의 공동체를 소중하고 아름답게 가꾸어야겠습니다.

  4) 여러분, 자녀를 바르게 교육하기에 힘쓰십시오. 채소에 물을 주는 정원사라는 이솝우화를 아십니까? 채소에 물을 주는 정원사 곁을 지나가던 행인이 발길을 멈추고, 어째서 야생 채소는 튼튼하고 무성하게 자라는데 양식 채소는 시들시들 힘이 없느냐고 물었습니다. 그러자 정원사는 "야생 채소에게는 대지가 친어머니고 양식 채소한테는 계모니까 그렇지요"라고 말했습니다. 여러분, 양식 채소는 온실 속에서 자랐기 때문에 힘이 없습니다. 사람도 너무 과보호하면 밖으로 나왔을 때 견디지 못할 것입니다. 자식이 예쁘다고 온실 속 화초처럼 키워서는 안됩니다. 하나님께서는 "네 자식을 징계하라 그리하면 그가 너를 평안하게 하겠고 또 네 마음에 기쁨을 주리라."(잠 29:17)라고 말씀하고 계십니다. 여러분의 자녀를 무조건 아끼기보다는 하나님의 말씀으로 훈계하며 바르게 교육시키시길 바랍니다.

5) 나만의 해석하기

<각색하기>

어느 화창한 날 채소에 물을 주는 정원사 옆으로 한 행인이 지나가고 있었습니다. 행인은 무심코 정원사가 물을 주고 있는 채소를 보게 되었습니다. 그런데 이상하게도 어느 채소는 튼튼한데 또 다른 채소는 시들시들 힘이 없었습니다. 행인은 신기하고 궁금해서 가던 길을 멈추고 정원사에게 물었습니다.

"실례합니다. 어째서 이 채소는 튼튼한데 저기 저 채소는 시들시들합니까?"
정원사가 대답했습니다.
"아, 이것은 야생 채소이고 저것은 양식 채소라서 그렇습니다."
행인은 더욱 궁금했습니다.
"그것이 무슨 관계가 있기에."
행인이 말을 마치기도 전에 정원사는 웃으며 대답했습니다.
"하하! 그야 야생 채소에게는 대지가 친어머니고 양식 채소에게는 계모니까 그렇지요. 계모가 키우는 아이가 친모가 있는 아이들만큼 잘 먹고 잘 자라겠습니까?"
그 때야 행인은 고개를 끄덕이며 다시 가던 길을 떠났습니다.

47. 정원사와 개

[해석하기]

1) 하나님은 참고 또 참으시며 죄 많은 인간을 사랑하십니다. 정원사와 개란 이솝우화를 아십니까? 개가 우물 속에 빠졌습니다. 정원사는 개를 구하기 위해 우물 속으로 들어갔습니다. 그러자 개는 주인인 정원사를 몰라보고 그를 물었습니다. 정원사는 밖으로 신음하며 기어 나와, "내가 무엇 때문에 고생을 무릅쓰고 너를 구해?"라고 말했습니다. 여러분, 개가 잘못입니까? 아니면 정원사가 잘못입니까? 주인을 알아보지 못한 개도 문제지만, 그렇다고 정원사처럼 죽어 가는 개를 두고 우물 밖으로 그냥 나와서야 되겠습니까? 하나님은 다르십니다. 하나님께서는 하나님을 배반한 인간을 끝까지 사랑하십니다.

2) 예수님의 은혜를 아는 성도가 됩시다. 정원사와 개란 이솝우화를 아십니까? 개가 우물 속에 빠졌습니다. 정원사는 개를 구하기 위해 우물 속으로 들어갔습니다. 그러자 개는 주인인 정원사를 몰라보고 그를 물었습니다. 정원사는 밖으로 신음하며 기어 나와, "내가 무엇 때문에 고생을 무릅쓰고 너를 구해?"라고 말했습니다. 여러분, 우리도 이러한 개의 모습을 가지고 있는 것이 아닐까요. 자신을 위해 생명을 걸고 우물 속으로 뛰어든 주인을 물어버린 개의 모습에서 벗어납시다. 예수님께서 우리에게 주신 은혜가 너무 큽니다. 이제

는 주님을 배반하지 말고 주님의 크신 은혜를 생각하며 감사하는 삶을 삽시다.

3) 어떠한 상황에 처했을 때 자신의 판단만 믿고 어리석게 행동하지 말고 주님께 의뢰합시다. 주님께서 선하게 인도하여 주실 것입니다. 정원사와 개란 이솝우화를 아십니까? 개가 우물 속에 빠졌습니다. 정원사는 개를 구하기 위해 우물 속으로 들어갔습니다. 그러자 개는 주인인 정원사를 몰라보고 그를 물었습니다. 정원사는 밖으로 신음하며 기어 나와, "내가 무엇 때문에 고생을 무릅쓰고 너를 구해?"라고 말했습니다. 여러분, 자신을 도와주려던 정원사의 행동을 멋대로 해석하여 도움을 받지도 못하고 죽어간 개를 보면서 무엇을 생각하십니까? 주님께서는 자신의 뜻을 우리가 잘 이해하고 받아들여 실천하기를 원하십니다. 주님께서는 "내 양은 내 음성을 들으며 나는 저희를 알며 저희는 나를 따르느니라."(요 10:27)고 말씀하셨습니다. 하지만 우리는 하나님의 말씀에 불순종하여 종종 개처럼 어려움을 당하곤 합니다. 자만에 빠진 우리의 모습은 언제 어떻게 될지 모르는 위태로운 모습일 뿐입니다. 여러분, "너는 마음을 다하여 여호와를 의뢰하고 네 명철을 의지하지 말라 너는 범사에 그를 인정하라 그리하면 네 길을 지도하시리라."(잠 3:5-6)는 말씀을 기억하시고 주님만을 의뢰합시다.

4) 지금 내가 겪고 있는 고난과 고통을 원망하지 말고 나를 위해 돌아가신 예수님의 사랑을 생각해 봅시다. 이솝우화에 정원사와 개라는 이야기가 있습니다. 정원사의 개가 우물에 빠졌습니다. 그러나 개는 정원사가 자기를 더 깊은 곳으로 밀

어버리려는 줄 알고 도리어 정원사를 물어버렸습니다. 여러분, 개는 평소에는 자신을 보살펴주던 주인을 믿고 따랐지만, 우물 속에 빠지는 어려움을 당하자 주인을 신뢰하지 못했던 것입니다. 성경에서도 애굽에서 나온 이스라엘 백성이 눈앞에 닥친 어려움 때문에 애굽에서 구원해 준 하나님을 원망하였습니다. 그 결과 그들은 어려움에 처했습니다. 여러분, 우리를 위해 이 땅에 오신 주님을 핍박하고 십자가에 못박고 있는지 반성해 봅시다.

5) 나만의 해석하기

_____

<고쳐쓰기>

어느 나라에 유명한 정원사가 있었습니다. 이 정원사는 궁궐 안에 있는 정원을 아름답게 만들어서 왕으로부터 표창까지 받았어요. 정원사는 결혼은 하지 않고 '플란다스의 개'라는 동화에 나오는 멋쟁이 개를 길렀어요. 정원사는 개와 같이 노는 시간만 빼고 늘 정원을 가꾸었어요. '암, 이 나라에서 내가 만든 정원이 가장 멋있지.'

정원사는 일을 하면서 늘 강아지를 데리고 다녔어요.

그러던 어느 날 강아지가 궁전에 있는 호수에 빠졌어요. 그러자 정원사는 강아지를 구하기 위해 옷을 입은 채 물에 뛰어들었어요. 정원사는 강아지의 이름을 부르며, 강아지를 건져내고자 힘을 썼어요. 주인이 강아지 꼬리를 잡자, 강아지가 주인의 손을 꽉 물었어요. 그러나 정원사는 손에 피가 나는데도 불구하고 강아지를 더욱 힘차게 잡아당겼어요.

"너는 하나님께서 나에게 주신 가장 큰 선물이야."

강아지는 이 말을 듣고 감격의 눈물을 흘렸어요.

"주인님, 미안해요. 아무리 그래도 그렇지 주인님도 몰라보고 물다니요."

"괜찮다. 괜찮아, 네가 살아서 나는 기쁘단다. 조금만 늦었으면"

정원사와 강아지는 서로 사랑하며 행복하게 살았답니다.

48. 키타라 연주자

[해석하기]

1) 여러분, 바리새인처럼 믿음이 좋다고 착각하면 예수님께 책망을 듣게 됩니다. 키타라 연주자라는 이솝우화를 아십니까? 소질이 전혀 없는 기타라 연주자가 있었습니다. 그는 석고벽 안에서 하루종일 노래를 불렀는데 벽에 부딪쳐 울리는 소리를 듣고, 자기가 굉장히 노래를 잘한다고 생각했습니다. 그후 자기 목소리를 과대평가한 키타라는 무대에서 공연을 하기로 했습니다. 그러나 공연이 어찌나 지독하게 형편없었던지, 그는 청중들이 던지는 돌멩이를 맞으며 쫓겨났습니다. 여러분, 키타라 연주자가 잘못한 것은 무엇일까요? 자신이 최고라는 착각에 빠진 것입니다. 성도들 가운데도 키타라 같은 사람들이 많습니다. 특히 바리새인이 키타라 연주자와 비슷합니다. 키타라가 청중들에게 돌멩이를 맞은 것처럼 바리새인들도 예수님에게 심한 질책을 받았습니다. 하나님을 향한 여러분의 믿음이 아름다운 것이라 생각하고 계십니까? 하지만 그것이 과연 하나님이 보시기에도 아름다운 것일지 생각해 봅시다. 성도라면 "우리가 이와 같이 말함은 사람을 기쁘게 하려 함이 아니요 오직 우리 마음을 감찰하시는 하나님을 기쁘시게 하려 함이라."(살전 2:4하반절)라는 말씀을 기억합니다.

2) 여러분, 자신의 재능과 상관없는 일을 하여 망신을 당하지 맙시다. 키타라 연주자라는 이솝우화를 아십니까? 소질이 전혀 없는 기타라 연주자가 있었습니다. 그는 석고벽 안에서 하루종일 노래를 불렀는데 벽에 부딪쳐 울리는 소리를 듣고, 자기가 굉장히 노래를 잘한다고 생각했습니다. 이후 자기 목소리를 과대 평가한 키타라는 무대에서 공연을 하기로 했습니다. 그러나 공연이 어찌나 지독하게 형편없었던지, 그는 청중들이 던지는 돌멩이를 맞으며 쫓겨났습니다. 키타라 연주자는 자신의 달란트를 올바로 찾지 못했기 때문에 이와 같은 실수를 저지른 것입니다. 하나님께서는 우리 각자에게 맞는 재능을 주셨습니다. 그러나 우리는 그 달란트가 무엇인지 깨닫지 못하고 다른 것을 자신의 달란트인 줄 착각할 때가 있습니다. 여러분, 하나님께서 주신 달란트를 찾아서 하나님의 영광을 위해 사용합시다.

3) 나만의 해석하기

〈각색하기〉

화창한 봄날 키타라 아저씨는 오늘도 동굴에 들어가서 노래를 부릅니다. 키타라 아저씨는 동굴 안에 공명이 잘 되어 자신의 노래 소리가 너무 듣기 좋습니다.

'흠, 다음에는 세종문화회관에서 노래를 불러야지.'

키타라 아저씨는 너무 기분이 좋아 집에서 노래를 부릅니다. 공연을 앞두고 매일 집에서 밤늦게까지 연습을 합니다.

옆집에 살던 나는 참다못해 찾아갔습니다.

"이봐요, 노래 연습하시는데 죄송합니다. 저희 집까지 노래 소리가 크게 들려 잠을 자기가 어렵습니다."

그는 불쾌한 모습을 드러내며,

"알겠어요, 제가 내일 공연을 합니다. 좀 이해해 주세요."

나는 공연이라는 말에 잠시 당황했습니다. 그가 주는 초대권을 받고 세종문화회관으로 갔습니다.

공연장에 사람들이 제법 있었습니다. '과연 어젯밤 노래 실력이 이곳에서 달라질까?' 아니나 다를까 얼마 후,

"어, 저런 사람이 이곳에서 공연을 하다니, 이곳의 수치야!"

이곳저곳에서 고함 소리가 터져 나옵니다.

"내려와라, 내려와라, 세종문화회관의 명예를 더럽힐 수 없다."

이런 야유소리와 함께 젊은 청년 몇 사람이 공연장 위로 뛰어 올라갔습니다.

49. 지빠귀

[해석하기]

1) 눈앞에 보이는 것만을 추구하다가 자신이 가진 소중한 것을 잃지 맙시다. 지빠귀라는 이솝우화를 아십니까? 지빠귀는 머루 다래의 달콤한 맛에 홀린 나머지 사냥꾼이 지나가는 것도 몰랐습니다. 죽음을 앞두고 지빠귀는 탄식합니다. "먹는 즐거움에 정신이 팔려 생명을 잃게 되다니." 성경은 우리에게 눈에 보이는 당장에 얻을 수 있는 만족보다 더욱 고귀한 가치를 추구하라고 가르치고 있습니다. 그것은 바로 예수 그리스도입니다. 예수 그리스도는 우리가 추구해야 할 가장 소중한 가치입니다. 예수는 바로 우리의 생명이기 때문입니다. 지빠귀 우화는 우리에게 오늘날 물질 만능주의와 쾌락주의가 팽배한 이 사회에서 예수 그리스도를 더욱 소중히 여기지 않으면 지빠귀의 최후처럼 비참해질 수 있다는 사실을 알려 줍니다.

2) 중요한 일과 급한 일을 구분할 줄 알면 우리의 삶에 많은 변화를 가져올 수 있습니다. 지빠귀라는 이솝우화를 아십니까? 지빠귀는 머루 다래의 달콤한 맛에 홀린 나머지 사냥꾼이 지나가는 것도 몰랐습니다. 죽음을 앞두고 지빠귀는 탄식합니다. "나도 참 딱한 위인이구나! 먹는 즐거움에 정신이 팔려 생명을 잃게 되다니." 사냥꾼에게 잡힌 지빠귀의 한탄이 우리에게

많은 교훈을 줍니다. 지빠귀는 '생명'의 문제를 생각하지 않고 '즐거움'을 추구하다 죽게 되었습니다. 인생의 전환점이나 선택의 기로에서 급한 일과 중요한 일을 선택하는 것은 쉽지 않습니다. 그런데 우리 주님께서는 급한 일이 아닌 중요한 일을 선택하라고 말씀하고 계십니다. "그에게 마리아라는 동생이 있어 주의 발아래 앉아 그의 말씀을 듣더니, 마르다는 준비하는 일이 많아 마음이 분주한지라. 예수께 나아가 가로되 "주여 내 동생이 나 혼자 일하게 두는 것을 생각지 아니하시나이까 저를 명하사 나를 도와 주라 하소서" 주께서 대답하여 가라사대 "마르다야 마르다야 네가 많은 일로 염려하고 근심하나 그러나 몇 가지만 하든지 꼭 한 가지만이라도 족하니라. 마리아는 이 좋은 편을 택하였으니 빼앗기지도 아니하리라 하시니라."(눅 10:39-41) 그렇습니다. 손님을 위해 음식을 준비하는 것도 중요하지만 생명의 말씀을 듣는 것이 더 중요합니다. 여러분, 삶의 순간 순간마다 하나님께서 원하시는 중요한 것을 선택합시다.

3) 성도는 이 세상에 집착하기보다 하나님의 나라와 그 의를 먼저 구해야 합니다. 지빠귀라는 이솝우화를 아십니까? 지빠귀는 머루 다래의 달콤한 맛에 홀린 나머지 사냥꾼이 지나가는 것도 몰랐습니다. 죽음을 앞두고 지빠귀는 탄식합니다. "먹는 즐거움에 정신이 팔려 생명을 잃게 되다니." 여러분, 세상에 집착하면 지빠귀처럼 될 수 있습니다. 더 큰 하나님 나라와 의를 구하십시오 그 나라는 영원히 썩지 않고 죽지 않는 영생이 있습니다.

4) 자신의 욕구를 충족시키려다 정작 중요한 것을 놓치고 후회해 보았자 아무 소용이 없습니다. 지빠귀라는 이솝우화를 아십니까? 지빠귀는 머루 다래의 달콤한 맛에 홀린 나머지 사냥꾼이 지나가는 것도 몰랐습니다. 죽음을 앞두고 지빠귀는 탄식합니다. "먹는 즐거움에 정신이 팔려 생명을 잃게 되다니." 여러분, 성도는 쾌락을 추구하기보다 하나님의 일을 열심히 해야 합니다. 세상에서 빛과 소금의 역할을 담당해야 할 성도들이 식탐에 빠져 하나님의 자녀로서의 사명을 잊고 행하지 못하는 부분이 있는지 지빠귀의 우화를 통해 반성해 봅시다.

5) 나만의 해석하기

_____
_____
_____
_____
_____
_____
_____

<각색하기>

어느 화창한 날 지빠귀 한 마리가 산책을 나갔습니다. 한참 가고 있는데 아주 맛있게 생긴 머루다래를 발견했습니다. 지빠귀는 '이게 웬 떡이냐' 하면서 얼른 그곳으로 다가갔습니다. 이 동네에는 여러 새들이 살고 있으므로 먼저 음식

을 발견하는 새가 냠냠 할 수 있거든요.

'이거 너무 맛있어 보이는데? 이런 건 혼자 먹어야 더 맛있을 거야. 다른 애들 오기 전에 빨리 먹어야겠다.'

지빠귀는 머루를 맛있게 먹었습니다. 그런데 머루가 너무 맛있어서 그 자리를 벗어날 수 없었어요. 시간 가는 줄도 모르고 계속 먹었습니다.

그것을 지나가던 사냥꾼이 보았습니다.

'아니, 저기 새가 있잖아? 내가 바로 뒤에 있는 데도 도망가지도 않네? 얼른 잡아야겠다.'

사냥꾼은 얼른 다가가서 지빠귀를 잡았습니다. 지빠귀는 먹는 것에 정신이 팔린 나머지 사냥꾼을 발견하지 못하고 꼼짝없이 죽게 되었습니다. 그리고

"뒤 좀 보면서 먹을 걸…." 하며 탄식합니다.

50. 위장과 발

[해석하기]

1) 하나님께서 창조한 인간은 다 귀한 존재들입니다. 위장과 발이라는 이솝우화를 아십니까? 위장과 발이 서로 더 힘이 세다고 우깁니다. 발은 위장을 지고 다니기 때문에 힘이 세다고 주장하고, 위장은 "하지만 이 친구야. 내가 자네한테 영양분을 나눠주지 않는다면 날 지고 다닐 힘이 어디서 나오겠나."라고 대꾸합니다. 여러분, 위장과 발 중 어느 것이 중요하다고 생각하십니까? 하나님께서 창조하신 것 하나하나 필요하지 않은 것이 없고 소중하고 중요하지 않은 것이 없습니다. 그 가운데 피조된 인간은 하나님 앞에서 더욱 귀한 존재들입니다. 조금 잘났다고 다투지 맙시다.

2) 내게 능력주시는 예수님 안에서 모든 것을 할 수 있습니다. 위장과 발이라는 이솝우화를 아십니까? 위장과 발이 서로 더 힘이 세다고 우깁니다. 발은 위장을 지고 다니기 때문에 힘이 세다고 주장하고, 위장은 "하지만 이 친구야. 내가 자네한테 영양분은 나눠주지 않는다면 날 지고 다닐 힘이 어디서 나오겠나."라고 대꾸합니다. 우리도 위장과 발처럼 자기의 힘만 자랑하려는 경향이 있습니다. 하지만 우리에게 영양분을 주시는 분은 예수님뿐이십니다. 그 분에게 "내게 능력 주시는 자 안에서 내가 모든 것을 할 수 있느니라"(빌 4:13)

라고 고백하십시오.

3) 때로 우리는 자신의 존재 가치를 확인하기 위하여 다른 사람을 내 아래에 두려고 할 때가 있습니다. 그 때마다 자신의 감정을 억제하고 협력해서 하나가 되고자 노력합시다. 위장과 발이라는 이솝우화를 아십니까? 위장과 발이 서로 더 힘이 세다고 우깁니다. 발은 위장을 지고 다니기 때문에 힘이 세다고 주장하고, 위장은 "하지만 이 친구야. 내가 자네한테 영양분은 나눠주지 않는다면 날 지고 다닐 힘이 어디서 나오겠나."라고 대꾸합니다. 위장과 발은 공동체 의식이 부족합니다. 프란시스 쉐퍼는 자신의 저서에서 "작은 자는 없다."라고 말했습니다. 모두가 하나님 안에서 동등하며 한 가족입니다. 또한 주님의 몸된 교회를 이루는 없어서는 안 될 지체들입니다. 하나님께서는 성경을 통하여 이렇게 말씀하십니다. "우리의 아름다운 지체는 요구할 것이 없으니, 오직 하나님이 몸을 고르게 하여 부족한 지체에게 존귀를 더하사 몸 가운데서 분쟁이 없고, 오직 여러 지체가 서로 같이 하여 돌아보게 하셨으니(중략) 너희는 그리스도의 몸이요 지체의 각 부분이라"(고전 12:34-27). 여러분이 모인 공동체에서 둘이 하나가 될 때 서로의 존재 가치는 더욱 빛나고 삶은 더욱 풍요로워질 것입니다.

4) 우리는 각자 우리 힘으로 살아가고 있다고 생각하지만 사실은 하나님의 도우심으로 살고 있습니다. 위장과 발이라는 이솝우화를 아십니까? 위장과 발이 저마다 제 힘이 더 세다고 우기고 있었습니다. 발은 자기가 위장을 지고 다니니까 훨씬 더 힘이 세다는 주장만 계속 되풀이했습니

다. 그러자 위장이 대꾸합니다. "하지만 이 친구야, 내가 자네에게 영양분을 나눠주지 않는다면 날 지고 다닐 힘이 어디서 나오겠나?" 여러분, 오늘 하루 어떻게 생활했는지 생각해 보십시오. 우리가 밥을 먹거나 잠을 자고 혹은 거리를 걸어 다닐 때 많은 사람들의 도움 속에서 살고 있습니다. 또 공기와 물이 없다면 우리가 살 수 있겠습니까? 우리는 하나님의 도우심이 없이는 하루도 살아갈 수 없는 연약한 존재입니다.

5) 나만의 해석하기

_____
_____
_____
_____
_____
_____
_____

〈각색하기〉

매일 더러운 신발 속에 갇혀 있는 발은 열심히 뛰어다녔어요. 그렇게 열심히 뛰어다닌 결과 발은 마라톤 선수가 되었지요. 한국 대표로 출전한 발은 긴장이 되었어요. 끝까지 달려야지. 발은 결승점에 첫 번째로 들어왔어요.

"우와, 해냈다."

그러자 손이 "발아, 해낼 줄 알았어. 정말 장하구나!"

손의 칭찬을 들은 발은

'나는 정말 대단해. 나는 못할 것이 하나도 없어! 내가 최고야!'라고 생각했어요. 발은 교만해져 위장에게 말했어요.

"위장, 오늘부터 내가 최고다. 난 금메달을 땄단다."

그는 위장을 무시했어요. 위장은 마음이 아팠어요.

"발, 내가 영양을 공급하지 않으면 너는 힘을 낼 수가 없어. 다시 뛸 수도 없고."

그러나 발은 그 충고를 받아들이지 않았어요.

위장은 발에게 영향을 공급하지 않았어요. 그러자 발은 영양을 공급받지 못해, 갈라지고 터졌어요. 무좀과 습진이 아주 심해서 다른 사람들도 싫어하는 존재가 되었어요. 그렇게 일 년이 지나자 위장과 발은 서로 불편을 느끼기 시작했어요.

그 둘은 어느 날 만나 이야기하게 되었어요. 발이 먼저 말을 했습니다.

"위장아, 네가 없으니까 배가 고파서 무좀과 습진이 너무 심해 사람들이 나를 싫어한단다."

그러자 위장은,

"아니야, 나도 네가 없으니까 집안에 갇혀서 너무 답답하고 불편해!"

51. 까마귀와 여우

[해석하기]

1) 신앙의 성장을 위해 주어진 상황에 연연하지 말고 적극적으로 간구하며 성장을 위해 힘씁시다. 까마귀와 여우라는 이솝우화를 아십니까? 배고픔에 허덕이면서도 아주 오랜 시간 동안 한 나뭇가지에 해를 치고 앉아 있던 까마귀가 있었습니다. 까마귀는 시퍼런 무화과가 익기를 마냥 기다리고 있었습니다. 여우는 이런 까마귀를 보며 "자네 생각은 완전히 틀렸네. 자네는 희망을 먹고 사는군 그래. 희망은 환상을 충족시켜 주지만 고픈 배를 채워주진 못한다네." 여러분, 까마귀는 넓게 보지 못하고 주어진 상황에만 연연하는 편협한 생각에 빠졌습니다. 이런 까마귀의 모습이 우리의 모습은 아닌가 생각해 봅니다. 신앙의 성장을 위해서 우리는 무엇을 해야 합니까? 가만히 앉아 목사님의 설교만을 통해 성장하려는 기대는 버립시다. 미래학자들은 "세상은 안주하려는 사람들에 의하여 후퇴하고, 개혁하려는 사람들에 의해 발전한다."고 말합니다. 시퍼런 무화과가 익기를 기다리는 것은 달란트를 땅 속에 감추어 놓는 것과 비슷한 행위입니다. 예수님께서 달란트를 숨겨둔 종을 책망하셨습니다. 그 점을 기억하여 성도라면 항상 자신에게 주어진 상황에 연연하지 말고 최선을 다하여 영적인 성장을 위해 힘써야겠습니다.

2) **생각만 하고 행하지 않는다면 여러분이 얻고 싶은 것을 얻을 수 없습니다.** 까마귀와 여우라는 이솝우화를 아십니까? 까마귀는 배고팠지만 시퍼런 무화과가 익기를 마냥 기다리고 있었어요. 여우는 이런 까마귀를 보며 "자네 생각은 완전히 틀렸네. 자네는 희망을 먹고 사는군 그래. 희망은 환상을 충족시켜 주지만 고픈 배를 채워주진 못한다네." 여러분, 까마귀의 모습이 우리의 모습은 아닐까요? 일하지 않으면서 돈벌기를 꿈꾸는 사람, 공부를 하지 않으며 일 등 하기만 원하는 사람, 노력하지 않고 기도만 하는 신자들, 하나님께서는 구하라 그리하면 주신다고 말씀하셨습니다. 그러나 이것을 잘못 해석하여 구하기만 하는 사람들이 있습니다. 두드리는 자에게 문이 열리듯이 행동을 수반해야 합니다. 희망은 꼭 필요하지만 그것을 이루기 위해 노력하는 것이 더더욱 필요합니다.

3) **아무런 수고나 노력 없이 무엇인가를 얻기를 바라는 것은 어리석은 짓입니다.** 까마귀와 여우라는 이솝우화를 아십니까? 배고픔에 허덕이면서도 아주 오랜 시간 동안 한 나뭇가지에 홰를 치고 앉아 있던 까마귀가 있었습니다. 덜 익어 시퍼런 무화과들을 보고는 익을 때까지 기다리기로 작정했던 것이지요. 여우는 하염없이 그 자리에 앉아 있는 까마귀를 보고 까닭을 물었습니다. 사연을 듣고 난 여우는 "자네 생각은 완전히 틀렸네, 자네는 희망을 먹고사는군. 희망은 환상은 충족시켜 주지만 고픈 배를 채워 주진 못한다네."라고 말했답니다. 여러분, 자신은 아무런 노력도 하지 않으면서 어떤 것을 얻을 것이라 기대하지 마세요. 요즘 인기 광고 중에서도 "열심히 일한 당신 떠나라!"라는 광고

문처럼 열심히 일했기 때문에 떠날 수 있는 자격이 있는 것이 아닐까요? "누구든지 일하기 싫어하거든 먹지도 말게 하라."는 말씀을 기억합시다(살후 3:10).

4) 허황된 공상에 빠져 자신이 해야 할 일을 잊는 것은 어리석은 짓입니다. 까마귀와 여우라는 이솝우화를 아십니까? 배고픈 까마귀는 오랫동안 한 나뭇가지에 앉아서 시퍼런 열매가 익기를 기다리고 있습니다. 그것을 안 여우는 "자네 생각은 완전히 틀렸네. 희망은 환상은 충족시켜 주지만 고픈 배를 채워 주진 못한다네."라며 충고합니다. 까마귀는 열매가 익으면 고픈 배를 채울 수 있을 거라고 생각하지만, 아마도 그전에 배가 고파서 죽을 것입니다. 여러분 허황된 공상을 하면서 일하지 않으면 어떻게 되겠습니까?

---

5) 나만의 해석하기

―――――――――――――――――――
―――――――――――――――――――
―――――――――――――――――――
―――――――――――――――――――
―――――――――――――――――――
―――――――――――――――――――

〈각색하기〉

파릇파릇 새싹이 돋아나는 따뜻한 봄날, 까마귀 친구들은 너무 기뻤어요. 왜

냐하면 지난 봄 까마귀 친구들이 농촌에서 어렵게 생활하시는 할머니 집에 수박 씨앗을 물어다 드렸거든요. 그 씨앗이 자라 호박만하게 수박이 열려 할머니가 그것을 팔아 돈을 많이 벌게 되었어요. 예수님께서는 까마귀 친구들의 선행을 잊지 아니하시고 상을 주셨어요. 그 상이 무언지 아세요. 까마귀가 가장 좋아하는 무화과 나무 열매였어요.

까마귀 친구들은 상으로 받은 무화과나무를 정성스럽게 길렀어요. 그런데 셋째 까마귀는 나무도 잘 돌보지 않고, 오랜 기간 동안 열매가 익기만 기다리고 있었어요. 지나가던 여우가 물어 보았어요.

"까마귀야, 왜 그곳에 가만히 앉아만 있니?"

"여우님, 무화과 열매가 익기를 기다리고 있어요. 아이, 배고파."

"까마귀야, 너는 희망을 먹고 사는구나. 희망은 환상을 충족시켜 주기는 하지만 고픈 배를 채워주지는 못해!"

"걱정 마세요. 곧 익을 거예요."

셋째 까마귀는 너무나 어리석었어요. 노력도 하지 않고 요행만 바라는 것은 예수님께서 가장 싫어하시는 행동입니다.

52. 까마귀와 갈가마귀

[해석하기]

1) 이 어두운 사회에서 빛을 발하도록 사랑의 마음을 품읍시다. 까마귀와 갈가마귀라는 이솝우화를 아십니까? 덩치가 큰 까마귀는 덩치가 큰 자신을 다른 까마귀들이 업신여긴다고 그들 곁을 떠나 갈가마귀들을 찾아가 친구가 되자고 했지요. 하지만 갈가마귀는 울음소리가 다르다는 이유로 덩치 큰 까마귀를 쫓아냈습니다. 덩치가 큰 까마귀는 친구들 곁으로 다시 되돌아갔지만 아무도 그를 반겨주지 않았습니다. 결국 덩치가 큰 까마귀는 외톨이가 되었습니다. 여러분, 예수님은 까마귀처럼 친구를 외모로 판단하거나 따돌리시지 않았습니다. 오히려 병든 자들과 가난한 자들을 풍성한 사랑으로 친히 감싸주셨고, 또한 기꺼이 그들의 친구가 되어 주셨습니다. 성도는 하나님이신 예수님의 사랑을 본받아야 합니다. 그러할 때 이 사회는 분명 어둠에서 밝은 빛이 빛나는 세상으로 바뀔 수 있을 것이고, 더 나아가 하나님의 나라가 이 땅에 임할 것입니다.

2) 줏대가 없는 행동은 비판의 대상이 됩니다. 까마귀와 갈가마귀란 이솝우화를 아십니까? 덩치가 큰 까마귀는 덩치가 큰 자신을 다른 까마귀들이 업신여긴다고 그들 곁을 떠났습니다. 그리고 갈가마귀들을 찾아가 친구가

되자고 했지요. 하지만 갈가마귀는 울음소리가 다르다는 이유로 덩치 큰 까마귀를 쫓아냈습니다. 덩치가 큰 까마귀는 친구들 곁으로 다시 되돌아갔지만 아무도 그를 반겨주지 않았습니다. 결국 덩치가 큰 까마귀는 외톨이가 되었습니다. 여러분, 덩치 큰 까마귀는 영리한 것 같지만 참으로 어리석습니다. 덩치 큰 까마귀가 하나님께서 주신 그 모습 그대로를 감사히 받아들이고, 친구들이 왕따를 시키더라도 인내하며 사이좋게 지내려고 노력했더라면, 외롭게 혼자 살아가는 고독한 처지는 면했을 것입니다.

3) 나만의 해석하기

<고쳐쓰기>

한 까마귀 마을에 덩치가 큰 까마귀가 있었습니다. 다른 까마귀들은 자신들과 그의 모습이 다르다며 이상하게 여겼습니다. 하지만 그 까마귀는 친구들의 숙덕거림에도 전혀 부끄러워하지 않았어요. 어느 날 덩치 큰 까마귀가 지나가는데 여러 친구들이 그를 보며 또 쑥덕거렸습니다.

"야, 저 친구 좀 봐! 덩치가 너무 커서 독수리 같지?"

"맞아! 저 까마귀는 우리가 가장 미워하는 독수리처럼 생겼네."

유난히 귀가 밝았던 덩치 큰 까마귀는 비아냥거리는 소리를 모두 들었습니다. 그리고 까마귀들에게 다가가서 말했습니다.

"친구, 안녕! 내 걱정을 해줘서 너무 고마워. 하지만 난 너희하고 다를 것이 없어. 하나님께서는 우리 모두를 사랑해 주시지."

덩치 큰 까마귀는 친구들에게 아주 친절하게 대해 주었습니다.

눈보라가 치는 추운 겨울, 독수리가 쳐들어왔습니다. 덩치 큰 까마귀는 열심히 독수리와 싸웠습니다. 그러자 다른 까마귀들이 그에게 다가와 고맙다고 인사를 했습니다. 까마귀 마을에는 더 이상의 왕따가 없어졌습니다. 그들 모두가 서로 사랑하면서 살게 되었습니다.

53. 갈가마귀와 여우

[해석하기]

1) 여러분, 시험과 유혹에 넘어가지 말고 이기십시오. 우리는 때로는 교만에, 때로는 물질 때문에 자주 넘어집니다. 갈가마귀와 여우라는 이솝우화를 아십니까? 여우는 까마귀의 입에 있는 고깃덩이를 보고 그것을 빼앗기 위해 까마귀를 칭찬했습니다. 여우의 칭찬에 우쭐해진 까마귀는 "까오까오" 노래를 불렀습니다. 그 바람에 입에 물었던 고기가 떨어졌습니다. 여우는 고기를 취하고 "이런 갈가마귀님. 예리한 판단력만 갖추셨다면 새들의 왕이 되고도 남으셨을 텐데요."라며 갈가마귀의 어리석음을 비웃었습니다. 여러분, 갈가마귀와 여우의 우화에서 알 수 있듯이, 사람들은 아름답다고 칭찬하면 그것에 넘어 갑니다. 사단의 전법도 똑같습니다. 여러분이 다른 사람의 눈에 들기 위해 발버둥 칠수록 하나님의 눈에서는 멀어진다는 사실을 기억합시다.

2) 남의 물건을 탐내지 맙시다. 갈가마귀와 여우라는 이솝우화를 아십니까? 여우는 까마귀의 입에 있는 고기를 보고 그것을 빼앗기 위해 까마귀를 마구 칭찬했습니다. 그리고 까마귀의 아름다운 목소리를 듣고 싶다고 부탁(?)하자 까마귀는 그만 우쭐해져 노래를 부르다 고기를 떨어뜨렸습니다. 여우는 고기를 취하고 "이런 갈가마귀님. 예리한 판단력만 갖추셨다면 새들의 왕이 되고

도 남으셨을 텐데요."라며 갈가마귀의 어리석음을 비웃었습니다. 여러분, 혹시 여우처럼 남의 물건을 탐해 보신 적은 없는지요? 여우는 까마귀의 입에 물린 고기를 보고서 그것을 먹고 싶어 까마귀를 유혹했습니다. 그 유혹은 칭찬하는 말이었습니다. 여러분, 어리석어 보이는 사람을 칭찬하고 이익을 취하신 적이 있으십니까? "너희가 가난한 자를 밟고 저에게서 밀의 부당한 세를 취하였은즉 너희가 비록 다듬은 돌로 집을 건축하였으나 거기 거하지 못할 것이요 아름다운 포도원을 심었으나 그 포도주를 마시지 못하리라."(암 5:11)고 하였습니다.

3) 깊이 생각하지 못하고 행동하면 큰 손해가 돌아옵니다. 갈가마귀와 여우라는 이솝우화를 아십니까? 갈가마귀가 나무 위에서 고기를 먹으려고 할 때, 여우의 칭찬에 속아 그만 입에서 고기를 떨어뜨리고 맙니다. 여러분, 행동으로 옮기기 전에 한번 하나님께 물어보십시오. 내 생각과 하나님의 생각은 어떻게 다를지 말씀의 잣대로 재어봅시다.

4) 나만의 해석하기

_____
_____
_____
_____
_____

〈각색하기〉

화창한 봄날, 숲 속 나라에서 있었던 일이랍니다. 어느 날, 점심시간이 다가와서 우리의 갈가마귀는 고기 한 점을 구해 높은 가지 위에 홰를 치고 앉아 있었어요. 그런데 마침, 배고픈 여우가 그 모습을 지켜보았습니다. 그 여우는 갈가마귀에게 다정히 말을 겁니다.

"내가 지금까지 보아온 새들 중에 너 같은 새는 없었어. 어쩜 그리도 아름다운 깃털을 갖고 있니? 우와! 너의 그 검은 눈동자는 나를 빠져들게 하는구나. 너의 목소리도 외모만큼 완벽하니? 노래를 듣고 싶구나. 까마귀야."

여우의 칭찬에 우쭐해진 까마귀는

'어디 멋지게 노래를 불러볼까?' 생각하며

"까오까오" 노래를 목청껏 불렀습니다.

그 바람에 입에 물었던 고기가 땅에 떨어졌습니다. 땅에 떨어진 고기를 잽싸게 낚아챈 여우는

"잘 먹겠다, 까마귀야! 너는 너의 목소리만큼 판단력도 나쁘구나!"

54. 갈가마귀와 뱀

[해석하기]

1) 모르는 게 약이라는 말을 어떻게 생각하십니까? 어떤 일을 행하기 전에 먼저 하나님의 뜻을 물어봅시다. 갈가마귀와 뱀이라는 이솝우화를 아십니까? 먹이에 굶주린 갈가마귀가 양지바른 곳에서 잠든 뱀을 발견하고, 잽싸게 뱀을 잡아채 날아갔습니다. 뱀은 깜짝 놀라 갈가마귀의 다리를 물었습니다. 갈가마귀는 죽으면서 "재수도 없구나. 횡재인 줄 알고 붙잡은 놈이 하필이면 내 목숨을 빼앗아 가는 독사였다니"라며 탄식했습니다. 그렇습니다. 호박이 넝쿨째 들어올지라도 아무 생각 없이 받아먹으면 안 됩니다. 아무 생각 없이 덥석 먹이를 받아먹으면 그것이 독이요 죽음이 될 수 있기 때문입니다. 성도 여러분, 기도의 응답이라고 보이는 먹이가 눈앞에 주어졌을 때, 그것이 하나님의 뜻인지 아닌지 말씀에 비추어서 세밀히 검토해 보아야겠습니다.

2) 우리는 경솔한 판단으로 목숨을 잃을 수도 있습니다. 갈가마귀와 뱀이라는 이솝우화를 아십니까? 신중하지 못한 판단으로 목숨을 잃은 갈가마귀의 이야기입니다. 갈가마귀는 굶주린 배를 채우려고 양지바른 곳에서 자고 있는 뱀을 낚아챘습니다. 뱀은 깜짝 놀라 갈가마귀의 다리를 물어 버렸습니다. 그 뱀은 갈가마귀의 목숨을 앗아갈 수 있는 독사였던 것이었습니다. 갈가마

귀는 자신의 행동을 죽기 직전에 후회하였으나 이미 때는 늦었습니다. 여러분, 팥죽 한 그릇에 장자권을 팔았던 에서를 기억하시지요? 에서는 나중에 땅을 치며 후회했습니다. 에서처럼 성급하게 판단을 내리면 실패합니다.

3) 많은 사람들은 당장에 자기 삶에 유익을 줄 수 있는 보기 좋은 떡을 선호합니다. 그러나 거기에 함정이 있을 수 있습니다. 조심하십시오. 이솝우화 중에 갈가마귀와 뱀이란 이야기가 있습니다. 굶주린 갈가마귀가 잠든 뱀을 낚아챘다가 오히려 뱀에게 물려 죽어가면서 후회한다는 내용입니다. 갈가마귀는 눈앞에 있는 보기 좋은 떡을 덥석 집어먹고 죽음을 맞이하게 되었습니다. 사람들이 쫓는 돈, 권력, 성 같은 것도 보기 좋은 떡과 같습니다. 하지만 그것들은 아무리 채운다 할지라도 결코 만족할 만큼 채울 수 없을 뿐더러, 끝내는 사망에 이르는 결과를 낳고야 맙니다. 바울은 "너희는 이 세대를 본받지 말고 오직 마음을 새롭게 함으로 변화를 받아 하나님의 선하시고 기뻐하시고 온전하신 뜻이 무엇인지 분별하도록 하라"(롬 12:2)고 명령하고 있습니다.

4) 나만의 해석하기

___

___

___

___

〈고쳐쓰기〉

　햇볕이 쨍쨍 내리쬐는 어느 깊은 산 속, 굶주린 갈가마귀가 있었습니다. 야생 고양이들 때문에 생태계의 먹이 사슬이 파괴되어 갈가마귀들에게 먹을 것이 거의 없었습니다. 갈가마귀는 하나님을 원망했습니다.
　"하나님! 제가 무슨 죄를 지었기에 이렇게 고통을 주십니까? 하나님께서는 우리 모두를 사랑하신다는데 저는 예외입니까? 계속 이렇게 나오신다면 저는 더 이상 하나님의 자녀가 아닙니다."
　갈가마귀는 하나님의 응답이 없자.
　"굶어 죽을 수 없지. 살 방도를 찾아보자!" 하며 하늘로 올라가 내려다 보며 먹이를 찾기 시작했습니다. 그 때였습니다. 깊은 잠에 빠진 뱀이 보였습니다.
　"하, 귀여운 것. 하나님이 기도에 응답하셨나?"
　갈가마귀는 감사 기도를 올린 뒤 빠른 속도로 접근하여 뱀을 낚아챘습니다. 그런데 이게 어찌된 일일까요? 그 뱀은 독사였어요. 배가 고픈 갈가마귀는 큰 실수를 저질렀어요. 깜짝 놀란 깬 뱀은 갈가마귀의 다리를 꽉 물었어요.
　"아야, 뱀을 잡아먹으려다 내가 죽게 되었구나!"

55. 달팽이들

[해석하기]

1) 시련을 겪게 되었을 때 그것을 기쁨으로 받아들이면 고난이 반감됩니다. 달팽이들이란 이솝우화를 아십니까? 농부의 아이가 달팽이를 요리하고 있습니다. 달팽이가 탁탁 소리를 내며 튀자 아이가 말했습니다. "바보 같은 녀석들! 집이 다 타게 생겼는데 노래나 부르고 있다니!" 여러분, 이 아이의 말이 타당합니까? 그러나 다시 생각해 보면, 어차피 닥친 시련을 기쁘게 받아들이는 달팽이의 태도가 더 바람직하다고 볼 수 있지 않을까요? 여러분, 자기에게 닥친 시련을 기쁘게 받아들입시다. 그러한 마음을 먹으면 하나님께서 시련을 이길 수 있는 힘을 주실 것입니다. 바울과 실라가 옥중에서 찬송을 부른 사건을 생각해 보세요.

2) 여러분, 이웃의 고통을 이해하는 마음을 가집시다. 달팽이들이란 이솝우화를 아십니까? 농부의 아이가 달팽이를 요리하고 있습니다. 달팽이가 탁탁 소리를 내며 튀자 아이가 말했습니다. "바보 같은 녀석들! 집이 다 타게 생겼는데 노래나 부르고 있다니!" 여러분, 몸이 건강해 아파 보지 못한 사람은 병들어 죽어 가는 이의 고통을 이해하지 못합니다. 물질이 풍족해 가난을 모르는 이들은 빵 한 조각에 목숨을 거는 이들을 이해하지 못합니다. 우리는

이웃의 고통을 이해하지 못할 때가 너무도 많습니다. 그러나 예수님은 이웃의 고통을 너무나 잘 알고 계십니다. "나는 선한 목자라 선한 목자는 양들을 위하여 목숨을 버리거니와"(요 10:11) 그렇습니다. 예수님의 제자가 된 우리는 이웃의 고통에 가슴 아파하며 그들을 위해 희생하며 살아야 할 것입니다.

3) 여러분, 상황을 잘못 인식하지 말고 진리를 바로 봅시다. 달팽이들이란 이솝우화를 아십니까? 농부의 아이가 달팽이를 요리하고 있습니다. 달팽이가 탁탁 소리를 내며 튀자 아이가 말했습니다. "바보 같은 녀석들! 집이 다 타게 생겼는데 노래나 부르고 있다니!" 니고데모는 구원에 관한 사건을 육으로만 이해하려고 하였습니다. 그는 학자였지만 진리의 속을 살피지 못하고 겉모양만 보았습니다. 의아해 하는 그에게 예수님께서는 "진실로 진실로 네게 이르노니 우리 아는 것을 말하고 본 것을 증거하노라 그러나 너희가 우리 증거를 받지 아니하는도다."(요 3:11)라고 말씀하셨습니다. 달팽이의 고통을 이해하지 못하고 엉뚱한 소리를 하는 아이 같은 사람이 되지 말고, 진리의 실체를 파악합시다.

4) 나만의 해석하기

_____
_____
_____

〈고쳐쓰기〉

 농부가 달팽이를 요리하고 있었어요. 달팽이가 탁탁 소리를 내며 튀자 아이가 말을 했습니다.
 "아빠, 달팽이들은 참 바보 같아 보이네요. 집이 다 타게 생겼는데 노래나 부르고 있잖아."
 그러자 아빠가 대답했습니다.
 "달팽이들이 바보 같아 보인다고 생각하니? 아빠는 그렇게 생각하지 않는데!"
 "왜, 아빠?"
 "너도 생각을 해 봐. 넘어졌을 때 피가 나도 아프지 않다고 생각하면 아프지 않지?"
 "응"
 "아마, 달팽이들도 그럴 거야. 집이 다 타게 되어서 아프지만 아프지 않다고 생각을 하는 거지. 그래서 그렇게 노래를 부를 수 있는 거야."
 "응, 아빠. 나도 넘어지면 아파도 아프다고 생각하지 않을거야, 헤헤."

56. 백조와 그 주인

[해석하기]

1) 사물의 쓰임새를 잘못 알고서 쓸모 없다고 버린 적은 없으신지요. 어설프게 알고서 마치 다 안 것처럼 행동해서는 안 됩니다. 백조와 주인이라는 이솝우화는 어설픈 지식에 관한 이야기입니다. 백조가 노래를 잘 한다는 소문을 들은 한 사람이 비싼 값에 백조를 덥석 사버렸습니다. 그리고 주인은 만찬을 주최하고 백조에게 노래를 시켰습니다. 하지만 백조는 입을 꾹 다물고 있네요. 주인은 화가 나서 백조를 죽여버려야겠다고 말하였습니다. 그 때서야 자신의 죽음이 임박했음을 안 백조는 슬픈 노래를 부르기 시작했어요. 여러분, 주인은 백조가 언제 노래를 부르는지 확실히 알지 못했습니다. 그래서 연회도 망치고 애꿎은 백조도 죽이려 한 것입니다. 우리도 백조의 주인처럼 하나님의 말씀을 바르게 알지 못한다면 그런 잘못을 범하며 살 수 밖에 없습니다. 지금부터라도 꾸준히 말씀을 묵상하고 하나님을 확실히 알아서 어설픈 지식으로 하나님을 거역하는 일이 없도록 합시다.

2) 하나님의 때를 알지 못하여 다급해 하는 경우가 있습니까? 하나님의 때를 기다립시다. 백조와 주인이라는 이솝우화를 아십니까? 백조가 노래를 잘 한다는 소문을 들은 한 사람이 비싼 값에 덥석 사버렸습니다. 만찬을

주최한 주인은 백조에게 노래를 시켰습니다. 그러나 백조는 입을 꾹 다물고 있을 뿐이었습니다. 주인은 백조가 노래를 부르지 않자 화가 나서 백조를 죽여버려야겠다고 말하였습니다. 그 때서야 자신의 죽음이 임박했음을 안 백조는 슬픈 노래를 부르기 시작했어요. "천하에 범사에 기한이 있고 모든 목적이 이룰 때가 있나니"(전 3:1). 그렇습니다. 백조가 아름다운 목소리로 노래할 때가 있듯이, 하나님께서도 우리에게 말씀하여 주실 때가 있습니다. 그러나 인간은 너무나 성급해서 우화 속의 주인처럼 하나님을 원망합니다. 여러분, 하나님의 때를 기다리십시오.

3) 때와 장소를 가리지 말고 찬양을 합시다. 백조와 그 주인이라는 이솝우화를 아십니까? 백조는 손님들 앞에서 노래를 불러달라는 주인의 간청을 거절했습니다. 백조는 주인이 죽이겠다고 하자 그제야 노래를 부릅니다. 우리의 하나님께서 우리에게 노래를 요구하십니다. 그런데 하나님의 간청을 무시하는 것이 우리들입니다. 위기의 순간에 노래를 부른 백조를 기억하면서, 언제나 찬양하시는 여러분이 되시길 바랍니다. "이 백성은 내가 나를 위해 지었나니 나의 찬송을 부르게 하려 함이니라"(사 43:21).

> 4) 나만의 해석하기
>
> _____
> _____
> _____
> _____

〈각색하기〉

시장에서 하얀 백조를 팔고 있는 아저씨가 있었어요.

"여러분, 이 백조를 보세요, 노래를 아주 잘 한답니다. 백조 한 마리 사세요"

'백조가 노래하다니, 얼마나 신기한가, 아들의 결혼식 날 백조에게 노래를 시켜 축하객들을 즐겁게 해 주어야지'

"얼마지요"

"5만냥입니다."

"너무 비싸네요. 하지만 그냥 주세요."

농부는 아들의 결혼식 날 하객들 앞에서 백조를 자랑하고 싶었어요. 백조를 무대 정중앙에 세워 놓았습니다.

"여러분, 노래하는 백조입니다."

"야호"

손님들의 환호와 박수 소리가 연회장을 가득 메웠습니다.

"백조야 노래해 봐!"

"꽥꽥"

아니, 이게 무슨 소리입니까?

실망한 손님들은 식탁 위에 음식물을 백조에게 던지며 야유를 보냈어요.

"흥, 박수만 받고 노래도 못하는 바보 같은 백조야, 저리 나가라."

백조는 너무 창피해서 눈물을 글썽이며 무대에서 내려 왔어요

연회를 망친 주인은 잔뜩 화가 나서 백조를 집밖으로 끌어냈어요.

주인은 칼을 싹싹 갈았어요.

'비싼 돈만 축내고 말았군, 아들의 결혼은 엉망이 되고'

죽을 때가 임박한 것을 안 백조는 그때서야 가장 아름다운 목소리로 구슬프게 노래를 부르기 시작했어요.

주인은 백조의 노래를 듣고서야 깨닫게 됐어요.

"아이구 내가 잘못했구나. 좀 전에 제물로 바칠 채비를 했더라면 쉽게 노래를 불렀을 텐데"

57. 굶주린 개들

[해석하기]

1) 목적을 달성하기 위해 거기에 합당한 방법을 찾는 지혜로운 사람이 됩시다. 굶주린 개들이라는 이솝우화를 아십니까? 굶주린 개들이 강물에 둥둥 떠 있는 소가죽을 보고 그것을 먹기 위해 접근했으나 소가죽이 손에 닿지 않자 강물을 몽땅 마셔버렸습니다. 개들은 강물을 너무 많이 마시는 바람에 소가죽이 손에 닿기 전에 배가 터져 죽고 말았습니다. 여러분, 무모하게 뛰어든 굶주린 개들을 보면서 무슨 생각을 하십니까? 굶주린 개들의 행동은 눈앞에 독약이 든 음식을 허겁지겁 먹는 것과 같습니다. 아무리 배가 고파도 지혜로운 방법을 찾아 접근해야 합니다.

2) 위급한 상황일수록 인간의 직관적인 판단에 의지하지 말고 하나님의 뜻과 지혜를 구합시다. 굶주린 개들이라는 이솝우화를 아십니까? 우화에 등장하는 개들은 물에 떠있는 소가죽을 보자 너무 배고픈 나머지 올바른 판단을 할 수 없었습니다. 그래서 소가죽과 그들 사이에 있는 물을 다 마셔서 소가죽을 건져 먹고자 했습니다. 결국 개는 물을 마시다가 죽는 어처구니없는 일이 일어나고 말았습니다. 여러분, 정말 황당하고도 재미있지 않나요. 소가죽을 먹어 보려고 머리를 굴린 것이 어쩌다가 물을 다 마시려는 계획이 되

었는지, 개들이 생각할 때는 거의 완벽한 프로젝트였음에 틀림이 없었을 것입니다. 개들에겐 배(腹) 안에 물이 조금씩 차오르고 있을 때도 머리 속에는 소가죽에 관한 생각이 떠나지를 않았을 것입니다. 그럴 수밖에 없는 것이, 소가죽은 눈앞에 보이는 것이었기 때문입니다. 여기 나오는 개들이 참 어리석게 보이지만, 이러한 광경이 우화에서만 볼 수 있는 것은 아니라는 점을 알아야 합니다. 성경에 아나니아와 삽비라가 등장합니다. 이들은 참 대단한 부부였습니다. 자신들의 전 재산을 팔아서 하나님께 드리기로 작정할 정도면 어느 정도인지 대충 짐작이 가지 않습니까? 그런데 참 안타까운 일이 벌어졌습니다. 그만 아나니아와 삽비라 부부에게 무슨 망조가 들었는지, 그 부부는 재산을 조금 숨겨 하나님을 속입니다. 그리하여 결국 두 사람은 모두 목숨을 잃고 맙니다. 여러분, 왜 갑자기 망조가 들었을까요. 개들이나 아나니아와 삽비라, 모두 눈에 뵈는 것이 없었습니다. 왜 아무 것도 보이지 않았을까요? 그들은 모두 욕심이라는 짙은 선글라스를 쓰고 있었기 때문이었습니다. 실제로 이와 같은 일들은 우리 삶에서 많이 일어납니다. 우리에게 어떤 시급한 일이 생길 때 하나님의 뜻대로 생각하려고 하기보다는 일단 인간적인 생각에 치우치게 되어, 결국에는 실패하거나 해를 당하는 결과를 낳게 됩니다. 순간의 선택이 평생을 좌우합니다. 자칫 실수하면 죽습니다. 우리는 항상 깨어서 경계해야 합니다. 욕심이 우리 삶을 어리석게 만들어 죽음으로 몰아가지 않게 말입니다. 욕심이 생길수록 하나님의 목소리에 귀를 기울여야 합니다. 그러면 하나님이 우리의 어렵고 급한 문제들을 현명하게 해결해 주실 것입니다.

3) 온전한 신앙인이 어리석은 자들에게 바른 길을 제시하지 않으면 그들은 죽을 수밖에 없습니다. 굶주린 개들이라는 이솝우화를 아십니까? 굶주린 개들이 강물에 둥둥 떠 있는 소가죽을 보았습니다. 아무래도 손이 닿지 않자, 개들은 강물을 다 마셔버리기로 했습니다. 그러나 소가죽에 손이 닿기는커녕 강물을 너무 많이 마시는 바람에, 개들은 배가 터져 다들 죽고 말았습니다. 배고픔 때문에 먹는 것만 생각했던 개들이 먹기 위해 했던 일은 강물을 모두 마시는 것과 같은 황당한 일이었습니다. 마치 불빛을 찾아가 타죽는 불나방과 같은 행위입니다. 욕망에 눈이 어두운 무지한 사람들은 죽는 길로 가는 데도 모릅니다. 그렇기 때문에 그들 사이에 한 명의 깨어있는 사람들이 필요합니다. 한 명의 올바른 신앙인이 그들에게 하나님께로 가는 길을 가르쳐 주어야 합니다. 그렇지 않으면 그들은 모두 죽게 될 것입니다. 죽어가는 그들을 인도하기 위해 우리는 올바른 신앙인이 되어야 합니다. "만일 소경이 소경을 인도하면 둘이 다 구덩이에 빠지니라"(마 15:14). 그러므로 성도는 하나님 앞에서 깨어서 세상을 향해 복음을 전파해야 합니다.

4) 나만의 해석하기

_____
_____
_____
_____
_____

〈고쳐쓰기〉

해가 반짝반짝 빛나는 따뜻한 봄날, 온 동네 강아지들이 푸른 언덕으로 소풍을 갔어요. 모두들 너무 신이나 보이는군요? 그런데 갑자기 큰일이 생겼어요. 재미있게 놀고 있는 동안 누군가 강아지들의 도시락을 훔쳐서 도망을 간 것이 아니겠어요? 어린 강아지들은 너무 배가 고파서 우는 친구들도 있었어요. 잠시 후 모든 강아지들이 배가 너무 고팠답니다. 어쩔 수 없이 터덜터덜 집으로 돌아가는 길에 강물 위로 아주 큰 고기 한 점이 떠 있는 것이 보였어요.

"애들아, 고기다. 고기야!"

"뭐라고? 고기라고? 우와, 너무 맛있겠다. 이젠 배부르게 저 고기를 먹을 수 있겠지?"

모두들 신이 나서 소리쳤어요. 그런데 대장 강아지가 고개를 갸우뚱하며 이렇게 말하는 것이었어요.

"그런데 말이야. 저 고기를 무슨 수로 먹지?"

그래요. 다들 고기에 정신이 팔려서 그만 고기를 어떻게 꺼낼지는 생각을 못 한 거예요. 모두들 고민에 쌓여서 한숨만 푹푹 내쉬었어요. 그 때 한 강아지가 소리쳤어요.

"애들아, 우리 이렇게 고민만 하지 말고 그냥 강물을 몽땅 마셔버리자. 그러면 저 고기도 우리 앞으로 오게 될 거야."

"강물을 다 마셔 버리자고? 에이, 배고픈데 뭔들 못 먹겠니? 그래, 그러자."

"애들아, 그건 안 돼! 이 많은 강물을 어떻게 다 마실 수 있겠니?"

그러나 강아지들은 대장 강아지의 말을 듣지 않고 강물을 꿀꺽꿀꺽 마시기 시작했어요. 한 시간도 채 지나지 않아서 모두들 배가 불러서 숨도 제대로 못 쉴 지경이 되었지요.

"헉, 헉, 안 되겠다. 이건 너무 어리석은 행동이야. 이러다간 우리 모두 배가 터져 죽고 말걸. 차라리 우리 대장에게 물어 보자. 대장! 그럼 어떻게 하는 것이 좋을까?"

"우선 긴 막대기나 줄 같은 것이 있나 모두들 찾아보자. 그런 다음에 고기를 줄에 묶어 놓을 게. 그 다음 너희들은 잡아당기면 되지 않겠니."

모두들 대장 강아지가 말한 것처럼 열심히 서로 도와가며 일을 진행해 나갔어요. 그러자 놀랍게도 그 고기를 강물에서 꺼낼 수 있게 되었어요. 배가 많이 고팠던 강아지들은 모두가 배부르게 고기를 먹고 매우 행복한 얼굴로 집으로 돌아가게 되었답니다.

58. 사냥용 맹견과 개들

[해석하기]

1) 목숨걸고 배부르게 사는 것보다 가난해도 마음의 풍요를 누리는 삶이 행복합니다. 사냥용 맹견과 개들이라는 이솝우화를 아십니까? 덩치 큰 맹견이 도망을 칩니다. 다른 개들이 왜 도망치는가 묻자, 덩치 큰 개는 "배불리 먹고 풍족한 생활은 하지만 곰이며 사자랑 싸우느라 항상 죽음을 목전에 두고 살아야 한다네."라고 대답했습니다. 그러자 다른 개들이 "가난하긴 해도, 사자와 곰하고 싸우지 않아도 되는 우리가 더 속 편해."라고 서로 쑥덕거렸습니다. 여러분, "다투는 여인과 함께 큰집에 사는 것보다 움막에서 혼자 사는 것이 낫다"고 하는 잠언의 말씀을 기억하고 계십니까? 인간에게는 물질적 풍요만이 전부가 아닙니다. 행복은 결코 소유의 넉넉함에 있지 않습니다. "네가 이 세대의 부한 자들을 명하여 마음을 높이지 말고 정함이 없는 재물에 소망을 두지 말고 오직 우리에게 모든 것을 후히 주사 누리게 하시는 하나님께 두며."

2) 사탄과의 전쟁에서 훈련을 포기하면 패배를 당하게 됩니다. 사냥개가 야생 동물과 싸우는 훈련을 받다가 실전에 투입할 사냥개들이 전투진용으로 도열해 있는 모습을 보고 목걸이를 풀고 도망쳤습니다. 길거리에 있는 다른 개들이 왜 도망치느냐고 물었어요. 그러자 사냥개는 잘 먹지만 죽음을 목

전에 두고 싸우기보다 편안하게 사는 것이 좋다라고 대답했습니다. 여러분, 사냥용 맹견은 자기의 정체성을 잃어버린 개입니다. 맹견은 훈련을 시킨 주인의 뜻을 어기고 자기의 평안만을 추구하고 있습니다. 맹견의 목적은 적과 싸워 이겨 주인을 보호하는 것입니다. 맹견이 자신의 안위만을 위해 도망가 버린다면 그것은 직무유기입니다.

3) **여러분, 자족하며 삽시다.** 사냥용 맹견과 개들이라는 이솝우화를 아십니까? 야생 동물과 싸우며 생명의 위험을 느끼지만 풍족하게 사는 사냥용 맹견이 있습니다. 사냥용 맹견은 주인에게서 도망쳐 왔습니다. 길거리에서 가난하게 사는 개들이 사냥용 맹견을 책망했습니다. 하지만 가난한 개들이 사냥용 맹견의 말을 듣고, 자신들의 삶에 만족하게 됩니다. 여러분, 지금의 형편에 자족하세요. 현재의 삶에서 다른 사람들이 누리지 못하는 기쁨을 발견하시고 만족을 누리세요. "내가 어떠한 형편에든지 자족하기를 배웠노라"(빌 4:11).

> 4) **나만의 해석하기**
>
> _____
> _____
> _____
> _____
> _____

〈각색하기〉

매일 저녁, 인근 야산에서 야생 동물과 싸우는 훈련을 받고 있던 사냥개가 있었어요. 비가 내리는 겨울 밤, 실전에 투입된 사냥개들이 전투진용으로 열을 맞추어 서있는 것을 본 사냥개는…. 너무 충격을 받아 주인이 방심한 틈을 타서 도망쳤어요.

사냥개는 땀을 흘리며 두리번거리고 있을 때.

길거리의 개들이

"넌 뭐가 불만이라고 도망친 거야?"

"배불리 먹고 풍족하게 생활하면 뭐해, 난 곰이며 사자랑 싸우느라 항상 죽음을 목전에 두고 살아야 한단 말이야."

그러자 다른 개들이 쑥덕거렸어요.

"그래, 가난하긴 해도 사자나 곰하고 싸우지 않아도 되는 우리가 더 속 편하지 뭐."

59. 각다귀와 황소

[해석하기]

1) 그리스도인은 자신의 정체성을 분명히 세상 사람들에게 알려야 합니다. 각다귀와 황소라는 이솝우화를 아십니까? 각다귀 한 마리가 황소 뿔에 앉았습니다. 그리고 다른 곳으로 가면서 황소에게 짐이 되어 미안하다고 말합니다. 그러자 황소는 "아무 느낌도 없었단다."라고 대답했습니다. 여러분, 각다귀는 황소에게 자신의 존재를 알리지 못하고 있습니다. 각다귀는 부끄러웠습니다. 왜죠? 자기가 너무 작은 존재였기 때문입니다. 여러분들은 각다귀처럼 세상 사람들에게 미미한 존재가 되어서는 안 됩니다. 주님께서는 분명히 그리스도인들에게 빛과 소금의 역할을 감당하라는 명령하셨습니다. 우리가 거처하는 곳마다 그리스도의 사자로서 향기를 발할 때 세상 사람들이 우리의 존재를 인식하게 될 것입니다.

2) 하나님께 신령과 진정으로 예배를 드리세요. 각다귀와 황소라는 이솝우화를 아십니까? 각다귀 한 마리가 황소 뿔에 앉았습니다. 그리고 다른 곳으로 가면서 황소에게 짐이 되어 미안하다고 말합니다. 그러자 황소는 "아무 느낌도 없었단다."라고 대답했습니다. 여러분, 예배를 마치고 교회 문을 나서면서 하나님 다음 주에 또 오겠습니다 라고 말할 그 때, 하나님께서 네가

나에게 예배드렸는지도 몰랐단다 라고 말씀하시면, 여러분 무엇이라고 대답하시겠습니까?

3) 우리의 무거운 짐을 모두 하나님께 맡깁시다. 각다귀와 황소라는 이솝우화를 아십니까? 각다귀 한 마리가 황소 뿔에 앉았습니다. 그리고 다른 곳으로 가면서 황소에게 짐이 되어 미안하다고 말합니다. 그러자 황소는 "아무 느낌도 없었단다." 라고 대답했습니다. 황소에게 각다귀는 너무나 가벼운 존재입니다. 하나님께 우리의 존재는 각다귀와 같다고 할 수 있습니다. 그러한 하나님이시기에 우리의 무거운 짐이 하나님께 전혀 문제가 되지 않습니다. 여러분, 여러 가지 복잡한 일로 지쳐있습니까? 모든 짐을 하나님께 내려놓으십시오

4) 나만의 해석하기

_____
_____
_____
_____
_____
_____

〈각색하기〉

무더운 여름밤입니다. 모기는 배가 부르자 쉴만한 곳을 찾아갑니다.

"어, 저기 불빛이 보이네, 저기 가서 쉬어야지."

모기는 불빛을 보고 외양간으로 날아들어 갔어요. 마침 황소가 저녁밥을 맛있게 먹고 있네요.

"황소야, 넌 정말 튼튼하고 멋지구나. 체격도 우람하고 힘도 세고 먹기도 정말 잘 먹네."

황소는 오늘 일을 많이 했는지 아무 대꾸도 없이 여물 먹기에 정신이 없습니다. 모기는 시간 가는 줄 모르고 졸다가, 자정쯤 되어,

"어! 언제 이렇게 시간이 간 거야. 빨리 집에 가보아야지."

재빨리 날아가려다 모기는 황소에게 고맙다는 인사라도 하고 떠나야겠다는 생각이 들었어요.

"황소야, 잘 쉬었어. 이제 가봐야겠어. 너무 오래 쉬어 미안해!"

황소는 졸다가 모기의 말을 듣고 정신이 들었어요.

"모기야, 잘 가, 지금까지 네가 있는 줄 몰랐어."

60. 토끼들과 여우들

[해석하기]

1) 여러분, 힘든 역경의 시기에 앞이 막막할 때 하나님께 도움을 청하십시오. 토끼들과 여우들이란 이솝우화를 아십니까? 독수리와 전쟁을 벌이고 있는 토끼 무리가 힘들고 지쳐서 여우들에게 지원을 요청했습니다. 그러나 여우들은 토끼와 싸우는 적이 누군지 알기 때문에 자신들의 안전을 위해 도와주지 못하겠다고 거절했습니다. 그렇습니다. 사람은 더 강한 자가 있을 때 아무리 친한 친구라도 자신의 안위를 위해서 친구를 돌보지 못하는 경우가 많습니다. 여러분, 그러한 위기에 놓였을 때 낙망하지 마십시오. 하나님께 도움을 요청하십시오. 여러분이 선한 뜻을 가지고 있는 한 하나님께서 도와주실 것입니다.

2) 위기가 올 때 아무에게나 도움을 구하지 맙시다. 토끼들과 여우들이란 이솝우화를 아십니까? 독수리와 전쟁을 벌이고 있는 토끼 무리가 힘들고 지쳐서 여우들에게 지원을 요청했습니다. 그러나 여우들은 토끼와 싸우는 적이 누군지 알기 때문에 자신들의 안전을 위해 도와주지 못하겠다고 거절했습니다. 여러분, 다급한 마음에 세상에게 도움을 구하지 마십시오. 세상은 우리에게 도움을 주지 않습니다. 우리의 힘이 되시는 분은 오직 하나님 한 분이십니

다. 사단은 결코 도움을 주지 못합니다.

3) 성도라면 싸움을 말려 서로에게 피해가 나지 않도록 중재해야 합니다. 토끼와 여우들이라는 이솝우화를 아십니까? 독수리의 공격에 일방적으로 당하고 있던 토끼들이 한가로이 싸움을 지켜보고만 있던 여우들에게 지원을 요청합니다. 그러나 여우들은 독수리의 승리로 끝나면 힘들게 사냥하지 않아도 토끼들을 먹을 수 있다는 생각에 그들의 간청을 거절합니다. 여러분, 어부지리로 얻을 것을 생각하고 싸움에 방관하는 것은 바른 자세가 아닙니다. 싸움을 말려 서로에게 피해가 나지 않도록 중재해야 합니다.

4) 나만의 해석하기

_____
_____
_____
_____
_____
_____
_____

〈고쳐쓰기 1〉

햇살이 강하게 내려 쬐는 어느 날 넓은 초원에서 치열한 전투가 벌어지고 있었습니다. 그 싸움은 토끼 무리와 독수리 무리의 전쟁이었습니다. 전투는 시간이 흐를수록 더욱 더 치열해져 갔습니다. 내세울 거라곤 빠르다는 것밖에 없는 토끼부대가 날카로운 부리와 발톱으로 무장한 독수리 부대에게 일방적으로 당하고 있습니다.

그런데 이 싸움을 나무 그늘 아래에서 지켜보는 또 다른 한 무리의 동물이 있었습니다. 그들은 여우들이었습니다. 전투가 계속되고 토끼부대가 거의 전멸 직전에 이르자 토끼들은 쉬고 있는 여우들에게 도와줄 것을 요청했습니다.

"여우님, 여우님, 우리를 좀 도와주세요. 저기 힘없이 죽어 가는 수많은 토끼들을 보세요. 이대로 가다간 우리 토끼들은 전멸 당하고 말겁니다. 제발 우리 좀 도와주세요."

그러자 누워있던 여우무리의 대장이 말했습니다.

"이봐 토끼 친구, 우린 여우야. 우리는 너희 같은 초식동물들을 먹고 산단다. 너희가 전쟁에서 지는 것은 안타까운 일이지만 우린 오늘 그 덕에 배가 터지게 토끼고기를 먹을 수 있게 되었어. 여기서 전쟁이 끝나기만 기다리면 힘들게 사냥을 하지 않아도 배불리 고기를 먹을 수 있는데 왜 우리가 나서서 목숨을 걸고 싸워야 하지? 후훗"

토끼는 여우의 매몰찬 거절에 더 이상 아무런 말도 하지 못하고 눈물만 흘렸습니다. 그 때, 무리 속에 섞여 있던 여우 한 마리가 토끼에게 다가왔습니다.

"토끼야, 이 싸움은 처음부터 부당한 싸움이었던 것 같구나. 독수리들은 너희가 상대하기에는 너무 강한 상대야. 너희 토끼들이 일방적으로 지고 있는 모습을 보며 침을 흘리고 있는 여우들 틈에 끼어 있었지만 사실 나는 이렇게 내 스스로 아무 노력도 하지 않고 내 배를 채우고 싶지는 않아. 비록 나 하나가 너희에게 큰 힘이 되어주진 못하겠지. 하지만 나도 함께 전장으로 가겠어. 내가 가진 최선의 힘을 다해서 너희를 도울게. 우리 함께 힘을 모아 싸워 보자."

토끼는 그 여우의 말을 듣고 천군만마를 얻은 듯 마음이 든든해져 오는 것을 느꼈습니다.

"정말 고마워 여우야. 이 은혜는 평생 잊지 않을게."

이렇게 해서 한 마리의 여우와 아직 살아남은 토끼무리들은 함께 전쟁터로 나갔습니다. 다시 치열한 싸움이 시작되었고, 여우는 약속한대로 자기가 가진 모든 힘을 다해서 열심히 싸웠습니다.

그러나 여우 한 마리의 힘은 독수리의 부대를 상대하기에 턱없이 부족했습니다. 싸움은 여전히 독수리부대의 압도적인 승리로 이어져가고 있었고, 얼마 후에는 토끼를 돕던 여우마저 그만 지쳐 쓰러져버리고 말았습니다.

'아, 이렇게 우리 토끼부대는 전멸해버리고 마는 것인가?'

토끼무리의 대장이 한 숨을 내쉬는 순간, 저기서 여우 무리들이 그를 향해 다가오고 있는 것이 보였습니다.

"무슨 일이니? 너희는 우리가 빨리 전멸하기만 바라고 있다고 하지 않았니?"

토끼 한 마리가 여우들을 날카롭게 노려보며 이야기했습니다.

"그래. 사실은 그랬어. 빨리 이 싸움이 끝나서 우리의 주린 배를 채울 수 있기만 바랐었지. 하지만 아까, 비열한 방법으로 배를 채우기보다는 당당하게 너희를 돕겠다는 우리 동료의 말을 듣고 가슴 한쪽이 뜨끔했던 거야. 이 싸움은 처음부터 부당한 싸움이었어. 우리가 너희를 도울게. 함께 독수리와 맞서 싸우자."

이렇게 해서 남은 토끼무리와. 여우무리들은 함께 힘을 모아 독수리와 싸웠습니다. 독수리들의 일방적인 승리로 끝날 것 같던 싸움은 점점 토끼와 여우 연합부대 쪽으로 기울기 시작했고, 결국은 토끼와 여우 부대의 승리로 끝이 났습니다.

그 후로 여우들은 비겁한 방법으로 토끼 사냥을 하지 않았습니다.

〈고쳐쓰기 2〉

화창한 여름, 토끼 가족은 모처럼 파릇파릇한 풀을 먹기 위해 푸른 들판으로 나들이를 나가 오순도순 즐거운 시간을 보내고 있습니다. 어미 토끼는 새끼 토끼들에게 좋은 풀을 먹이며,

"많이 먹고 쑥쑥 자라야 한다."

라면서 즐거워했습니다.

그런데 그 때 하늘에 검은 그림자들이 드리우기 시작했습니다. 어미 토끼는 곧 독수리 무리임을 알게 되었습니다. 다급해진 토끼 식구들은 굴을 향해 뛰었습니다. 어미 토끼는 새끼들 걱정에 마음이 무너지는 것만 같았습니다. 현실적으로 굴까지 가는 것이 무리임을 안 어미 토끼들이 혼신의 힘을 다해 새끼들을 보호했습니다. 독수리 무리들의 날카로운 발톱을 몸으로 막으며, 힘겨운 싸움을 하고 있습니다.

이 때 여우들이 지나가는 것이 보였습니다.

"여우야, 제발 우리 식구들을 도와주렴!"

꾀가 많은 여우는 자기의 몸에 상처가 날 것을 알았지만 토끼 식구들을 외면할 수 없었습니다. 그래서 능청을 떨며 싸움판에 끼여들었습니다. 그리고는 이렇게 말했습니다.

"독수리 형님, 사냥중이시군요?"

독수리는 잠시 공격을 멈추고 여우를 바라보았습니다. 여우는 다시 태연하게,

"하늘의 왕이신 독수리님께서 저 천한 토끼들을 상대하시다니요. 이건 게임이 안 되지요. 만약 이 사실을 붉은 매들이 보면 독수리님을 비웃을 겁니다."

독수리는 그럴듯한 여우의 말에 거만한 자세로,
"어험, 그렇긴 하지, 하늘의 왕인 내가 그깟 토끼와 싸우다니."
매우 시장기가 돌았지만 독수리는 여우를 보며 참았습니다.
이 때 재빠르게 독수리에게 다가간 여우는,
"독수리님, 제가 말한 대로만 하시면 땅의 모든 동물로부터 칭송을 들으며 토끼 가족을 모두 드실 수 있습니다."
독수리는 귀가 번쩍,
"그래 빨리 말하거라!"
"예, 저기 산너머에는 징그러운 지렁이들이 살고 있습니다. 그것을 용감하게 먼저 가져오면 승자가 됩니다. 독수리님이 승리하면 토끼를 드시지요. 어떻습니까?"
"그래, 그래, 빨리 하자. 배가 고파 죽겠다."
여우는 토끼에게로 가서 살짝 귀띔을 해주었습니다.
"그 지렁이는 사냥꾼이 쳐놓은 덫이니까 절대로 만지면 안 돼!"
경기가 시작되었습니다. 독수리는 한참 거드름을 피우다가 유유히 날아가 지렁이 앞에 착지를 하였습니다. 토끼가 뛰어오는 것이 보였습니다. 독수리는,
"이젠 맛있는 토끼를 먹을 수 있겠군. 야, 신난다."
토기는 애써 슬픈 표정을 지었습니다. 독수리가 한 입 지렁이를 물었습니다. 순간 커다란 덫이 독수리의 입을 탁! 하니 조이고 말았습니다. 덫이 너무 무거워서 아무리 날갯짓을 해도 소용이 없습니다. 독수리는 그제야 여우에게 속은 것을 알고 대성통곡하였습니다.
토끼는 눈물을 흘리며
"고마워, 흑흑."
"울지마, 토끼야. 우리 위험에 처해 있을 때 힘을 합하자."

61. 암사자와 암여우

[해석하기]

1) 상대방이 여러분의 약점을 꼬집어 마음을 상하게 하더라도 자신만만하게 대처하십시오. 암사자와 암여우란 이솝우화를 아십니까? 암여우가 암사자에게 자식을 하나밖에 낳지 못한다고 약점을 꼬집었습니다. 암사자는 암여우의 조롱에 아랑곳하지 않고 "한 마리지만, 그래도 사자라네."하고 대꾸합니다. 여러분, 우리도 암사자처럼 상대방의 말에 상처받지 말고 당당하게 대처합시다. 사실 세상 사람들이 여러분에게 따분하게 교회를 나가느냐고 조롱하는 소리를 들을 때마다 어떻게 대처하십니까? 암사자처럼 당당하게 "그곳엔 생명이 있다네!"라고 대답합시다.

2) 세상을 변화시키는 건 소수의 창조적인 사람들입니다. 주께서는 쓰시고자 하는 헌신 된 몇 명을 통해 일하십니다. 암사자와 여우라는 이솝우화를 아십니까? 암여우가 암사자에게 이렇게 말했습니다. "사자나 돼가지고 자식은 하나밖에 못 낳네 나 정도는 돼야지." 그러나 사자는 별 반응 없이 느릿느릿 대답합니다. "한 마리지만 그래도 사자라네." 여러분, 동물의 왕 사자의 자식은 왕이 될 몸입니다. 하지만 여우는 아무리 많은 자식을 낳아봤자. 결국 그냥 여우일 뿐입니다. 우리는 그것을 깨달아야 합니다. 우리가 사자의 자식이

라는 걸, 우리가 주님의 자녀라는 것을 깨달아야 합니다.

---

3) 나만의 해석하기

⟨고쳐쓰기⟩

어느 부패한 동물 나라가 있었습니다. 난폭하고 무자비한 사자가 나라를 통치하니, 그 나라는 날이 갈수록 병들어 가고 황폐해져 갔습니다.

그 나라의 구석진 곳의 뒷골목에 한 암사자가 새끼를 낳고 있습니다. 그 새끼는 바로 전 왕의 아들이자, 이 나라의 마지막 희망입니다. 하지만 여우는 그 사자를 보며 이렇게 말합니다.

"사자나 되는 것들이 새끼를 하나 낳을 게 뭐람, 나라를 바꾸려면 나 정도는 낳아야 뭘 하지 않겠어?"

남들보다 많은 자식을 낳은 그 여우는 달랑 새끼 한 마리를 낳은 사자를 매우 못마땅하게 생각하였습니다. 하지만 사자는 그 여우에게 이렇게 말합니다.

"한 마리지만, 그래도 사자의 자식이라네. 지켜보면 알 걸세."

이솝우화, 기독교 세계관으로 읽기

 그 후 사자의 자식과 여우의 자식들은 무럭무럭 자라게 되었습니다.
 10년 후, 사자의 자식은 자기 아버지를 죽이고 왕이 된 난폭한 그 사자를 이기고, 새롭게 다시 왕으로 오르게 됩니다. 왕에 등극하여 첫 번째 한 일이 그 나라 안에서 골칫거리인 여우 떼강도를 잡는 일이었습니다. 포로가 된 여우들을 끌고 와 보니, 어릴 때 자기 엄마를 비웃었던 여우의 아들들이었습니다. 그들은 한번만 봐달라고 애원을 합니다.
 마음씨 착한 사자는 그들이 감옥에 가있는 동안 전문지식을 가르쳐 일할 수 있도록 도와주고 직장까지 마련해 주었습니다. 여우들은 하나같이 입을 모아,
 "역시 사자다."
 라며 그를 높였습니다.

62. 사자, 곰 그리고 여우

[해석하기]

1) 하나님께서는 여러분이 축복을 누릴 자격이 없다고 판단하실 때 그 축복을 도로 거두어 가십니다. 사자, 곰 그리고 여우라는 이솝우화를 아십니까? 어느 날 사자와 곰이 반인반수 폰의 시체를 발견하고 서로 독차지하기 위해 격렬하게 싸움을 벌였습니다. 둘은 너무 지친 나머지 반쯤 죽은 상태로 땅바닥에 드러누워 버렸습니다. 그 때 마침 그 옆을 지나던 여우가 폰의 시체를 잽싸게 집어들고 콧노래를 부르며 갑니다. 이 모양을 보고 "우리 둘 다 정말 바보짓을 했구나! 기껏 여우 좋은 일을 시키자고 이 고생을 하다니"라고 한탄했습니다. 곰과 사자가 지나치게 욕심을 부리다 여우에게 먹이를 빼앗기고 말았습니다. 여러분, 둘이 서로 조금 양보하고 협력했더라면 그 날의 축복을 누릴 수 있었을 것입니다.

2) 지나친 이기심과 욕심은 허무한 결과를 낳습니다. 사자, 곰 그리고 여우라는 이솝우화를 아십니까? 어느 날 사자와 곰이 반인반수 폰의 시체를 발견하고 서로 독차지하기 위해 격렬하게 싸움을 벌였습니다. 둘은 너무 지친 나머지 반쯤 죽은 상태로 땅바닥에 드러누워 버렸습니다. 그 때 마침 그 옆을 지나던 여우가 폰의 시체를 잽싸게 집어들고 콧노래를 부르며 갑니다. 이 모

양을 보고 "우리 둘 다 정말 바보짓을 했구나! 기껏 여우 좋은 일을 시키자고 이 고생을 하다니"라고 한탄했습니다. 여러분, 이들은 지나친 이기심이 허무한 결과를 낳게 됨을 보고 자책하고 있습니다. 양보는 서로를 살리지만, 욕심은 허망한 결과를 도출합니다.

3) **다투면 사단은 기회를 엿봅니다.** 사자, 곰 그리고 여우라는 이솝우화를 아십니까? 어느 날 사자와 곰이 반인반수 폰의 시체를 발견하고 서로 독차지하기 위해 격렬하게 싸움을 벌였습니다. 둘은 너무 지친 나머지 반쯤 죽은 상태로 땅바닥에 드러누워 버렸습니다. 그 때 마침 그 옆을 지나던 여우가 폰의 시체를 잽싸게 집어들고 콧노래를 부르며 갑니다. 여러분, 다투면 사단이 콧노래를 부릅니다.

---

4) 나만의 해석하기

_____
_____
_____
_____
_____
_____

〈고쳐쓰기 1〉

싱그러운 5월의 꽃향기가 숲 속 동물들의 코를 간질이던 어느 봄날 오후, 사자와 곰은 저녁거리를 찾아 시냇가 주위를 어슬렁거리고 있었습니다.

"곰아, 너는 배 안 고프니?"

"난 벌써 소화가 다 됐나 봐."

"글쎄, 네가 그렇게 말하니까 배가 좀 고픈 것도 같은데."

어느덧 둘은 시냇가 옆의 작은 공터 앞에 다다랐습니다. 그 때 그들은 커다란 바위 옆에 쓰러져 있는 반인반수 폰의 시체를 발견했습니다. 누가 먼저랄 것도 없이 사자와 곰은 폰이 있는 곳으로 달려갔습니다.

둘은 시장하던 차에 먹이를 발견해서 너무 기뻤습니다. 그래서 서로 손을 마주잡고 펄쩍 펄쩍 뛰었습니다. 그러다가 그 둘은 눈이 마주쳤습니다. 그런데 웃고 있던 얼굴이 점점 사납게 변해갑니다. 웬일일까요? 그들은 어느 새 서로를 죽일 듯이 노려보고 있습니다.

'사자만 없었어도 나 혼자 이걸 다 차지할 수 있었을텐데.'

'이깟 곰이야 혼을 내서 쫓아내고 저 맛있는 폰을 나 혼자 먹어야지!'

사자는 으르렁거리며 날카로운 이빨을 드러냈습니다. 곰도 질세라 그 큰 몸을 곧게 세우고 두 팔을 뻗어 공격할 준비를 했습니다. 나무 위에서 숨을 죽이고 지켜보던 종달새들은 무서워서 다른 숲으로 멀리 멀리 날아갔습니다.

사자와 곰이 서로를 향해 공격하려고 힘찬 기합을 넣으려는 순간 어디선가,

"얘들아! 멈춰!"

하는 다급한 소리가 들렸습니다. 바로 그들의 오랜 친구인 여우였습니다. 여우는 옆에 있는 폰의 시체를 보고 단번에 그들이 왜 싸우려는지 짐작할 수 있었습니다. 그래서 아직도 씩씩거리고 있는 그들을 향해 이렇게 말했습니다.

"얘들아! 먹이 때문에 너희들의 우정을 깨뜨리는 것은 옳지 않아! 너희가 함

께 먹이를 찾지 않았다면 이 폰의 시체도 발견할 수 없었을거야? 욕심 때문에 서로 싸우게 된다면 결국 너희 몸도, 마음도 크게 상처 입을 거야. 그렇게 하지 말고 사이좋게 나눠먹고, 또 함께 먹이를 찾으면 되잖니?"

그 때서야 사자와 곰은 어리석었던 자신들의 생각을 뉘우쳤습니다. 사자가 먼저 곰에게 손을 내밀었고, 곰도 멋쩍은 듯이 화해의 악수를 나눴습니다. 이 둘은 귀중한 우정을 지키게 해 준 여우에게 감사의 표시로 폰의 시체를 나누어 주었습니다. 그리고 사자와 곰과 여우는 오래오래 서로 아끼고 사랑하며 행복하게 살았답니다.

〈고쳐쓰기 2〉

평화로운 숲에서 사이좋게 지내던 사자와 곰은 함께 동물축제에 가게 되었습니다. 동물축제 장소가 멀어 이른 아침부터 길을 나섰던 사자와 곰은 점심 때가 되자 지치고 배가 고팠습니다. 곰이 말했습니다.

"친구야, 우리 여기서 조금만 쉬었다가 갈까?"

"그래, 그러자, 그럼 넌 여기서 좀 쉬고 있어. 내가 저기 시냇가에서 물 좀 떠올게."

"응~, 고마워."

사자가 시냇가 근처로 가서 물을 뜨고 있는 데 작은 토끼의 시체가 보였습니다.

'야, 그 냄새 죽이네.'

한입 먹으려는 순간, 자신을 기다리고 있는 곰의 얼굴이 떠올랐습니다. 하지만,

'이 작은 먹이로는 내 배 채우기도 힘든데 곰한테는 말하지 말고 혼자 먹을까? 아냐~, 작은 것이라도 내 친구 곰과 함께 먹을 때 더 맛있고 즐겁게 먹을 수 있지. 얼른 곰에게로 들고 가야지~.'

이렇게 결심한 사자는 작은 토끼 시체와 함께 물을 떠가지고 곰에게로 갔습니다. 그리고 밝은 얼굴로 말했습니다.

"친구야, 내가 물 뜨러 갔다가 먹이를 발견했어~, 우리 이거 같이 나눠 먹자~, 자! 여기~."

사자가 내어놓은 작은 토끼 시체를 보고 곰은 감격해서 말했습니다.

"너 혼자 먹어도 배가 차지 않았을 작은 먹인데 나랑 나눠먹으려고 가져온 거야? 나였으면 혼자 먹었을 텐데 친구야, 너무 고마워~."

"아니야~, 너라도 나처럼 그렇게 했을 거야~, 우리 사이좋게 나눠 먹자~."

"그래~, 그럼 너 먼저 먹어~, 자! '아' 해~ 아~."

그렇게 사자와 곰은 작은 토끼시체를 사이좋게 나눠먹기 시작했습니다.

그 때 숲 속에서 박수소리가 나기 시작했습니다. 그리고 여러 동물들이 몰려나와 사자와 곰 주위에 빙 둘러섰습니다. 그 중 여우가 눈물을 훔치며 떨리는 목소리로 말하기 시작했습니다.

"지금까지 제 7회 동물축제 특별 이벤트 '우리는 하나' 몰카 시간이었습니다. 많은 동물들이 지나갔지만 이렇게 서로를 배려하고 우리 동물왕국이 하나 됨을 잘 나타내주는 친구 사이는 없었습니다. 너무 감격적입니다~! 이 몰카의 대상을 두 분께 드립니다~! 부상으론 두 분이 한 달간 배불리 먹을 수 있는 최고급 훈제 토끼와 무료 동물 호텔 숙박권이 주어지겠습니다."

모든 동물들이 환호와 박수를 보내기 시작했습니다.

"와~ 와~"

"축하해요~"

"두 분 정말 멋져요!!"

사자와 곰은 머쓱해 하며 말했습니다.

"여러분, 감사해요~, 그리고 여러분도 양보하고 나눠주는 이 기쁜 삶을 살게 되시길 바랍니다~."
 사자와 곰은 여러 동물들의 축하와 부러움 속에서 배불리 특별요리도 먹고 호텔에서 즐거운 시간을 보내게 되었답니다.

63. 사자와 토끼

[해석하기]

1) **작은 일에 최선을 다합시다.** 사자와 토끼라는 이솝우화를 아십니까? 사자가 잠자는 토끼를 발견하고 달려가다가, 눈앞에 사슴이 어른거리자, 사슴을 쫓았습니다. 시끄러운 소리에 토끼는 도망을 쳤습니다. 사자는 사슴을 먹으려다 토끼와 사슴을 다 놓치고 후회합니다. "손아귀에 다 잡은 먹이를 버리고 더 좋은 걸 잡겠다고 쫓아갔으니." 여러분, 이런 사자의 모습이 현대인의 모습이 아닙니까? 탐욕에 이끌려 깡통계좌를 만든 뒤 자살하는 사건을 신문에서 자주 접합니다. 범사에 감사하십시오. 지나친 욕심은 죽음입니다.

2) **너무 욕심을 부리면 오히려 손해를 보게 됩니다.** 사자와 토끼라는 이솝우화를 아십니까? 배가 고픈 사자가 잠자는 토끼를 발견하고 막 잡아 먹으려는 찰나, 가까이 도망치는 사슴을 보았습니다. '옳지 사슴이 더 맛있지.' 사자는 토끼를 두고 사슴을 쫓아갔습니다. '할 수 없군, 다시 가서 토끼를 먹어야지.' 사자는 크게 후회를 했습니다. 오, 탐심이여, 부끄럽도다. 여러분, 탐심은 금물입니다. 눈 앞에 있는 문제부터 해결하세요. 너무 욕심을 부리면 손해가 뒤따릅니다.

이솝우화, 기독교 세계관으로 읽기

3) 나만의 해석하기

_____
_____
_____
_____
_____
_____

〈각색하기〉

 어느 조용한 숲 속에 작은 토끼 한 마리가 쌔근쌔근 낮잠을 청하고 있었어요. 그런데 이게 웬일인지 토끼가 잠결에 눈을 떠보니 사자가 저만치 앞에서 달려오고 있는 게 아니겠어요? 토끼는 '어쩌면 좋아!'라고 생각하며 눈물을 뚝뚝, 다리를 후들후들, 온 몸은 부들부들, 눈을 꼭 감고 있었습니다. '

 그런데 점점 사자의 발소리가 들리지 않는 거예요. 꼭 감고 있던 눈을 떠보니 저 멀리서 사자가 사슴을 쫓아가고 있는 거예요. 그 모습을 본 토끼는

 '이 때다!'

 하고 반대방향으로 막 뛰어 도망갔답니다.

 한편 눈앞에 있던 토끼를 버리고 멀리 있는 사슴을 쫓아가던 사자는 사슴을 놓쳐 버리고 말았어요. 결국 사자는 토끼도 놓치고 사슴도 놓쳐버리고 말았답니다.

 "당연한 결과야. 손아귀에 다 잡은 먹이를 버리고 더 좋은 걸 잡겠다고 쫓아

갔으니."

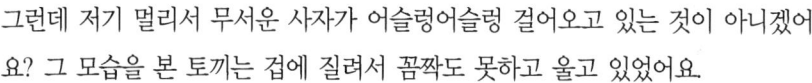

⟨고쳐쓰기⟩

햇볕이 내리쬐던 어느 무더운 여름날이었어요. 절친한 친구사인 토끼와 사슴은 그날도 숲 속에서 놀고 있었답니다. 그런데 저기 멀리서 무서운 사자가 어슬렁어슬렁 걸어오고 있는 것이 아니겠어요? 그 모습을 본 토끼는 겁에 질려서 꼼짝도 못하고 울고 있었어요.

"엉엉, 이제 우리 목숨도 끝이야. 사자가 우릴 잡아먹고 말 거야."

반면에 사슴은 매우 침착했답니다.

"토끼야, 너는 여기에 있어. 나는 조금 떨어진 곳에 있을게"

이 말을 들은 토끼는 화가 났어요.

'나를 여기에 내버려두고 도망가려 하다니.'

토끼는 사슴에게 따지려 했지만 이미 사슴은 조금 떨어진 곳에 자리 잡고 있었어요.

어느덧 사자는 토끼를 향해 점점 가까이 다가오고 있는 거예요. 토끼는 가까이 다가오는 사자를 보고 놀라, 급히 앞만 보고 뛰어 도망가기 시작했답니다. 하지만 잠시 후 토끼는 사자가 뒤따라오지 않는다는 것을 알게 되었습니다.

'사자가 어디로 간 거지? 사슴은 어찌 된 거지?'

이런 생각을 하며 뒤를 돌아 본 토끼는 놀라지 않을 수 없었어요.

저 멀리 사슴이 토끼를 뒤쫓아오던 사자를 유인해서 뛰고 있었던 거예요. 한참동안 사자와 숨바꼭질을 하던 사슴은 결국 사자를 따돌리고 토끼가 있는 곳으로 돌아왔답니다.

"사슴아, 힘들었지? 나는 네가 그런 줄도 모르고 잠시 원망만 했었어. 정말 미안해, 그런데 어떻게 넌 그런 생각을 했니?"

"토끼야, 괜찮아. 그건 사자가 더 큰 욕심을 부리고 날 쫓아오게 될 거라고 짐작했기 때문이야."

"정말 고마워, 아무리 힘든 일이 있어도 날 생각해주는 누군가와 함께 있다는 것을 깨닫게 되었어."

"그래, 네 곁에는 항상 널 도울 내가 있다는 걸 잊지마."

64. 사자와 야생나귀

[해석하기]

1) 상대의 내면을 꿰뚫어 보는 지혜가 있어야 다른 사람에게 이용당하지 않습니다. 사자와 야생나귀라는 이솝우화를 아십니까? 사자는 어마어마한 힘을, 그리고 나귀는 빠른 발을 가진 동물입니다. 이들은 조약을 맺어 사냥을 하였습니다. 서로의 약점을 보완해 팀웍을 이룬 덕분에 사냥감을 많이 잡았습니다. 그러나 사자는 이용가치가 떨어진 나귀를 부당하게 대했습니다. "내가 왕이니까 첫 번째 몫은 내가 차지하겠다.", "추적과정에서 내가 협력을 했으니까, 두 번째 몫은 내가 갖겠다." "세 번째 몫은 말이야." "말해두지만, 나한테 양보하지 않으면 큰 코 다칠 걸. 그러니까 포기하시라 이거야." 그 결과 나귀는 혼자 사냥한 것보다 더 큰 손해를 보고 말았습니다. 여러분, 사람을 처음 만나 사귈 때 나에게 도움이 될 것만 같던 상대가, 더 이상 필요 없는 존재가 되었을 때, 배반하고 마는 경우를 우리는 자주 봅니다. 조약을 맺을 때 상대방의 품성을 보십시오. 그래야 실패하지 않습니다.

2) 여러분, 양보하는 아름다운 모습을 본적이 있습니까? 사자와 야생나귀라는 이솝우화를 아십니까? 사자는 힘으로 야생나귀와의 약속을 깨뜨리고 있습니다. 사자는 야생나귀와 공평하게 나누질 않고 자신의 힘을 이용

하여 많은 양을 가져갔습니다. 여러분, 사자와 같은 사람이 우리의 이웃입니까? 우리는 서로 사랑하고 아끼며 남에게 베풀 줄 아는 사람이 되어야 합니다.

---

3) 나만의 해석하기

_____
_____
_____
_____
_____
_____
_____

〈고쳐쓰기〉

사자와 야생나귀가 들짐승을 함께 사냥하자는 조약을 맺었습니다. 사자의 어마어마한 힘과 야생 나귀의 빠른 발을 함께 이용하자는 것이 조약의 내용이었지요. 이들이 함께 한 시간 동안 사냥한 뒤 포획량을 세어보니 무려 열한 마리나 되었습니다. 둘은 부둥켜안고 기뻐했습니다. 어떤 날은 하루 종일 뛰어다녀도 아무런 소득이 없었는데 이렇게 둘이서 손을 잡고 일하니 단 한 시간만에 몇 달이 걸려도 못 잡을 만큼 많이 잡았기 때문이지요. 그 감격은 이루 말할 수 없었습니다. 빨리 집으로 돌아가 이 기쁨을 굶주리고 있는 아내나 자식과 나누고 싶었습니다.

그러나 문제가 생겼습니다. 둘이 공평하게 열 마리씩 나누고 보니 한 마리가

남았습니다. 이 때 사자가 나귀에게 말하길,

"나귀야, 나의 이 힘을 당할 자는 이 땅에 아무도 없을 만큼 강하지만 조금만 달리면 지쳐서 힘을 쓰지 못한단다. 그런데 네가 오늘 너의 빠른 발로 동물들을 나에게로 다 몰아주었기에 나의 힘을 맘껏 발휘할 수 있었어. 오늘 사냥의 대성공은 다 너의 덕이니 네가 이 남은 한 마리도 가져가 너의 연로하신 어머님을 기쁘게 해드려라."

가만히 듣고 있던 나귀는 오히려 고마워야 할 사람은 자신이라며, 자신이 고작 한 것이라고는 달리기를 한 것밖에 없는데 어떻게 가장 힘든 일을 한 사자가 마땅히 받아야 할 몫을 가져갈 수 없다고 사양했습니다. 덧붙여 나귀는 사자에게 고백하길,

"사자야, 나는 너의 안 좋은 소문들만 듣고 오늘 내내 너를 의심했단다. 그러니 나를 용서해주는 마음으로 이 남은 한 마리를 네가 가지렴."

일이 이렇게 되자, 사자는 더 이상 사양을 하지 않고, 편안한 마음으로 열한 마리를 가져갈 수 있었답니다. 이날 이후로 사자와 나귀는 사냥뿐만 아니라 다른 일까지도 서로를 도와 행복하게 살았습니다.

65. 늑대와 양떼

[해석하기]

1) 우리는 하나님 없이 살 수 없는 존재들입니다. 늑대와 양떼란 이솝우화를 아십니까? 늑대 몇 마리가 양떼를 노렸습니다. 늑대는 개들 때문에 방해를 받자, 양떼와 개 사이를 이간질시켰습니다. 늑대와 양들 사이에 불화를 조장한 장본인이 개라고 말입니다. 늑대는 양들에게 개들을 넘겨주면 자연스런 결과로 평화가 올 것이라고 말합니다. 양들을 개를 넘겨주었습니다. 여러분, 사탄은 하나님 때문에 제약을 받고 있다고 우리에게 말하곤 합니다. 즉 사탄은 하나님을 떠나면 평화롭다고 말입니다. 여러분, 사탄의 이간질에 속지 마십시오. 주의 은혜 없이 한 순간도 살 수 없습니다. 그 점을 기억하십시오.

2) 우리를 돕는 사람들을 소중하게 생각합시다. 늑대와 양떼란 이솝우화를 아십니까? 늑대 몇 마리가 양떼를 노렸습니다. 늑대는 개들 때문에 방해를 받자, 양떼와 개를 이간질시켰습니다. 늑대와 양들 사이에 불화를 조장한 장본인이 개라고 말입니다. 늑대는 양들에게 개들을 넘겨주면 자연스런 결과로 평화가 올 것이라고 말합니다. 양들을 앞날을 내다보지 못하고 개를 넘겨주었습니다. 그러자 늑대들은 더 이상 지켜 줄 것이 없는 양떼들을 마음껏 유린하고 학살했습니다. 여러분, 이렇게 마귀는 우리를 자기 종으로 삼기 위해 유혹하고

있습니다. 우리에게 권면하는 소중한 분들 곁을 떠나지 마십시오.

> 3) 나만의 해석하기
>
> _____
> _____
> _____
> _____
> _____
> _____
> _____

<고쳐쓰기 1>

양떼들은 오늘도 개들의 보호 아래 한가로운 오후 시간을 보내고 있습니다. 그러나 양떼들은 항상 불만이 많았습니다. 양들은 개들이 멀리까지 가지 못하게 간섭하기 때문입니다. 양들은

'한 번도 늑대와 맞서 이겨보지 못한 주제에 왜 이리 멍멍 짖고 야단이지.'

라고 생각하며 개들을 미워했습니다. 양몰이 개들은 양들의 마음을 읽었습니다. 그래서 다음과 같은 전략을 세웠습니다.

"그래 양떼들은 우리의 은혜를 모르고 있어 한번 깨우칠 기회를 주어야겠다."

어느 때와 다르게 양들이 풀을 뜯고 있습니다. 개들은 굴속으로 들어갔습니다. 늑대는 개들이 없음을 보고 양떼들에게 다가갔습니다. 양떼들은 아무런 위기 의식이 없습니다. 늑대들의 공격이 시작됩니다. 피비린내가 몰아칩니다.

그 때서야 양떼들은 개들에게 도움을 요청합니다. 개들이 나타났습니다. 늑대들이 슬금슬금 도망갑니다.

〈고쳐쓰기 2〉

양떼들이 푸른 초원 위에서 풀을 뜯고 있었어요. 겉은 여유롭고 평화로워 보였지만 저 풀 뒤에는 늑대들이 양을 노릴 기회만을 호시탐탐 노리고 있었기 때문에 양들은 풀을 먹으면서도 불안해하고 있었어요. 양떼들은 지키는 개들이 있었는데도 불안에 떨었답니다. 그러나 늑대들이 노리던 그 기회는 개들의 감시로 인하여 쉽게 오지 않았어요. 보다 못한 늑대무리들이 '개를 양들에게서 떼어내기 클럽'을 결성해서 개들을 양떼에서 떼어낼 궁리를 하게 되었습니다. 의논한 끝에 늑대들은 최선책으로 양들의 '안전한 초원 만들기 협회'에 협상늑대를 한 마리 보냈어요. 그 협상안 내용은 개들의 목숨을 늑대들에게 넘겨주면 이 푸른 초원에 늑대와 양들 간의 영구적인 평화조약을 체결하겠다는 것이었습니다. 양들은 그 협상안을 가지고 토의를 시작했어요.

"우리 '안전한 초원 만들기 협회'의 노력을 늑대들이 드디어 알았나 봐요"

"개들만 넘겨주면 되는 거잖아!"

"이제 초원에도 평화가 오는 거야?"

수군거리는 소리에 회의장은 시끄러웠어요.

어리석게 양들은 늑대들의 흑심은 생각지도 못한 채 회의를 진행시켜 나가고 있었습니다.

그러나 양들도 뭔가가 잘못 되어가고 있다는 것을 알 수 있었어요. 보다 못한 최고령 파파 양이 한 마디 했습니다.

"너희들은 개들이 우리를 지켜줄 때에 안심하고 풀을 뜯을 수 있었니?"

양들은 일제히 대답했어요.

"아니요, 늑대들이 노리고 있어서 항상 안심할 수 없었어요!"

모두들 이 대답을 하는 순간 '아차~!' 하는 생각이 들었답니다.

항상 늘 있어왔던 개들이 자신들을 지켜주기 위해 있었다는 사실을 그때야 깨달을 수 있었던 거지요.

그 후에 양떼들은 모두 하나같이 개들을 믿고 의지하여 늑대들에게서 더욱더 똘똘 뭉친 모습을 보였고, 늑대들은 지친 나머지 다들 다른 초원으로 떠났습니다.

66. 늑대와 황새

[해석하기]

1) 성도는 하나님의 은혜에 보답하는 생활을 해야 합니다. 늑대와 황새라는 이솝우화를 아십니까? 황새는 소정의 대가를 약속 받고 늑대 목에 있는 가시를 빼주었습니다. 그러나 늑대는 치료가 끝나자 "늑대 목구멍에서 살아남았으면 됐지 뭘 더 바라지."라고 말합니다. 여러분도 혹시 마음 속 깊은 곳에 늑대와 같은 생각을 하고 있지 않습니까? 도움이 필요할 때는 도움을 받고, 그 다음에 약속을 지키지 않는다면 그것은 바람직한 신앙인상이라고 할 수 없습니다. 성도는 하나님의 구속의 은혜에 보답해야 합니다.

2) 다른 사람들을 도울 때 대가를 바라지 마십시오. 늑대와 황새라는 이솝우화를 아십니까? 황새는 늑대에게 대가를 약속 받고 늑대의 목에 있는 가시를 뺐습니다. 황새는 대가를 요구하였습니다. 그러자 늑대가 "내 목에 고개를 들이밀고도 무산한 것이 선물일세."라고 대답합니다. 여러분, 대가를 받고 일을 할 때, 진정한 사랑의 정서를 공유할 수 없습니다. 무슨 일을 하든 대가를 바라지 말고 최선을 다해 일합시다. 황새가 늑대를 사랑하는 마음에서 그의 아픔을 치료했다면 상황이 달라지지 않았을 것이란 생각이 들지 않습니까?

3) 나만의 해석하기

_____
_____
_____
_____
_____
_____
_____

〈각색하기〉

어느 화창한 봄날이었어요. 목에 가시가 걸린 늑대가 있었답니다. 늑대는 목이 아프고, 아무 것도 먹을 수가 없었기 때문에 굶주린 상태였어요. 늑대는 이리저리 헤매며 목에 걸린 가시를 빼내려고 하였지만 허사였어요. 늑대는 지나가던 황새를 발견했어요.

"황새 친구님, 안녕~, 내 목에 가시가 걸렸는데 빼주세요"

"난, 약속이 있어 바빠."

"황새님, 큰 선물 줄게 빼주세요"

큰 선물이란 말에 황새는 가던 길을 멈추고 늑대의 목에 걸린 가시를 빼주었어요.

"이보게 늑대 친구, 이제 선물을 주지 않겠나?"

목에 걸린 가시를 뺀 늑대는 콧노래를 부르

며 춤을 추었어요. 황새도 선물을 받을 것이 기뻐서 같이 춤을 추었답니다.

그런데 춤이 멈추지 않는 거예요. 황새는 약속 시간을 넘기고 난감하게 되었습니다.

황새가
"선물"
이라고 말하자, 늑대는 숨을 헐떡이며,
"내 목에 고개를 들이밀고도 무사한 게 선물일세, 이제 가보게나"

67. 늑대와 말

[해석하기]

1) 자신을 드러내기 위해 바른 일을 하는 척 하는 것은 그리스도인으로서 경계해야 할 태도입니다. 늑대와 말이라는 이솝우화를 아십니까? 늑대는 보리밭을 발견했지만 보리를 먹지 못하기 때문에 그냥 지나쳤습니다. 잠시 후 늑대는 말을 만나 보리밭으로 데리고 가서, "나 혼자 먹어 치우려다가 자네의 먹는 모습을 지켜보고 싶어서 이곳에 왔네."라며 잘 익은 보리를 먹어 보라고 권합니다. 늑대는 호의를 베푸는 양 너스레를 떱니다. 그러나 말은 늑대의 숨은 뜻을 간파하고 "소리를 듣고 서 있는 것보다 배를 채우는 것이 훨씬 좋았을 걸."이라며 늑대의 거짓을 밝혀 냅니다. 여러분, 늑대는 쓸데없는 말을 해서 말로부터 핀잔을 듣고 있습니다. 늑대가 말에게 좋은 꼴을 권한 것은 칭찬 받을 만한 일입니다. 그런데 늑대는 입에 발린 말을 하여 말에게 미움을 받고 있습니다. 여러분, 입에 발린 말로 상대방에게 칭찬을 들으려 말고 솔직하게 말합시다.

2) 성도라면 예수님처럼 모든 일에 사랑과 선함으로 임해야 합니다. 늑대와 말이란 이솝우화를 아십니까? 한 늑대가 있었습니다. 늑대는 보리밭을 발견했습니다. 하지만 늑대는 보리를 먹을 수 없기에 그냥 지나쳤습니

다. 늑대는 길을 가던 중 배고픈 말을 발견하고 보리밭으로 데리고 갔습니다. 그리고 늑대는 말에게 너를 위해 보리를 남겨두었다고 말하며 생색을 냅니다. 이에 늑대는 말은 나를 위해 이 보리들을 남겨두느니 차라리 배를 채우는 게 나을 것이라고 늑대에게 대꾸했습니다. 여러분, 늑대는 착한 일을 했지만, 그 속에 거짓이 있기에 말에게 핀잔을 받고 있습니다. 예수님께서는 모든 일에 아가페적인 사랑을 하셨습니다. 우리도 자신의 선행을 드러내기보다 예수님의 선행을 본받아야겠습니다.

3) 나만의 해석하기

〈각색하기〉

벌써 여름이 되었나 봅니다. 보리가 익을 때가 되었는데도 벌써 땀이 납니다.

배고픈 늑대는 길을 걸어가면서 짜증이 났습니다. 이 때 잘 익은 보리밭을 발견했어요.

"캑캑! 아이고 목에 걸려서 먹을 수가 없구나!"

늑대는 배가 더 고팠어요. 길을 가다가 말을 만났어요.

"말아, 배고프지 않나? 보리 있는 곳을 알려 줄려고 너를 찾고 있었는데 잘 만났다."

늑대는 이렇게 말하며 말을 데리고 아까 지나쳤던 보리밭으로 갔어요.

"내가 먹고 싶었지만 너를 위해 특별히 이렇게 남겨 두었어 어서 먹게나."

그러자 말은 코웃음 치며

"만약 자네가 보리를 먹을 수 있었다면, 나에게 가르쳐 주지도 않았을 걸."

68. 개미와 비둘기

[해석하기]

1) 하나님의 은혜에 보답하는 성도가 됩시다. 개미와 비둘기란 이솝우화를 아십니까? 목마른 개미가 물을 찾아 샘으로 갔다가 갑자기 솟아오른 물줄기에 휩쓸려 떠내려가게 되었습니다. 이 모습을 본 비둘기가 근처의 나뭇가지를 꺾어 물 속에 던져 주었습니다. 개미는 나뭇가지 위로 기어올라 목숨을 건졌습니다. 얼마 후 사냥꾼이 비둘기를 잡으려고 나뭇가지에 끈끈이를 발라 들고 접근하고 있었습니다. 이를 눈치챈 개미는 사냥꾼의 발등을 물었습니다. 사냥꾼이 아픔을 못 이겨 나뭇가지를 떨어뜨리자 비둘기는 후닥닥 날아가 버렸습니다. 여러분, 개미는 비둘기의 은혜에 보답하였습니다. 얼마나 아름다운 모습입니까? 그러나 이스라엘 백성은 어떻습니까? 그들은 은혜를 원수로 갚았습니다. 그렇다면 우리는? 하나님의 은혜에 보답하고 있는지 생각해 봅시다.

2) 모든 것을 예수님께 바칩시다. 비둘기와 개미란 이솝우화를 아십니까? 어느 날 물에 빠진 개미를 본 비둘기가 나뭇잎을 떨어뜨려 구해 주었습니다. 생각해 봅시다. 과연 비둘기가 개미를 구해주어야 할 확연한 이유가 있었을까요? 그렇지는 않습니다. 비둘기는 다만 물에 빠져 죽어 가는 개미가 불쌍했을 뿐입니다. 그러한 비둘기의 마음이 결국엔 자기 목숨도 살리는 계기가 되

었습니다. 여러분, 우리도 예수님께 은혜를 입어야 할 하등의 이유가 없는 사람들입니다. 우리의 죄가 그 분을 근심케 하였고, 우리는 그분의 뜻에 반하여 살아가고 있지 않습니까? 예수님께서는 이런 우리들을 이유 없이, 조건 없이 사랑해 주셨습니다. 그러나 여러분, 예수님의 은혜는 비둘기가 개미를 구해 준 차원과는 다른 사랑이라는 점을 기억합시다. 예수님은 우리를 위해 십자가에서 희생하셨습니다. 그것이 우리가 모든 것을 예수님께 바쳐야 하는 당위입니다.

3) 나만의 해석하기

〈고쳐쓰기〉

"아, 너무 목이 마르다. 어디 가까운 샘이 있는지 한번 찾아봐야겠어."
먹이를 찾아다니던 개미 한 마리가 뜨거운 햇볕에 목이 말라 샘을 찾고 있었습니다.
'샘 발견! 빨리 기어 내려가서 물을 먹어야겠다.'
빠른 걸음으로 샘에 도착한 개미. 개미가 입을 물에 대려는 순간,

"콸! 콸! 콸!"

샘에서 물이 용솟음치듯이 올라왔습니다.

개미는 물줄기에 하늘 높이 떠올랐고, 흐르는 물에 밑으로, 밑으로 떠내려갔습니다.

"개미 살려! 개미 살려! 아무도 없어요? 도와주세요!"

물을 연거푸 먹으면서 기진맥진해진 개미는 힘껏 외쳤습니다.

얼마나 지났을까? 개미는 완전히 지쳐버렸습니다. 이제 살 희망이 없어서 삶을 포기하려고 마음을 놓으려고 하는 순간.

"개미야! 개미야! 조금만 참아. 내가 나뭇가지를 꺾어서 던져줄게!"

비둘기가 나뭇가지를 꺾어서 물 속에 던져주었습니다. 개미는 나뭇가지를 타고 무사히 강둑까지 내려왔습니다.

"비둘기님, 고마워요. 언젠가는 제가 이 은혜를 꼭 갚겠어요."

며칠이 지나고 개미는 또 다시 먹이를 찾기 위해 숲 속을 돌아다니고 있었습니다. 그런데 어디선가 발자국 소리가 들려 왔습니다.

'야, 새사냥꾼이다.'

새사냥꾼은 한 손에 끈끈이를 들고 다녔습니다.

'아니! 새사냥꾼이 비둘기에게 접근하고 있네. 이것을 어떡해?'

개미는 먹이를 내팽개치고 사냥꾼의 발을 있는 힘껏 물었습니다. 사냥꾼은 따가움 때문에 나뭇가지를 놓쳐버렸고, 그 소리에 놀란 비둘기는 공중으로 솟구쳐 올라 사냥꾼을 내려보

앉습니다.

'아, 불쌍한 내 친구 개미'

사냥꾼이 손으로 개미를 짓눌러 버렸습니다. 비둘기는 눈물을 흘리며 숲 속 하늘로 날아갔습니다.

69. 들쥐와 집쥐

[해석하기]

1) 위험 속에서 호화롭게 사는 것보다 검소하지만 편안하게 사는 것이 행복하지 않습니까? 들쥐와 집쥐라는 이솝우화를 아십니까? 들쥐가 집쥐를 저녁식사에 초청했습니다. 먹을 것이라고는 썩은 콩과 옥수수뿐이었습니다. "이보게 친구. 자네 사는 꼬락서니가 개미와 다름없네. 우리 집에 맛있는 음식이 많다네." 집쥐는 들쥐에게 콩과 밀가루와 치즈, 꿀과 과일을 보여주었습니다. 들쥐는 신세 한탄을 하며 친구를 진심으로 축복해 주었습니다. 그런데 식사를 하려는 순간, 느닷없이 사람이 문을 열고 들어 왔습니다. 그래서 정신없이 도망을 쳤습니다. 잠시 후 다시금 기어 나왔지만 마른 무화과나무를 맛보는 순간 다른 사람이 또 들어왔습니다. 들쥐는 배고픔 따위는 까맣게 잊어버리고 한숨을 쉬며 "잘 있게, 친구. 배부르게 먹고 풍요로운 생활을 누릴지는 몰라도 헤아릴 수 없는 위험과 두려움 속에서 살아야 하는 군 그래. 이 미천한 몸은 그저 내려가서 전처럼 두려워하거나 의심할 사람 하나 없이 썩은 콩과 옥수수나 맘 편히 먹으며 살아야겠네."라고 말했습니다. 여러분, 들쥐와 집쥐 중에 누가 더 미련합니까? 성경은 우리에게 명쾌한 답을 주고 있습니다. "성실히 행하는 가난한 자는 사곡히 행하는 부자보다 나으리라"(잠 28:6).

2) 주님께서 지금 당신에게 허락하신 삶에 대해 감사하며 살아갑시다. 들쥐와 집쥐라는 이솝우화를 아십니까? 자신의 현재 상황이 최고라 믿는 집쥐가 있었습니다. 그는 자신의 집에 들쥐를 초대하여 함께 음식을 즐기자 했습니다. 하지만 집쥐와 들쥐는 사람의 눈치를 보느라 그들의 커다란 만찬을 즐기지 못하고 계속 두려워하며 눈치를 보아야만 했습니다. 결국 들쥐는 집쥐의 생활에 염증을 느끼고, 훨씬 편하게 먹을 수 있는 자신의 들로 돌아가기를 희망합니다. 여러분, 주님께서 주신 각자의 환경에 감사하십시오. 물론 나의 환경보다 남의 환경이 더 멋있고 화려해 보일지 모릅니다. 하지만 그것이 겉으로만 보이는 것일 수도 있다는 것을 명심하십시오. 그리고 그럴 때마다 이 우화를 생각하십시오.

3) 나만의 해석하기

＜고쳐쓰기＞

어느 날 도시에 사는 집쥐가 시골에 사는 들쥐의 집에 놀러갔습니다. 들쥐는

반기며 여러 가지 음식을 내놓았습니다. 들쥐가 내놓은 음식은 너무 초라했습니다. 집쥐는 얼굴을 찡그리며 음식을 먹을 수 없었어요.

"이보게 친구. 매일 매일 이렇게 더럽고 맛없는 음식을 어떻게 먹고사나."

그러자 들쥐가 말했어요.

"자네, 자네의 생활이 너무나 힘이 든다는 거 알고 있나? 우리 집에는 아주 맛있는 음식은 없지만 마음만은 배부를 수 있다네."

그리고 들쥐는 항상 먹는 보리나 옥수수, 쌀, 조와 같은 음식들을 내어놓았지요. 하지만 집쥐는 항상 자신이 먹던 고급 꿀과 과일, 치즈 등이 없기 때문에 음식에 손도 대지 않았어요. 시간이 지나자 집쥐는 배가 너무 고팠어요. 처음에는 만지기도 싫었고, 먹기가 싫었던 음식들이지만, 너무 배가 고프니 조금씩 먹기 시작했어요. 집쥐는 자기의 생활을 생각해 보았어요.

"이크, 주인이야, 잠깐 피하세!"

"빨리빨리 먹세, 그렇지 않으면 주인이 또 나타난다네."

집쥐는 음식은 나쁘지만 마음 편하게 먹을 수 있다는 사실이 너무나 좋았어요. 그는 들쥐에게 말했어요.

"고맙네, 친구. 내가 배부르게 먹고 풍요로운 생활을 누릴지는 몰라도 헤아릴 수 없는 위험과 두려움 속에서 살아왔다는 것을 느끼네. 나의 생활이 가장 좋은 줄만 알았던 때에 많은 것을 느끼게 해 주어서 고맙네, 부탁이 있는데 들어주겠나?"

"나의 하나뿐인 친구의 부탁인데 물론 들어주어야지. 무엇인가 말해보게"

"나도 이곳에서 함께 살고 싶네, 그래도 되겠는가?"

집쥐의 말이 끝나기가 무섭게 들쥐는 승낙했어요.

70. 병자와 의사

[해석하기]

1) 성도는 은혜롭게 넘어가고자 하는 일의 성격에 따라서 민감해야 합니다. 병자와 의사란 이솝우화를 아십니까? 의사가 환자에게 아픈 곳을 묻자, 환자는 땀이 너무 많이 난다고 대답했습니다. "그건 좋은 일인데요."라고 의사가 말했습니다. 다음 왕진 때 의사가 기분이 좀 어떠냐고 묻자, 환자는 오한이 나서 혼이 쏙 빠질 지경이라고 말했습니다. "그것도 좋은 일이죠."라고 의사가 말했습니다. 세 번째로 의사가 방문해서 환자에게 상태가 어떠냐고 물었습니다. "설사가 났습니다." 의사는 "그것도 좋은 일입니다."라고 말하고 돌아가 버렸습니다. 환자의 부모가 환자에게 몸이 어떠하냐고 질문합니다. 그러자 환자는 "저는 좋은 증세로 죽어가고 있답니다."라고 대답했습니다. 여러분, 환자는 의사와 함께 은혜파에 속한 것 같습니다. 의사의 오진에도 불구하고 수동적인 자세로 일관하는 환자, 때문에 환자는 죽어가고 있습니다. 만약 그가 적극적이고 현명하게 대처했다면 그는 지금보다 건강하게 살 수 있었을 것입니다. 땀이 많이 나는 이유가 무엇인지, 왜 오한이 심해 힘이 쏙 빠지는지, 왜 설사가 심한지 등을 의사에게 물어 보고 적극적으로 대처했어야 합니다. 지나친 은혜파는 좋지 않습니다. 세상을 살 때 하나님께서 주신 비판력과 이성적인 판단 능력을 잘 활용해야 합니다.

2) **하나님 앞에서 바로 선 지도자를 따릅시다.** 병자와 의사란 이솝우화를 아십니까? 의사는 환자에게 아픈 곳을 묻자 환자는 땀이 너무 많이 난다고 대답했습니다. "그건 좋은 일인데요." 다음 왕진 때 의사가 기분이 좀 어떠냐고 묻자 환자는 오한이 나서 혼이 쏙 빠질 지경이라고 말했습니다. "그것도 좋은 일이죠." 세 번째로 의사가 방문해서 상태가 어떠냐고 환자에게 물었습니다. "설사가 났습니다.", "그것도 좋은 일입니다." 환자의 부모가 환자에게 몸이 어떠냐고 묻습니다. 그러자 환자는 "저는 좋은 증세로 죽어가고 있답니다."라고 대답했습니다. 여러분, 의사는 환자의 질병을 판단하고 치료 방법을 제시해야 합니다. 그러나 이 의사는 환자가 아픈데도 건성으로 대답하고 돌아가 버렸습니다. 지도자의 잘못된 상황 판단은 그를 믿고 따르는 사람을 죽음의 길로 인도합니다. 우리는 지도자를 잘 만나야 합니다. 소경이 소경을 인도하면 둘 다 넘어질 수밖에 없습니다.

3) 나만의 해석하기

〈각색하기〉

환자 한 명이 의사를 찾아갔습니다. 의사는 환자에게 증상을 물어보았습니다.

"밤, 낮으로 땀을 너무 많이 흘립니다."

"아, 그래요. 땀이 많이 난다는 것은 몸이 스스로 노폐물을 밖으로 배출하고 있는 것으로 안심하셔도 좋은 현상입니다. 괜찮습니다. 돌아가 보시지요."

의사는 이렇게 환자를 돌려보냈습니다.

며칠 후 환자가 다시 찾아왔습니다.

"이번엔 밤, 낮으로 오한이 나서 혼이 빠질 지경입니다. 선생님, 밤, 낮으로 몸이 너무 추워서 정신을 못 차리겠는데요."

"그래요? 살다보면 한번쯤 몸이 몹시 춥기도 한답니다. 추위를 타면서 추위에 대한 강한 면역력을 갖게 되죠. 아주 자연스러운 현상이니 안심하시고 돌아가셔도 좋습니다."

며칠 후 환자는 세 번째로 찾아 왔습니다.

"선생님. 이번에는 밤, 낮으로 설사가 멈추지 않는데요."

"그래요? 이것도 아주 좋은 현상입니다. 장이 지금도 열심히 활동하고 있다는 증거죠. 괜찮습니다. 안심하시고 돌아가십시오."

그 후 며칠이 지나 환자의 부모님이 의사를 찾아왔습니다.

"아드님의 건강은 어떻습니까?"

"선생님, 저희 아들은 아주 좋은 증세들로 서서히 죽어가고 있답니다."

71. 여행자와 까마귀

[해석하기]

1) 미신에게 미래의 길흉을 판단 받는다는 것은 아주 어리석은 일입니다. 여행자들과 까마귀라는 이솝우화를 아십니까? 사업차 여행하던 두 사람이 외눈박이 까마귀 곁을 지나쳤습니다. 한 사람이 까마귀를 보면 나쁜 징조이므로 왔던 길을 되돌아가자고 말했습니다. 그러나 다른 한 사람은 "자신의 미래도 알지 못해서 눈을 잃어버렸는데 어떻게 이 새가 우리의 미래를 예언할 수 있겠는가?"라고 말했습니다. 여러분도 자신의 미래에 대해서 알고 싶어 한낱 미물을 보고 길흉을 점치지 않습니까? 지혜의 왕인 솔로몬은 자신의 미래를 알 수 없다고 말했습니다. 성경은 여러분에게 성령님께 의지하여 살아가라고 말씀하십니다.

2) 우리는 하나님의 뜻에 의존하고 따라야합니다. 여행자들과 까마귀라는 이솝우화를 아십니까? 까마귀를 본 일행 중 한 사람이 까마귀는 나쁜 징조이므로 왔던 길을 되돌아가자고 말했습니다. 그러자 다른 사람이 이렇게 말했습니다. "자신의 미래도 알지 못해 눈을 잃어버렸는데 어떻게 이 새가 우리의 미래를 예언할 수 있겠습니까?" 여러분, 불안 때문에 가치 없는 것들에 의존하시지 않습니까? 예컨대, 신문의 별점운세나 쓸데없는 징크스, 혹은 컴퓨터

점 등에 말입니다. 이제 진정으로 의지해야 할 대상이 누구인지 생각해 보아야 합니다. 여러분, "너희의 구속자시요 이스라엘의 거룩하신 자이신 여호와께서 가라사대 나는 네게 유익하도록 가르치고 너를 마땅히 행할 길로 인도하는 너희 하나님 여호와라.(사 48:17)"는 말씀을 기억하시고, 만물의 주인이 되시는 하나님을 의존합니다.

3) 나만의 해석하기

_____
_____
_____
_____
_____
_____
_____

〈고쳐쓰기〉

날씨가 참으로 좋은 개천절 날.

마침 OO교회 장년부에서 초신자들을 대상으로 다함께 야유회를 나갔습니다.

모두 일상을 벗어나 홀가분한 마음으로 자연을 만끽하러 떠나는 그 날, 모두가 즐거웠어요. 또한 가는 곳이 너무 아름다운 곳이었기 때문에 그 설렘이 더하였어요. 도착하여 짐을 풀면서 모두가

"아, 너무 좋구나, 가슴이 확 트이는걸!"

감탄사가 저절로 나왔어요.

"누군가 참 아름다워라, 주님의 솜씨는"

"주 하나님 지으신 모든 세계"

교인들은 즐거운 시간을 보내고, 산 속을 걷기 시작했어요. 산 속의 푸릇푸릇한 나무들, 신선한 공기, 따스한 햇살, 사람들의 마음을 빼앗기에 충분했어요. 그렇게 시간 가는 줄 모르고 있던 중 어느 새 해가 저물어가고 있었어요.

"어, 벌써 해가 졌네, 큰일 났다. 돌아가자."

일행들은 산을 내려가기 시작했어요. 그런데 문제가 생겼어요. 모두 초행길에다가 너무 심취하면서 올라온 길을 잘 기억하지 못했던 것이지요. 모두가 두리번두리번 왔던 길을 찾았어요.

초조한 마음으로 걸어가고 있는데, 외눈박이 까마귀가 그들 곁을 지나갔어요. 뒤돌아서 까마귀를 본 일행 중 한 사람이

"까마귀는 나쁜 징조라고 했어요. 우리 다시 왔던 길을 되돌아가요!"

그러자 다른 사람도

"맞아요. 나도 그렇게 들었던 것 같은데."

웅성거리는 무리 속에서 한 사람이 소리쳤어요.

"자신의 미래도 알지 못해서 눈을 잃어버렸는데 어떻게 이 새가 우리의 미래를 예언할 수 있겠습니까?"

침묵이 흘렀어요.

잠시 후 한 남자가 입을 열었어요.

"그러면 지금 이 상황에 무작정 걷기만 하자는 겁니까? 지푸라기라

도 잡는 심정으로 생각해보자는 겁니다. 그렇다고 우리가 지금 확신적으로 믿을 수 있는 것도 없지 않습니까?"

"아닙니다! 우리는 지금 이 순간에도 우리를 지켜보고 계시는 하나님께 의존해서 나아가야 합니다. 분명히 그 분의 인도하심이 있습니다."

"그런 막연한 이야기는 하지 맙시다!"

아직 믿음이 어린 한 남자가 거세게 반발하였습니다.

"이것은 막연한 이야기가 아닙니다. 진정으로 믿고 찾아야 할 하나님의 뜻을 생각해 봅시다. 세상적인 상징과 의미는 불확실하지만 우리 하나님의 뜻은 확실하기도 하거니와 최선의 길을 주십니다. 이런 어려운 가운데 있을 때 하나님은 우리를 더욱 보호하고 계십니다. 기도합시다."

기도를 마치자 모두 마음이 차분해졌습니다. 천천히 발걸음을 옮기며 무사히 산 입구에 도착하게 되었습니다.

72. 두 나그네와 플라타너스

[해석하기]

1) 다른 사람이 여러분의 봉사를 인정해 주지 않더라도 실망하지 말고 끝까지 선을 행하세요. 하나님께서 큰상을 주실 것입니다. 두 나그네와 플라타너스라는 이솝우화를 아십니까? 두 나그네가 태양이 중천에 떠올라 땡볕이 내리쪼일 때 플라타너스 그늘 아래 쉬면서 "여기 아무 짝에도 쓸데가 없는 나무가 있군"하며 플라타너스를 욕합니다. 그러자 플라타너스는 "배은망덕한 후레자식들 같다."라며 두 나그네를 원망합니다. 여러분, 플라타너스처럼 아웃을 위해 봉사하고 인정을 받지 못할 때가 있습니까? 성경에 받는 자보다 주는 자가 복되다라는 말씀이 있습니다. 예수님께서는 누가 자신을 송사하여 겉옷을 달라하면 속옷까지 내어 주라고 말씀하십니다(마 5:40). 여러분, 플라타너스처럼 욕하지 말고 묵묵히 하나님만을 바라보며 봉사하십시오. 그러면 하늘의 상급이 클 것입니다.

2) 우리가 누리고 있는 것들이 너무 일상적인 것들일 경우 그 속에서 하나님의 은혜를 경험하지 못하고 불평을 할 때가 종종 있습니다. 작은 일에도 감사할 줄 아는 사람이 됩시다. 두 나그네와 플라타너스라는 이솝우화를 아십니까? 두 나그네는 플라타너스가 뜨거운 태양을 막아

이솝우화, 기독교 세계관으로 읽기

주었건만 "여기 정말 아무짝에도 쓸모 없는 나무가 있군. 열매도 열리지 않고 말이야."라고 그 나무에게 불평을 합니다. 나그네의 불평하는 소리를 들은 플라타너스는 그 나그네들에게 "배은망덕한 후레자식들 같으니라고"라며 욕을 했습니다. 여러분도 나그네처럼 감사하지 못하는 생활을 할 때 다른 사람들로부터 욕을 먹기 쉽습니다. 우리는 하나님의 은혜를 잊어버리고 은혜가 떨어질 때 불평하기 쉽습니다. 내가 숨쉬고 있고, 바라볼 수 있다는 것, 그것이 바로 하나님의 은혜입니다.

3) 나만의 해석하기

〈각색하기〉

어느 해 여름, 태양이 중천에 떠올라 땡볕이 내리쬐고 있었어요. 바로 그때, 나그네 두 사람이 어느 언덕 아래에서 올라오고 있었답니다.

"너무 덥군, 땀이 나서 견딜 수가 없어."

"그러게 말일세."

"아! 저기 플라타너스가 있군. 잠깐 앉아서 쉬었다 가는 게 어떻겠나?"
"좋지! 어서 가세!"
두 사람은 플라타너스 그늘 밑에서 편히 누워 휴식을 취했어요.
그 중 한 사람이 플라타너스를 보며 말합니다.
"그런데 말이야. 이 나무는 열매도 없고 정말 쓸데가 없군."
"정말 그래. 나무는 큰데 쓸모가 없어."
이 말을 들은 플라타너스는 몹시 화가 났어요.
"나쁜 녀석들! 누구 덕에 지금 편히 쉬고 있는데?"

73. 여행자와 진실

[해석하기]

1) 성도는 세상 사람을 멀리하는 것을 당연하게 생각하는 경향이 있습니다. 그러한 생각이 바람직하다고 생각하십니까? 여행자와 진실이란 이솝우화를 아십니까? 사막을 여행하던 사람이 눈을 내리깔고 수심에 잠겨 있는 여인을 만났습니다. "당신은 누구요?", "나는 진실이랍니다.", "당신은 왜 마을을 떠나 사막에 살게 된 거죠?", "왜냐하면 지난 시절에는 거짓말을 하는 이들이 몇 사람 없었는데 이제는 어디를 보아도, 그 누구를 붙잡고 말을 걸어봐도 온통 거짓말뿐이기 때문이지요." 여러분, 진실이라는 여인의 말과 같이 이 시대는 거짓이 판을 치는 시대입니다. 그러나 이러한 시대일수록 기독교인들은 세상 사람과 함께 생활해야 합니다. 세상의 사탄이 밉다고 해서 세상 사람들에게 혐오감을 가져서는 안 됩니다. 성도는 진리가 사라져 가는 세상 속에서 세상 사람들과 함께 일하며 그들에게 하나님의 진리를 전해야 합니다.

2) 우리는 모두 하나님께서 보내신 선지자입니다. 여행자와 진실이라는 이솝우화를 아십니까? 이제는 어디를 보아도 온통 거짓말투성이입니다. 세상 어느 곳에 참된 진실이 있다고 말할 수 있습니까? 그러면 누가 진리를 전해야 합니까? 그것은 바로 예수 믿는 우리들이 해야 합니다. 우리는 거짓에 속에서 살아가는 자들에게 진리를 전해야 합니다. "지혜 있는 자는 궁창의 빛과 같이 빛날 것이요, 많은 사람을 옳은 데로 돌아오게 한 자는 별과 같이 영원토록 비취리라"(다니엘 12:3).

3) 나만의 해석하기

⟨고쳐쓰기⟩

사막을 여행하던 사람이 한 여인을 만났습니다. 그 여인은 눈을 내리깔고 수심에 잠겨 있었습니다.

"당신은 누구요?"

그 여인은 "나는 진실(Aletheia)이랍니다."라고 대답했습니다.

"당신은 왜 마을을 떠나서 사막에 살게 된 거죠?"
그러자 그녀는 아주 절망적이고 힘이 없는 어조로 말했습니다.
"왜냐하면 지난 시절에는 거짓말을 하는 이들이 몇 사람 없었는데 이제는 어디를 보아도 그 누구를 붙잡고 말을 걸어 봐도 온통 거짓말뿐이기 때문이지요."
남자는 잠시 생각하다가 여인에게 물었습니다.
"당신이 이렇게 이곳에서 지낸 지 얼마나 되었죠?"
"거의 일년이 되어갑니다."
"그럼 짧은 시간도 아닌데, 당신이 이렇게 피하여 산다고 해서 그들이 거짓말을 하지 않게 되거나, 당신의 진실을 알게 되는 것이 아니지 않소."
"그렇겠죠. 하지만 난 지금 그들이 거짓말을 하지 않길 바라는 것이 아니라, 그런 사악한 모습들이 내 삶을 고통스럽게 하여서 이곳으로 온 것일 뿐이에요."
"당신 말대로 당신이 '진실' 이라면 그 고통스러움으로 이렇게 피해있는 것보다 거짓뿐인 그곳에서 당신의 진리를 가르쳐주고 그들이 더욱 사악한 길로 가지 않게 하는 것이 진실을 알고 말하는 이로서의 해야 할 일이 아닌가요?"
"쉽지 않아요, 전 고통 속에 숨이 막힐지도 몰라요."
잠시 후, 남자는 고통스러워하는 그 여인에게 말했습니다.
"혼자만 가지고 지키고 있는 진실이 과연 참다운 진실이라고 말할 수 있겠습니까? 당신이 가진 진실로 거짓 앞에 서십시오. 그리고 그들에게 당신의 진리를 외쳐 그들로 하여금 사악한 삶에서 진실로 나아갈 수 있게 도와주십시오. 거짓과 멀어지는 것이 당신의 진리를 지키는 것이 아닙니다! 그들 속에서 진리를 전하면서 그들과 구별된 모습으로 살아가는 것이 '진리' 의 모습이고, 당신의 역할입니다!"
여인은 혼자서 골똘히 생각하였습니다. 그리고 비장한 어조로 말했어요.
"당신 말이 맞아요. 여기서 이렇게 살아가는 것은 진실을 지키는 일이 아니라는 것을 깨달았어요. 고마워요. 이제 거짓 앞에서 당당히 나의 진리를 외치고 전하겠어요!"

여인은 그 동안의 고통스러웠던 생각들을 홀가분하게 털어 버리고 힘찬 모습으로 마을로 향하였답니다.

74. 소금을 지고 가는 당나귀

[해석하기]

1) 제 꾀에 자기가 넘어간 경험이 있습니까? 소금을 지고 가는 당나귀라는 이솝우화를 아십니까? 소금을 지고 가던 당나귀가 개울을 건너려다 미끄러졌어요. 일어나 보니 짐이 한결 가벼워졌습니다. 다음 번에 솜을 지고 개울을 건너게 되었어요. 이번에도 짐이 가벼워질 것이라고 생각하고, 당나귀는 물 속으로 넘어졌습니다. 여러분, 당나귀는 어떻게 되었을까요. 물에 흠뻑 먹은 솜을 상상해 보세요. 당나귀는 다시 일어나지 못하고 물에 빠져 죽었습니다. 사람들은 종종 좀더 편안하게 살고 싶어하는 마음으로 잔꾀를 부립니다. 그러나 그 꾀가 나에게 이로움을 주는 것만이 아닙니다. 성도는 무슨 일을 하든 주께 하듯 하고 결과는 하나님께 맡기는 생활 태도로 살아야 합니다.

2) 사탄은 처음엔 유익을 가져다주지만 결국엔 우리를 지옥으로 이끌고 갑니다. 소금을 지고 가는 당나귀라는 이솝우화를 아십니까? 한 당나귀가 소금을 지고 개울을 건너가다가 그만 미끄러졌습니다. 개울에서 일어나 보니 소금이 녹아 짐이 전보다 훨씬 가벼워졌네요. "이게 어떻게 된 일이야? 물에 빠지니까 짐이 가벼워지네?" 며칠 후 그 당나귀는 솜을 지고 길을 가게 되었습니다. 그는 개울 앞을 지나면서 꾀가 생겼어요. "이번에도 분명히 짐이 가

벼워 질 거야." 그러나 솜이 물에 젖는 바람에 당나귀는 그만 물에서 헤어 나오지 못하고 죽게 됩니다. 사탄도 바로 이러한 방법을 씁니다. 사탄은 우리에게 잠깐의 유익을 줍니다. 그러나 우리는 사탄의 그 꾀에 넘어가 영원히 꺼지지 않는 지옥으로 떨어지고 맙니다. 순간의 유익과 쾌락을 위해 사탄의 꾀에 넘어가지 않도록 주의합시다.

3) 범사에 감사하세요. 소금을 지고 가는 당나귀라는 이솝우화를 아십니까? 당나귀가 하루는 소금을 지고 가다가 개울에 빠지게 됩니다. "우와, 물에 빠지니까 짐이 가벼워지네?" 며칠 후 그 당나귀는 이번엔 솜을 지고 가게 되었습니다. 소금을 질 때보다 가벼운 데도 당나귀는 꾀가 났습니다. 개울가에 몸을 던졌습니다. 그러나 솜에 물이 젖어 더욱 무거워 져서 일어나지 못하고 죽어버리게 됩니다. 여러분, 일할 수 있다는 사실로 감사하세요. 지금 처한 형편에 불평하지 마시고, "범사에 감사하라 이는 그리스도 예수 안에서 너희를 향하신 하나님의 뜻이니라"(살전 5:18)라는 말씀을 기억하십시오.

4) 나만의 해석하기

<각색하기>

　햇빛이 쨍쨍 내리 쬐는 어느 여름날 오후, 한 당나귀가 무거운 소금을 지고 비틀비틀 거리며 주인을 따라서 걷고 있었어요. 그런데 이 당나귀는 조금씩 겁이 나기 시작했습니다. 조금만 더 가면 개울이 나올 것이라는 것을 알기 때문입니다. 당나귀는 어릴 때 물에 빠진 경험이 있었기 때문에 개울이 무서웠습니다. 당나귀는 바로 개울 앞까지 왔습니다. 주인은 당나귀의 속마음도 모른 체 성큼성큼 돌다리를 건너갔습니다. 당나귀는 물이 두려웠기 때문에 한 발자국도 움직일 수 없었습니다. 주인이 채찍을 높이 듭니다. 당나귀는 그만 아래로 미끄러져 버렸습니다. 한참을 허우적대던 당나귀는 짐이 가벼워진 것을 느꼈습니다. 당나귀는 신이 났습니다.
　그 일이 있은 일 주일 후, 당나귀가 이번에는 솜을 지고 걸어가고 있었습니다. 그 짐은 그다지 무겁지 않았지만 당나귀는 더 가볍게 다니고 싶었습니다. 계속 걸어가고 있던 중에 당나귀는 개울을 발견했습니다.
　'이게 웬 떡이냐!'
　당나귀는 미끄러진 척 개울 속으로 내려갔습니다. 몸을 이리 저리 굴리며 솜에 물을 잔뜩 묻힌 당나귀는 일어나려고 했습니다. 그러나 솜이 물에 잔뜩 젖어 더 무거워지는 바람에 당나귀는 일어나지 못하고 죽게 되었습니다.
　'아, 나는 바보구나, 목숨을 재촉하다니.'

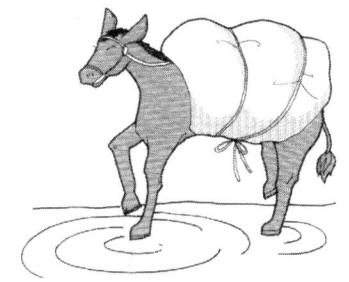

<고쳐쓰기>

햇볕이 뜨겁게 내리 쬐는 어느 여름날 오후, 한 당나귀는 소금 짐을 지고 하루 종일 주인을 따라 걷고 있었습니다. 짐도 무겁고 하루 종일 걸어 다니는 바람에 당나귀는 지쳐버렸습니다. 한참을 걷고 있었는데 당나귀의 눈앞에 작은 개울이 나타났습니다. 당나귀는 어릴 적, 엄마가 물에 빠져서 죽은 것을 보고는 물만 보면 진저리가 났습니다. 주인은 앞서서 개울 가운데 일렬로 놓여진 작은 돌다리를 밟고 지나가려고 했습니다. 그러나 당나귀가 물이 무서워 개울을 건너가지 못하자, 주인이 당나귀 목에 걸린 줄을 세차게 잡아 당겼습니다. 그래도 당나귀는 아픈 것을 참고 버팁니다. 그러자 주인이 당나귀 뒤쪽으로 와서 당나귀의 엉덩이를 발로 찹니다. 그 바람에 당나귀는 개울에 빠지고 말았습니다. 당나귀는 주인이 너무 싫었습니다. 다행이 물이 깊지 않아 당나귀는 빠르게 개울 밖으로 나올 수 있었습니다. 젖은 몸을 털던 당나귀는 짐이 가벼워진 것을 느꼈습니다. 소금이 물에 젖어 녹아버린 것입니다. 당나귀는 이제 '물에 빠지면 지고 있던 짐이 가벼워지는 것'이라고 생각하게 되었습니다.

며칠이 지나고 이번엔 당나귀가 솜을 지고 가게 되었습니다. 짐의 무게는 부피에 비해 가벼웠지만 당나귀는 더욱 짐이 가벼워졌으면 하는 생각이 간절했습니다. 빨리 물가가 나오기를 바라던 당나귀에게 강이 보였습니다. 당나귀는 무작정 강으로 뛰어 들어갔습니다. 주인은 그 모습을 보고 깜짝 놀라서 당나귀의 꼬리를 붙잡았습니다. 물에 들어간 당나귀는 짐이 가벼워지기는커녕 더 무거워 지는 것을 느꼈습니다. 당나귀는 주인이 솜을 잡고 있었기 때문이라고 생각하고 꼬리를 힘차게 휘둘렀습니다. 순간 주인도 그만 물에 빠지고 말았습니다. 당나귀는 살고 싶은 마음에 짐을 벗어버리고 강가로 올라왔습니다. 주인은 물 속으로 가라앉고 말았습니다.

당나귀는 주인이 보이지 않자 기쁜 마음이 들었습니다. 나에게 짐을 지울 사람도 개울을 건너지 못한다고 구박할 사람도 없어졌구나. 기쁨에 찬 당나귀는 자유를 향해서 뛰어갔습니다.

"이히~~잉!(난 자유다!)"

그러나 얼마 후, 주인은 구출되어 병원에서 퇴원하게 되었습니다. 당나귀는 이젠 정말로 죽었구나, 이렇게 생각하며 한 숨을 쉬었습니다.

그러나 주인은 당나귀를 쓰다듬으며,

"그래, 얼마나 고생했니, 그 동안 밥도 못 먹고, 자 이제부터 사이좋게 지내자!"

당나귀를 눈물을 흘리며 주인님께 꼬리를 흔들었습니다.

75. 말(馬)이 행복하다고 믿었던 나귀

[해석하기]

1) 성도는 부자들을 부러워하고 시기하기보다는 현재의 삶에 충실하며 만족해야 합니다. 말이 행복하다고 믿었던 나귀란 이솝우화를 아십니까? 나귀는 말이 항상 부러웠습니다. 나귀는 아무리 열심히 일해도 말보다 음식이나 깔 짚이 풍부하지 않아서 불평이 심했습니다. 그러나 나귀는 전시(戰時)가 되어 말이 무장을 한 기병을 태우고, 적진 깊숙이 들어가 칼과 창에 여러 번 찔려서 죽는 것을 보며 생각을 바꾸었습니다. 여러분, 세상 사람보다 가난하고, 힘이 없어서 시험에 빠진 적이 있습니까? 영적인 눈을 뜨십시오. 다 그런 것은 아니지만 부자들은 돈으로 죄를 지을 확률이 더 높습니다. 인간적인 눈으로 볼 때 그들이 형통한 것 같지만 그렇지 못한 경우가 많습니다. 그의 나라와 의를 구하면서 성실히 하나님의 말씀대로 사십시오. 그것이 가장 큰 형통입니다.

2) 그리스도인은 자신의 처한 환경에 감사할 줄 알아야합니다. 자신에게 주어진 삶이 불평스럽습니까? 말이 행복하다고 믿었던 이솝우화를 아십니까? 나귀는 주인에게 늘 사랑을 받아 멋진 신사가 된 조랑말이 너무 부러웠습니다. 하지만 전쟁이 일어나자 조랑말은 기마병이 되어 그 험한 전쟁터에

서 죽게 되었습니다. 나귀는 그 때야 깨달았습니다. 하나님은 참 공평하신 분이구나. 나귀는 욕심 때문에 자신의 삶을 한탄했던 것이 부끄러웠습니다. 여러분, 가난한 것이 복이 될 수 있고, 저주가 될 수도 있습니다. 또 풍부한 것이 복이 될 수 있고, 저주가 될 수도 있습니다. 하나님께서는 불공평하게 모든 것을 분배한 것 같지만 가만히 자신이 가진 것을 세어 보세요. 그리고 감사의 조건들을 찾아 즐겁게 사세요. 항상 남의 떡이 크게 보인 답니다.

3) 나만의 해석하기

_____
_____
_____
_____
_____
_____
_____

〈각색하기〉

 옛날, 옛날 아주 먼 옛날 삼국시대 때에 천리마와 볼품없는 나귀가 한 지붕 아래 살고 있었어요. 김유신 장군은 천리마를 애지중지 하여 아주 멋지고, 씩씩

한 말로 키웠죠. 백제와의 전쟁을 위해서였어요.

"이놈, 나의 멋지고 사랑스런, 천리마야~ 많이 먹고 살쪄서 힘을 길러 다오!"

반면에, 장군은 나귀에게는 물을 먹든지 마시던지, 떡을 마시던지 삼키던지, 똥을 싸든 말든 관심이 없었지요. 정말 나쁜 장군이군요~!

그렇죠, 여러분?

주인은 말에게만 잘 먹이고 잘 입혔지만, 나귀에게는 전혀 관심이 없었어요. 그것을 안 나귀는 말에게 한없이 불평을 털어놓았어요.

"아~ 짜증나! 왜 나에게는 신경을 아무도 안 써주는 거지? 나도 사랑 받고 싶다."

말이 하는 말,

"흐흐흐흐흑~~ 큭큭, 너는 얼굴도 못 생겼고, 나처럼 힘도 없잖니? 그러니 넌 그렇게 사는 거지."

얼마 후 전쟁이 일어났어요. 말은 무장을 했어요.

"호호호호호~~ 큭큭, 멋지지 않냐?! 나귀야?"

"부럽다!"

말은 앞으로 벌어질 일에 대해 전혀 몰랐습니다.

이윽고 전쟁이 시작되자, 말은 사방팔방으로 이끌려 다니다 결국 머리에는 칼, 발에는 화살, 가슴에 창으로 여러 번 찔려 비참하게 죽었습니다.

이 소식을 친구 바둑이에게 전해들은 나귀는 자신의 환경을 돌아보고 말을 동정하게 되었습니다.

〈고쳐쓰기〉

나귀는 먹이도 풍부하고 여러 가지로 자신과 대우가 다른 말이 무척 부러웠습니다.

하지만 말의 얼굴은 항상 어두웠습니다. 나귀는

"정말 네가 부러워. 일도 안 하면서 매일 맛있는 것도 먹고 말이야. 그러면서도 주인은 항상 너를 아끼지. 난 우리에 깔 짚조차 충분하지 않아."

"겉으로 보기엔 주인이 날 아끼는 것 같지만 다른 목적이 있어서야."

나귀는 그 목적이 무엇인지 무척 궁금했습니다. 그래서 나귀는

"그 목적이란 게 도대체 뭔데?"

"전쟁이지, 우리 형도 저번 전쟁 때 죽었어. 나도 이제 곧 죽을 거야. 난 오히려 네가 부러워."

하지만 나귀는 말이 엄살을 부린다고 생각했습니다. 그래서 나귀는

"전쟁에서 살아남으면 될 일을 뭘 그렇게 고민 하니, 행복한 고민이다. 친구야."

그러자 말은 나귀에게

"그러면 내 대신 네가 전쟁에 나갈래?"

나귀는 솔깃했습니다. 그러나 주인이 절대 자신을 내보내지 않을 것이란 것을 잘 알고 있었습니다.

그러자 말은

"내가 없다면 분명 너를 전쟁에 데리고 나갈 거야. 그렇다면 네가 나를 도망치게 도와줘."

나귀는 그 말을 듣고 솔깃해졌습니다. 나귀는 '전쟁에서 살아남기만 하면 앞으로 내 삶은 편안해질 거' 라 생각하며 가슴이 쿵쿵 뛰었습니다.

나귀의 도움으로 말은 도망치고, 말의 예상대로 주인은 전쟁이 시작되자 어쩔 수 없이 나귀를 데리고 나갔습니다. 나귀는 무장한 주인을 태우니 너무나도 무거웠습니다.

발조차 뗄 수 없을 정도였습니다. 하지만 나귀는

"조금만 참자. 지금까지 힘들었는데 이것쯤이야."

하지만 칼과 창이 난무하는 적진 한 가운데로 갔을 때는 나귀는 너무나도 무서웠습니다. 그러한 현실을 직시하기도 전에 나귀는 적진 한가운데서 칼에 찔려 죽고 말았습니다. 나귀는 후회를 했지만 그러기엔 너무 늦었습니다.

76. 나귀와 수탉과 사자

[해석하기]

1) 하나님을 믿는 성도는 두려움에 떨어서는 안 됩니다. 나귀와 수탉과 사자라는 이솝우화를 아십니까? 동물의 제왕 사자가 수탉의 목소리에 놀라 나귀를 보고 도망갔습니다. 나귀도 사자처럼 움찔했지만 수탉의 울음소리인 줄 알자 도망가는 사자가 바보처럼 생각되었습니다. 그래서 나귀는 사자를 우습게 알고 뒤쫓아갔습니다. 여러분, 나귀는 어떻게 되었을까요. 나귀가 사자를 쫓고 있다니 말이 됩니까? 여러분은 하나님의 자녀로서 사자와 같은 존재입니다. 그런데 나귀와 같은 약한 존재에게 쫓겨서야 되겠습니까? 비록 잠시 두려웠더라도 빨리 하나님의 자녀로서의 신분을 회복해야 합니다. 우리의 후원자는 하나님이십니다.

2) 우리는 쉽게 남의 공로를 모르고 자신을 드러내려고 합니다. 이와 맞는 이솝우화가 있습니다. 어느 날 나귀와 수탉이 함께 먹이를 먹고 있을 때 사자가 공격했지만 수탉이 크게 울어 사자를 쫓아냈습니다. 한편 나귀는 자신 때문에 사자가 줄행랑을 쳤다고 생각하여 사자를 뒤쫓았습니다. 멍청한 나귀는 결국 사자의 밥이 되고 말았습니다. 나귀는 죽어가면서 소리쳤습니다. "나는 참 재수 없고 어리석은 놈이구나! 호전적인 부모에게서 태어나지도

이솝우화, 기독교 세계관으로 읽기

않는 내가 왜 싸움을 걸었을까?" 여러분, 나귀는 수탉의 공로로 사자의 밥이 되는 것을 잠시 면했습니다. 나귀는 수탉에게 고마워하며 감사의 인사를 했어야 합니다. 그런데 나귀는 자신이 잘난 줄 착각했고, 그 결과 나귀는 죽음을 재촉했습니다.

3) 나만의 해석하기

〈고쳐쓰기〉

나귀와 수탉들이 사는 동물 농장이 있었습니다. 어느 날 나귀와 젊은 수탉이 사이 좋게 먹이를 나누어 먹고 있었습니다. 그 때 배고픔에 굶주린 겁쟁이 사자가 숲에서는 먹이를 못 찾고 농장으로 내려왔습니다.

오호, 누구를 잡아먹을까? 아무래도 조그만 닭보다 크고 맛있게 생긴 나귀가 낫겠지?

사자는 이렇게 생각하고 나귀를 향해 돌진했습니다. 나귀는 속수 무책으로 당할 수밖에 없게 되었어요. 그러나 옆에 있던 수탉들이 일제히

"꼬꼬댁, 꼬꼬댁!"

하고 소리를 질렀습니다. 수탉 수 십 마리가 한꺼번에 울어대니 고막이 터질 정도로 소리가 컸습니다. 이에 놀란 겁쟁이 사자는 이 소리를 사람들의 총소리로 착각하여 도망치기 시작하였습니다.

한편 나귀는

'이번에 우리가 다소 희생을 감수해서라도 단단히 사자를 혼내 줘야 되겠어. 안 그러면 사자가 우리를 매일 공격해 공포 속에서 살아야 할지 몰라! 계란으로 바위를 깨는 격이지만 목숨을 걸고 수탉 무리들을 이끌고 사자를 좇아가야지.'

이에 수탉들과 작전을 짰습니다. 나귀는 수탉들에게 꼬꼬댁, 꼬꼬댁! 소리를 더욱 크게 지르라고 작전을 지시했습니다. 닭들의 소리는 더욱 더 커져만 갔고, 겁이 난 사자는 농장에 얼씬거리지 못했습니다.

77. 나귀와 여우와 사자

[해석하기]

1) 등잔 밑이 어둡다는 속담처럼 가까운 사람들을 너무 믿지 마세요, 참되고 신실하며 믿을 수 있는 친구는 오직 예수님이십니다. 나귀와 여우와 사자라는 이솝우화를 아십니까? 나귀와 여우는 사냥을 함께 하기로 계약을 맺었습니다. 그러나 사자가 길목에 나타나자, 여우는 제 한 목숨 살아보겠다는 속셈으로 "사자님 나귀를 덫에 가둘 수 있는 좋은 방법이 있습니다. 조금만 기다리세요"라고 말했습니다. 사자는 나귀가 덫에 갇히자 여우부터 잡아먹었습니다. 친구를 배신한 여우는 먼저 죽었습니다. 여러분, 한평생 살아가면서 신실하고 믿을 수 있는 친구가 있다면 얼마나 복된 일입니까? 그러나 세상 친구들은 여우처럼 절박한 순간에 배반하는 경우가 많습니다. 세상 친구를 너무 믿지 마시고, 가장 신실한 예수님을 친구로 삼으세요.

2) 동료를 배신하는 사람은 자기가 먼저 파멸 당할 수 있습니다. 나귀와 여우와 사자라는 이솝우화를 아십니까? 나귀와 여우는 함께 사냥을 하기로 계약을 맺었습니다. 사자가 길목

에 나타나자, 여우는 사자에게 다가가 나귀를 덫에 가두겠다고 제의합니다. 이 말을 들은 사자는 여우를 놓아주겠노라고 약속했습니다. 그래서 여우는 나귀를 사냥용 구덩이로 유인했고, 나귀는 함정에 빠져 갇혀버렸습니다. 사자는 나귀가 잡힌 것을 보자마자 여우부터 잡아먹었습니다. 여러분, 배신자의 최후를 보십시오(잠 13:15). 모든 일에 서로 협력하여 선을 이룰 수 있지만 배신은 멸망의 길로 인도합니다(롬 8:28).

3) 나만의 해석하기

<고쳐쓰기 1>

어느 한적하고 날씨 좋은 날 나귀와 여우는 함께 여행을 가기로 약속을 했어요. 둘은 콧노래를 부르며 숲을 돌아다녔어요. 어머! 그런데 이게 웬일이지요. 갑자기 사자가 나귀의 길을 떡 막는 것이 아니겠어요 나귀와 여우는 깜짝 놀랐어요. 사자 앞에서 부들부들 떨면서 서로 바라보고만 있었어요. 식은땀만 줄줄 흘리다가 꾀보 여우의 주머니가 열렸어요. 여우가 사자에게 슬쩍 다가갔어요

"사자님~ 사자님~ 저를 살려주시면 나귀를 유인해서 덫에 가둘게요."

이 말에 사자는 흔쾌히 허락했어요.

사자는 여우의 속마음도 모른 채 뒤를 졸졸 쫓아갔어요. 여우는 자기를 뒤따라오는 사자를 보며 속으로 노래를 불렀어요. 자신의 속마음을 사자에게 들킬까봐 걱정이 되었지만 태연하게 노래 부르며 구덩이로 향했어요.

이런 일이 있을까 봐 여우와 나귀가 구덩이를 한 개 파놓았거든요. 나귀가 구덩이에 발을 내밀려는 순간, 우당탕탕탕, 풀썩.

어머나! 나귀는 그대로인데 뒤따라오던 사자가 그만 구덩이에 빠졌지 뭐예요. 사자는 여우의 꾀에 넘어갔습니다.

"어리석은 사자야! 평생 그곳에서 살아라."

나귀와 여우는 이 말을 남기고는 다시금 여행을 떠났어요. 이들은 서로를 배신하지 않고 힘을 합쳐서 위기를 모면했습니다.

〈고쳐쓰기 2〉

나귀와 여우는 어렸을 때부터 콩 한쪽도 나누어 먹는 절친한 사이였습니다. 날씨가 화창한 어느 날 이 둘은 함께 사냥을 하기로 약속을 했습니다. 한참 사냥감을 찾고 있는 데 바로 눈앞에 사자가 보였습니다. 꼼짝없이 이 둘은 잡아먹힐 위험에 처하게 되었습니다. 순간 여우는 친구 나귀가 죽는 것이 슬펐습니다.

"사자님, 나귀는 모셔야 할 노부모님이 있습니다. 제발 나를 잡수시고 나귀를 살려 주세요."

"아닙니다, 사자님. 여우는 키워야 할 자녀들이 있습니다. 제발 나를 잡수시고 여우는 살려 주세요."

사자는 이들이 죽여달라는 말에 어찌할 바를 몰랐습니다.

"아니 이 놈들. 다른 동물 같으면 서로 살려 달라고 빌었거나, 다른 함정을 팠을 건데. 너희는 정말 사랑하는구나. 신의가 있는 친구들이니 약속을 지키겠지."

"예, 말씀하세요."

"너희들이 힘을 합쳐 사냥을 해 오너라."

이 말에 여우와 나귀는 서로 협동하여 사냥감을 사자에게 바쳤습니다.

"좋다! 약속대로 너희들을 살려 주겠다. 그리고 상급을 하나 더 주겠다. 앞으로 다른 사자를 만나면 나의 이름을 대거라. 그러면 너희들을 놓아 줄 것이다."

78. 나귀와 나귀 주인

[해석하기]

1) 우리의 생각과 하나님의 생각이 너무 차이가 날지라도 우리를 안전하게 인도하시는 하나님을 믿고 신뢰합시다. 나귀와 나귀 주인이라는 이솝우화를 아십니까? 주인의 손에 이끌려 가던 나귀가 가파른 비탈길을 가다가 발을 헛디며 벼랑에 떨어질 위기에 처하게 되었습니다. 주인은 나귀꼬리를 붙잡고 끌어올리려고 안간힘을 썼습니다. 그러자 나귀는 몸부림치며 세차게 저항했습니다. 그러나 주인은 나귀꼬리를 놓아버렸습니다. 여러분, 나귀와 나귀 주인의 처지가 인간과 하나님과의 관계와 비슷합니다. 주인의 도움에 반항하다 죽은 나귀를 기억합시다. 우리의 생각과 하나님의 생각이 다를지라도 우리를 안전하게 인도하시는 하나님을 믿고 신뢰할 때에 우리에게 유익이 있습니다.

2) 지혜로운 사람만이 하나님의 사랑을 깨달을 수 있습니다. 나귀와 나귀주인이라는 이솝우화를 아십니까? 주인의 손에 이끌리어 가던 나귀가 발을 헛디디게 되어 벼랑에 떨어질 위험에 처하게 되었습니다. 주인은 나귀를 끌어올리려고 안간힘을 썼습니다. 하지만 나귀는 벌렁 자빠진 채로 미친 듯이 저항했습니다. 그러자 주인은 "내가졌다. 하지만 너는 잘 못 이긴 거야"라고 말하며 손을 놓았습니다. 여러분, 주님께서는 우리가 교만하여 악의 구렁텅이에

빠질 때마다 항상 손을 내미십니다. 그러나 하나님께서도 우리가 그의 사랑을 깨닫지 못하고 발버둥치며 손을 놓을 수도 있습니다. 만약 나귀가 지혜로웠다면 주인의 뜻을 알고 고분 고분하였을 것입니다. 성도님, 순종하면 살고, 반항하면 죽습니다.

3) 구원의 손길을 붙잡읍시다. 나귀와 나귀주인이라는 이솝우화를 아십니까? 주인의 손에 이끌리어 가던 나귀가 벼랑에 빠질 위험에 처하자 주인은 나귀를 끌어올리려고 안간힘을 썼습니다. 하지만 나귀는 쓸데없이 저항하다 죽게 됩니다. 여러분 잠언 5:22절에 "악인은 자기의 악에 걸리며 그 죄의 줄에 매이나니"라는 말씀이 있습니다. 주님은 우리를 구원하시려고 손을 내미시는데, 혹여 그 사랑을 깨닫지 못하고 쓸데없이 반항하고 있지 않습니까?

4) 나만의 해석하기

〈각색하기〉
어느 산골에 한 남자와 나귀가 서로를 의지하고 평화롭게 살고 있었습니다.

그러던 어느 날, 나귀의 양식이 다 떨어져서 읍내까지 가야하는 상황이 발생했습니다. 나귀는 무거운 짐을 가뜩 지게 되자 화가 치밀었습니다.

'왜 나만 짐을 지지, 주인은 뒷짐을 지고 가는데.'

나귀는 이런 생각을 하자 주인을 골탕 먹이고 싶었어요. 나귀는 한 발을 헛디뎠습니다. 나귀는 금방이라도 언덕 아래로 굴러 떨어질 것 같았습니다. 나귀는 나 살려 소리를 치고 싶었지만 주인이 미워서 꾹 참았습니다.

깜짝 놀란 주인이 재빨리 나귀의 꼬리를 잡았습니다. 그러자 나귀는 나귀주인에게 반항해 볼 생각으로 미친 듯이 몸부림치며 저항했습니다. 그러자 나귀 주인은 몹시 화가 났어요.

'좋다. 내가 지지. 쓸데없이 반항하니 언덕 아래로 떨어져 죽을 길밖에.'

주인이 나귀의 꼬리를 놓아 버렸습니다.

79. 황금 알을 낳는 암탉

[해석하기]

1) 하나님께서는 우리의 필요를 그때그때 채워주십니다. 황금 알을 낳는 암탉이라는 이솝우화를 아십니까? 황금 알을 낳는 암탉 때문에 부자가 된 사람들이 있습니다. 그 사람은 하루에 한 개뿐인 황금 알에 만족하지 못했어요. 그래서 그는 암탉의 뱃속에 금 덩어리가 들어 있을 것이라는 생각에 암탉의 배를 갈랐습니다. 하지만 뱃속은 여느 다른 암탉과 다를 바 없었습니다. 여러분, 지나친 탐심을 버리세요. 하나님은 우리의 필요를 그때그때 알맞게 채워주시는 분이십니다. 우리가 필요한 이상의 것을 탐하면, 하나님은 그 옛날 광야에서 이스라엘 백성이 필요 이상으로 거두었던 만나를 썩게 하셨던 것처럼, 우리의 재물도 썩게 하실지 모릅니다. 은을 사랑하는 자는 은으로 만족함이 없고, 풍부를 사랑하는 자는 소득으로 만족함이 없나니 이것이 헛되도다(전 5:10). 여러분, 과도한 욕심을 버리고 하루하루 주신 은혜에 감사하며 살아갑시다.

2) 하나님께서 주신 복을 욕심 때문에 스스로 차버리지 마십시오. 황금 알을 낳는 암탉이라는 이솝우화를 아십니까? 황금 알을 낳는 아름다운 암탉을 가진 사람이 있었습니다. 그는 암탉의 뱃속에 금 덩어리가 있을 것이라고 믿고 그만 배를 갈라 죽였습니다. 그러나 안타깝게도 암탉의 뱃속은 여

느 암탉과 다를 바가 없었습니다. 여러분, 우리도 암탉의 주인과 같이 행동할 때가 많습니다. 한 순간의 큰 이득을 위해 현재 자신에게 주어진 작은 복을 무시하고, 탐욕을 부리다가 패가망신을 당한 경험이 있다면 이 우화가 실감이 날 것입니다. 여러분에게 주어진 작은 것들에 감사하세요. 하나님께서는 작은 것에 감사하는 자에게 더 큰복으로 채워주실 것입니다.

3) 하나님께서는 부지런한 일꾼을 찾으십니다. 황금 알을 낳는 암탉이라는 이솝우화를 아십니까? 황금 알을 낳는 아름다운 암탉을 가진 사람이 있었습니다. 그는 암탉의 뱃속에 금 덩어리가 있을 것이라고 믿고 그만 배를 갈라 죽였습니다. 그러나 안타깝게도 암탉의 뱃속은 여느 암탉과 다를 바가 없었습니다. 여러분, 일확천금을 꿈꾸지 않습니까? 닭 주인은 일확천금을 꿈꾸다 낭망하게 됩니다. 닭 주인은 부지런하게 일하여 번 돈이 아니기 때문에 허황된 꿈을 꾸다가 낭패를 보았습니다. 우리는 이 우화로 금전에 관한 올바른 가치관을 정립하고, 땀흘려 일하는 즐거움을 회복해야겠습니다.

4) 나만의 해석하기

이솝우화, 기독교 세계관으로 읽기

〈각색하기〉

들판 가운데 한 허름한 집이 있었어요. 집 앞에는 동물들을 키울 수 있는 우리와 정원이 있었습니다. 그곳에는 많은 닭들과 동물들이 있었어요. 그 가운데 그 남자가 들고 있던 닭이 유난히 특별하게 눈에 띄었습니다.

'오! 이 이쁜 것!'

그 남자는 닭 한 마리를 품고 즐거워하고 있었어요.

'황금 알을 낳아주는 닭아! 네가 나에게 얼마나 소중한지 너는 모를 꺼다~.'

어느 날 주인은 닭을 보고 다음과 같은 생각이 들었어요.

'혹시 뱃속에 금덩이가 가득한 건 아닐까? 하루하루 금을 기다리는 것보다 배를 가르면 한꺼번에 많은 금을 얻을 수 있겠군.'

주인은 뱃속에 금덩어리가 들어있을 것이라고 믿고 칼로 암탉의 배를 갈라보았습니다. 하지만 그 뱃속은 여느 암탉의 배와 다를 것이 없었습니다.

'아니 이럴 수가! 내가 괜한 욕심 때문에 황금 알을 낳는 닭을 죽였구나!'

주인은 자신이 한스러워 울기 시작했습니다.

닭 주인이 후회하고 있을 때 비가 주룩주룩 내립니다.

80. 뱀의 꼬리와 나머지 몸

[해석하기]

1) 하나님께서는 자신의 위치에서 온전히 섬기는 성도를 사랑하십니다. 여러분께서는 이런 이솝우화를 아십니까? 뱀의 꼬리가 지도자가 되겠다고 우겼습니다. 다른 지체들이 "눈과 코도 없는 네가 어떻게 우리를 인도할 수 있겠니?"라며 꼬리에게 말리었습니다. 꼬리는 몸을 맹목적으로 인도하다 돌멩이가 가득한 구멍에 빠져서 척추와 전신에 상처를 입혔습니다. 그러자 꼬리는 머리에게 알랑거리며 "주인님, 제발 우리를 구해주세요. 당신과 싸움을 시작하다니 제가 잘못했어요."라며 용서를 청했습니다. 여러분, 하나님께서는 각자 믿음의 분량대로 일을 맡기십니다. "내게 주신 은혜로 말미암아 너희 종 각 사람에게 말하노니 마땅히 생각할 그 이상의 생각을 품지 말고 오직 하나님께서 각 사람에게 나눠주신 믿음의 분량대로 지혜롭게 생각하라"(롬 12:3). 여러분, 자기에게 주어진 일에 충성하세요.

2) 자기 자신의 능력과 위치를 알고 그에 맞게 처신합시다. 뱀의 꼬리와 나머지 몸이라는 이솝우화를 아십니까? 뱀의 꼬리는 자신이 지도자가 되겠다고 머리에게 우기기 시작했습니다. 모든 지체들은 꼬리에게 말리었습니다. 하지만 꼬리가 계속 우기자 머리가 꼬리에게 양보를 했습니다. 꼬리가 몸을

인도하자 뱀은 만신창이가 되고 말았습니다. 그제야 꼬리는 잘못을 뉘우치지만 이미 엎질러진 물이 되었습니다. 여러분, 하나님께서는 각 사람에게 적당한 재능과 능력을 허락하셨습니다. 하지만 우리는 하나님이 주신 달란트를 활용하기보다 남이 가진 것과 비교하고 자신의 능력 밖의 일을 하려고 할 때가 많습니다. 여러분, 자신의 재능이 무엇인지 먼저 파악하고, 그것으로 하나님께 영광을 돌립시다.

3) 누군가 잘못된 일을 하고자 하면, 그것을 설득하여 막아야 합니다. 막지 못하면 큰 불행이 일어날 수 있습니다. 뱀의 꼬리와 나머지 몸이라는 이솝우화를 아십니까? 뱀의 꼬리가 지도자가 되겠다고 우기자, 모든 지체들이 그것을 막지 못하여 몸이 엉망진창이 되었다는 이야기입니다. 뱀은 꼬리의 잘못된 생각을 적극적으로 막지 못한 결과, 큰 상처를 입었습니다. 왜 예상된 일을 막지 못하고 피해를 당합니까? 따라서 성도라면 잘못된 길로 가는 사람을 방관하면 안 됩니다. 큰 피해가 일어나기 전에 준비하고 예방합시다.

4) 나만의 해석하기

_____
_____
_____
_____
_____
_____

<고쳐쓰기>

 뱀의 꼬리가 앞장을 서겠다고 우기고 있습니다. 이제껏 머리의 들러리만 섰으니 이젠 우두머리가 되어야겠다고 주장합니다. 듣고 보니 일견 타당한 것 같습니다. 하지만 다른 부분들이 반대합니다.
 "머리처럼 눈도 코도 없는 네가 어떻게 우리를 인도할 수 있겠니?"
 이 말을 들은 꼬리는 더욱 큰 소리로 외쳤습니다.
 "우리는 모두 한 몸인데 머리만 앞장을 서고 나는 매일 뒤에서 따라간다는 것이 불공평해! 나에게도 기회를 줘!"
 이 때 머리가 눈에 눈물을 머금고 말하기 시작했습니다.
 "꼬리야 미안하다. 나는 네가 그런 생각을 하고 있는지 몰랐어. 하지만 나는 한번도 우두머리라고 생각해 본 적이 없어. 난 그저 눈과 입이 있기 때문에 먹이를 찾고 위험한 곳을 알렸을 뿐이야. 난 네가 우리의 대장이라고 생각했어. 넌 늘 조용히 뒤따르지만 감당하기 어려운 적을 만나면 용감히 치솟아 적을 쫓아내고 먹이를 만나면 강력한 힘으로 먹이를 사로잡잖아. 사실 나는 네가 부러웠어."
 이 말을 들은 꼬리는 자신을 진심으로 존경하는 머리의 마음을 보고 감격했습니다.
 "머리야, 고맙다. 너희들이 나를 무시하는 줄 알았어. 이제 앞으로 잘 더욱 잘 지내자."

81. 메뚜기를 잡는 아이와 전갈

[해석하기]

1) 지나친 욕심은 죽음입니다. 잘못된 결과가 도출되지 않도록 주의를 기울입시다. 메뚜기를 잡는 아이와 전갈이라는 이솝우화를 아십니까? 한 아이가 메뚜기를 잡고 있는데, 그 아이는 이미 꽤 많은 메뚜기를 잡았음에도 불구하고, 욕심이 앞을 가려 전갈을 메뚜기로 알고 잡으려 하였습니다. 이에 전갈은 자신을 잡으면 메뚜기를 모두 잃게 될 것이라고 경고하였습니다. 여러분, 지나친 욕심 때문에 아이는 가진 것마저 잃게 될 위험에 처하게 되었습니다. 더 나아가 목숨까지 잃게 될지도 모릅니다.

2) 여러분, 자족하는 마음을 가지고 하늘에 소망을 두고 살아갑시다. 메뚜기를 잡는 아이와 전갈이라는 이솝우화를 아십니까? 한 아이가 메뚜기를 잡고 있는데, 그 아이는 이미 꽤 많은 메뚜기를 잡았음에도 불구하고, 욕심이 앞을 가려 전갈을 메뚜기로 알고 잡으려 하였습니다. 이에 전갈은 자신을 잡으면 메뚜기를 모두 잃게 될 것이라고 경고하였습니다. 여러분, 지나치게 메뚜기를 탐하다보니 전갈이 메뚜기처럼 보인 것 같이, 세상의 권력과 부를 쫓다보면 진정 중요한 영원한 생명에 대하여 관심이 적어집니다. 여러분, 자족하는 마음을 가지고, 저 하늘나라에 소망을 두며 살아갑시다.

〈각색하기〉

이슬이 아직 걷히지 않은 이른 오전입니다. 풀들의 잎사귀에는 이슬이 방울방울 맺혀있습니다. 한 성벽 앞에서 아이는 무엇인가를 관찰하느라 정신이 없는 모양입니다.

"우아! 정말 신기한 곤충들이 많네"

개미, 사마귀, 거미, 메뚜기 등등. 아이는 파랗고 예쁜 메뚜기가 눈에 띄었습니다. 아이는 병을 열고 한 마리씩 한 마리씩 메뚜기를 잡아넣기 시작했습니다.

"메뚜기 다 잡았다."

'이제 뭘 또 잡을까? 어라? 저기 메뚜기가 한 마리 더 있네. 흐흐흐 저것도 마저 잡아야겠다.'

병 속에 있는 메뚜기들이 소리칩니다.

"안돼! 안돼요! 저것은 전갈이에요. 잡지 마세요. 전갈이 우리를 다 먹어치울 겁니다. 흑, 흑, 흑"

이번에는 전갈이

"꼬마야, 나는 메뚜기가 아니란다. 나를 잡으면 안돼, 큰 손해가 날거야."

아이에게는 아무 소리가 들리지 않았습니다.

전갈은 병 속에 있는 메뚜기의 머리와 다리를 분해시키고 맛있게 먹고 있습니다. 병 속을 본 아이는 울상이 되었습니다. 메뚜기가 한 마리도 남아 있지 않았기 때문입니다.

82. 아이와 까마귀

[해석하기]

1) 세상 사람들 가운데 점쟁이의 예언에 너무 민감한 나머지 그 예언 때문에 사고를 당하는 경우가 많습니다. 아이와 까마귀란 이솝우화를 아십니까? 점쟁이에게 불길한 예언을 받은 아이의 어머니가 있었습니다. 점쟁이는 아이가 까마귀(Korax)로 인하여 죽게 될 것이라는 예언을 했습니다. 아이의 어머니는 까마귀로부터 아이를 보호하기 위해 그를 상자에 가두었습니다. 하지만 어느 날 어머니가 상자를 열었다가 뚜껑을 닫는데 아이가 머리를 불쑥 내밀었습니다. 아이는 그 상자의 갈고리 손잡이에 머리를 맞아 죽었습니다. 어머니의 지나친 염려가 그 아이를 죽게 했습니다. 어머니가 왜 그렇게 소심한 사람이 되었을까요. 점쟁이의 예언이 족쇄가 되어 두려움에 떨었기 때문입니다. 여러분, 그 날의 괴로움은 그 날에 족합니다. 하나님께 감사하며, 그 분의 뜻에 순종하세요. 그러면 하나님께서 친히 도우실 것입니다.

2) 요즘 많은 부모님들이 자식을 대리적 욕구 수단의 한 소유물처럼 대하는 경우가 있는 데 그것은 잘못된 일입니다. 아이와 까마귀라는 이솝우화를 아십니까? 한 어머니가 아들의 운명을 점쟁이에게 묻던 중 까마귀로 인해 죽게 될 거라는 예언을 듣습니다. 그래서 어머니는 아들을 커

다란 상자 안에 가두고 매일 음식을 넣어 주었습니다. 그러던 어느 날 어머니가 상자를 닫는데 아이가 머리를 내밀었습니다. 아이가 공교롭게도 그 상자의 갈고리 손잡이에 맞아 죽었습니다. 여러분, 점쟁이의 말이 두려워 아이를 상자 안에 가두고 키우는 것이 바른 행동입니까? 자녀는 하나님께서 여러분에게 주신 선물입니다. 우리가 하나님께서 아들을 잠시 맡긴 것임을 알 때 두려움에서 벗어날 수 있습니다. 왜 점쟁이의 말을 믿고 아이들 답답하게 합니까? 여러분, 아들과 딸들을 점쟁이의 말이 아닌 주님의 교양과 훈계로 양육하세요

3) 성도는 하나님의 뜻을 알기 위해 하나님께 묻고 아뢰어야 합니다. 아이와 까마귀라는 이솝우화를 아십니까? 한 어머니가 아들의 운명을 점쟁이에게 묻던 중 까마귀로 인해 죽게 될 거라는 예언을 듣습니다. 어머니는 아들을 커다란 상자 안에 가두고 매일 음식을 넣어 주었습니다. 그러던 어느 날 어머니가 상자를 닫았습니다. 그 때 아이가 머리를 내밀었고, 공교롭게도 손잡이가 아이의 정수리를 때렸습니다. 아이는 죽었습니다. 여러분, 허탄한 점쟁이의 말을 듣고 아들을 죽인 어미의 마음이 어떠하겠습니까? 아이의 어머니는 점쟁이에게 속았습니다. 우리 인생을 살릴 수 있는 것은 하나님의 말씀입니다. 여러분, 하나님의 예언의 말씀을 읽고 그곳에서 하나님의 뜻을 발견하세요. 그곳에 영원한 생명이 있습니다.

4) 나만의 해석하기

_____
_____
_____

〈각색하기〉

한 여인에게 아들이 하나 있었습니다. 늦게 얻은 아들이라 여인에게는 아들이 더 없이 사랑스럽고 소중했습니다. 쥐면 꺼질까 불면 날아갈까 하는 귀한 아들이었습니다. 항상 염려스러웠던 그 여인은 용하다는 점쟁이를 찾아갔습니다.

"아들 때문에 왔지"

여인은 놀라며

"어떻게 아셨어요? 우리 아들에게 무슨 일이 있나요?"

"아들은 일찍 죽을 팔자야. 그놈의 까마귀 때문에 곧 죽을 거야."

여인은 하얗게 질린 얼굴로 집으로 돌아왔습니다.

공포에 휩싸인 여인은 아들을 상자 속에 가두어 키우기 시작했습니다.

"엄마 나 밖에 나갈래."

"안돼. 엄마가 나오라고 할 때까지 여기에 들어가 있어. 참고 그 안에서 놀아라."

며칠을 갇혀 있던 아이는 답답함을 이기지 못하여 엄마의 발자국 소리가 들리자 얼굴을 쏙 내밀었습니다.

"뭐하니? 얼른 들어가 있으라니까. 어서!"

순간 상자에 있던 갈고리 손잡이가 아들의 머리에 떨어졌습니다. 아들은 어떻게 되었을까요

83. 목마른 비둘기

[해석하기]

1) 그리스도인은 육체가 곤고하더라도 영적으로는 항상 깨어있어야 합니다. 목마른 비둘기라는 이솝우화를 아십니까? 어느 날 갈증에 시달리던 비둘기가 그림으로 된 물동이를 실물로 알고 물동이 속의 물을 마시려고 달려들다가 그만 날개 끝이 부러졌습니다. 그 비둘기는 날개가 부러져 지나가던 행인에게 붙잡히게 되었습니다. 여러분, 성경에는 말세에 유혹의 영이 판을 친다고 기록되어 있습니다. 영생교 교주가 여러명을 생매장한 뉴스를 보면서 진리를 선별할 줄 아는 지혜가 필요함을 다시한번 생각하게 되었습니다. 겉보기에 똑같이 '하나님의 성회'라고 되어 있지만 성급하게 다가가면 사탄의 올무에 붙잡혀 죽게 됩니다.

2) 섣부른 판단이 멸망을 부릅니다. 목마른 비둘기라는 이솝우화를 아십니까? 갈증에 시달리던 비둘기가 그림 속의 물동이를 보고 실물이라고 믿어 버렸습니다. 그래서 크게 날개를 펄럭이며 성급하게 몸을 내던져서 그만 날개 끝이 부러졌습니다. 비둘기는 땅에 떨어져서 그 곳을 지나던 행인에게 붙잡혔습니다. 여러분, 비둘기가 아무리 목이 말라도 조금만 주의를 기울였다면 날개가 부러졌겠습니까? 섣부른 판단은 금물입니다. 급할 때일수록 돌아가라는

속담을 기억합시다.

---

3) 나만의 해석하기

_____
_____
_____
_____
_____
_____
_____

〈각색하기〉

 너무도 오랜 시간 비가 내리지 않아 온통 세상이 말라버렸습니다. 오늘도 어김없이 물을 찾아 비둘기가 멀리 날았습니다.
 "헉헉 도대체 물은 어디에 있는 거야."
 하염없이 물을 찾아 날아다니던 비둘기가 드디어 물동이를 발견하게 되었습니다.
 "앗싸 하늘은 노력하는 자를 돕는다고 하하하 물동이잖아."
 그런데 아쉽게도 이 물동이는 진짜가 아닌 그림 속의 물동이였습니다. 너무도 사실적으로 그려놨던 물동이였기에 비둘기는 착각을 하게 되었습니다.
 "물동이야 내가 간다! 기다려라. 자, 젖 먹던 힘까지 전속력 돌진!"
 순간 퍽 소리와 함께 비둘기가 그림에 부딪혔습니다. 비둘기는 고꾸라졌고, 이로 인해 비둘기는 날개가 부러졌습니다. 더 이상 날 기운조차 잃어버렸습니다.

'조금만 더 신중하게 바라봤으면 이런 일은 당하지 않았을 텐데.'

이 때 마침 길을 지나던 한 새장수가 비둘기를 발견하게 되었고, 비둘기는 새장 속에 갇힌 신세가 되었습니다.

84. 원숭이와 어부

[해석하기]

1) 태신자들은 방법을 익힌 후에 영적 지도자들의 행동을 따라해야 합니다. 원숭이와 어부라는 이솝우화를 아십니까? 원숭이는 강에 그물을 던지는 어부들의 모습을 보고, 어부들이 점심을 먹으러 간 사이에 그대로 모방하다가, 그물이 몸에 감겨 죽을 지경이 되었습니다. 원숭이는 "난 이런 일을 당해도 싸, 왜 먼저 방법을 배우고 나서 고기를 잡으려고 하지 않았을까?" 여러분, 방법을 익히지 않고 단순하게 모방하면 위험에 처할 수 있습니다. 따라서 그리스도인들은 원숭이의 잘못을 거울삼아 영적 지도자들의 모습을 먼저 배우고 실천해야 합니다. 반면에 영적 지도자들은 태신자들이 여러분의 행동을 예의 주시하고 있는 점을 아시고 행동 하나에 조신해야 합니다.

2) 잘못을 저질렀다고 책망만 하지 말고 그들에게 방법을 가르쳐 좋은 결과를 얻도록 합시다. 원숭이와 어부라는 이솝우화를 아십니까? 원숭이는 강에 그물을 던지는 어부들의 모습을 보고, 어부들이 점심을 먹으러 간 사이에 그대로 모방하다가, 그물이 몸에 감겨 죽게 되었습니다. 원숭이는 "난 이런 일을 당해도 싸. 왜 먼저 방법을 배우고 나서 고기를 잡으려고 하지 않았을까?" 여러분, 바보스러운 원숭이구만 이라고 책망하지 마십시오 원숭

이솝우화, 기독교 세계관으로 읽기

이들이 얼마나 고기를 잡고 싶었을까? 그것을 이해하고 그들에게 바른 방법을 가르쳐 주면 훌륭한 일군으로 활용할 수 있습니다.

3) 나만의 해석하기

_____
_____
_____
_____
_____
_____
_____

〈고쳐쓰기〉

원숭이가 높은 나무에 앉아 어부들이 그물 던지는 모습을 유심히 살폈습니다. 잠시 후 어부들이 그물을 남겨두고 점심을 먹으러 갔습니다. 그러자 원숭이는 '저런 것쯤이야' 속으로 생각하면서 어부들이 하던 대로 똑같이 해보았습니다. 그런데 어찌된 영문인지 자신의 몸이 그물에 감겨들어 그만 물에 빠져 죽을 지경이 되었습니다. 이 때 막 점심을 먹고 돌아온 어부들은 원숭이의 모습을 보고는,

"하 하 하 하."

하며 큰 소리로 비웃었습니다.

그러나 어부들은 자신들의 서툴렀던 옛날을 기억하고 그물에 감겨진 원숭이

를 풀어주었습니다. 그리고 원숭이들에게,
"그물은 이렇게 저렇게, 사용해야 돼!"
라고 상세하게 사용 방법을 가르쳐 주었습니다.
"어부님, 감사합니다. 정말 열심히 고기를 잡겠습니다."
그 후 원숭이 그물을 잘 다루게 되었고, 그 결과 어부들도 원숭이에게 큰 도움을 받았습니다.

85. 양치기와 양에게 꼬리치는 개

[해석하기]

1) 여러분, 인간의 본성은 이기적이라는 사실을 기억하고, 그것에 실망하지 말고 끝까지 품고 사랑합시다. 양치기와 양에게 꼬리치는 개라는 이솝우화를 아십니까? 양치기에게 큰 개가 한 마리 있었습니다. 양치기는 사산된 새끼 양이나 죽은 양을 개에게 먹이로 주었습니다 그러던 어느 날 양치기는 큰 개가 암양에게 다가가 꼬리치는 모습을 발견하고 그리고 개에게 소리쳤습니다. "네가 양들에게 바라는 그 운명이 대신 네놈한테 일어났으면 좋겠다!" 여러분, 개는 양들 곁에서 사산된 새끼 양을 먹기 위해 살살 꼬리치고 있습니다. 주인은 개가 겉으로는 양을 보호해주는 듯하지만, 실상은 자신의 배를 채우기 위한 이기주의에서 꼬리치고 있는 것을 간파하고, 개에게 저주를 내렸습니다. 만약 여러분이 만날 때는 웃지만 자신의 이익을 구하는 음흉한 마음이 가득 찬 사람을 만난다면 주인과 같이 저주하고 싶은 생각이 들지도 모릅니다. 그러나 기독교인은 저주하지 말아야 합니다. 타락한 인간은 본성 자체가 이기적이고 악한 것임을 알고 그를 끝까지 품어야 합니다.

2) 하나님께서는 아첨하는 것을 좋아하지 아니 하십니다. 양치기와 양에게 꼬리치는 개라는 이솝우화를 아십니까? 평소 양치기는 자기가 기

르는 개에게 사산된 양이나 죽은 양을 먹이로 주곤 했습니다. 그러던 어느 날 개는 우리에서 쉬고 있는 양에게 다가가 꼬리를 치며 '양들아, 너희가 죽어야 내가 먹지.' 라고 생각했습니다. 그 광경을 지켜본 양치기는 "개야, 네가 양들에게 바라는 그 운명이 네놈한테 일어났으면 좋겠다."라고 말합니다. 여러분, 성경에 "이웃에게 아첨하는 것은 그의 발 앞에 그물을 치는 것이라"(잠 29:5)라고 말씀하십니다. 우리는 뱀같이 지혜롭게 교언영색하는 사람을 경계해애 합니다.

3) 지나친 욕심은 나쁜 결과를 가져옵니다. 작은 것들로 감사합시다. 양치기와 양에게 꼬리치는 개라는 이솝우화를 아십니까? 양치기에게 큰 개가 한 마리 있었습니다. 양치기는 사산된 새끼 양이나 죽은 양을 개의 먹이로 주었습니다 그런데 어느 날 양치기는 큰 개가 암양에게 다가가 꼬리치는 모습을 발견하고 개에게 소리쳤습니다. "네가 양들에게 바라는 그 운명이 대신 네놈한테 일어났으면 좋겠다!" 여러분, 주어진 상황에 감사하지 못한 개의 운명은 불을 보듯 뻔한 일입니다. 욕심이 잉태한즉 죄를 낳는다고 했습니다. 작은 것들로 인해 감사한다는 것이 얼마나 어려운지를 아시겠습니까?

4) 지도자는 습관이 제 이의 천성이라는 사실을 인식하고 아랫 사람들에게 좋은 습관을 기르도록 지도해야 합니다. 양치기와 큰 개라는 이솝우화를 아십니까? 양치기는 새끼 양이 사산할 때마다 그 양을 개에게 주었습니다. 큰 개는 처음엔 어리둥절했지만 가끔은 주인이 주는 양을 맛있게 먹었고, 그 양고기 맛에 익숙해졌습니다. 이제 개는 양이 사산하기를 바라고 있습니다. 여러분, 양몰이 개가 양이 사산하기를 바라면 되겠습니까? 주인이 양몰이 개에게 아주 잘못된 습관을 갖게 한 것입니다. 따라서 어떤 일을 할 때 그 결과를 예측하고 행하는 지혜가 필요합니다.

이솝우화, 기독교 세계관으로 읽기

5) 나만의 해석하기

<각색하기>

머나 먼 호주 땅, 한 마을에 양치기와 큰 개가 살았어요.

"에잇, 또 죽었네, 그렇게 잘 먹여도 죽고 난리야. (휘리릭~) 야, 먹어라!"

양치기는 사산된 새끼 양이나 죽은 양을 개에게 먹이로 던져주곤 했어요.

"멍멍! 흐흐흐 멍멍! (쩝쩝쩝)"

며칠이 지났을까요? 햇빛이 내리쬐는 어느 오후, 양떼가 우리에서 쉬고 있었어요.

"메에~ 쟨 뭐야? 우리보고 왜 꼬리쳐? 쳇!"

"그러게 말이야. 개면 개하고 놀아야지, 저렇게 정체성이 없어서야."

암양들은 자신들을 보고 꼬리치는 개를 보자 어이가 없었어요.

'큿, 바보 니들이 죽어야 내가 배가

차니까 그렇지 멍멍, 멍머러멍!'
  큰 개는 양들을 비웃으면서 양들이 죽기를 쳐다보고 있었어요.
  "퍽!"
  "캐갱~"
  한심하게 나무에서 사과 떨어지기를 기다리는 큰 개를 보고 양치기는 개의 머리통을 내리쳤어요.

86. 흰털발제비와 새들

[해석하기]

1) 현재의 상황을 올바르게 직시하고 그에 따른 현명한 대비책을 마련하도록 노력합시다. 흰털발제비와 새들이라는 이솝우화를 아십니까? 겨우살이가 처음 생겨났을 때, 흰털발제비는 새들에게 닥친 위험을 감지하고 다른 새들에게 앞으로 닥칠 위험을 설명합니다. 그리고 사람들에게 탄원을 내자고 새들에게 호소했어요. 하지만 다른 새들은 흰털발제비가 노망이 났다고 비웃습니다. 할 수 없이 흰털발제비는 둥지를 사람들 곁으로 옮겼어요. 그러자 사람들이 흰털발제비를 안전하게 보호해 주었어요. 여러분, 흰털발제비처럼 미래에 대한 현명한 대비책을 세우세요. 세상 사람들은 미래를 보지 못하고 그날 그날 살아갑니다. 그래서 노아의 경고를 듣지 않았습니다. 그 결과 그들은 어떻게 되었습니까? 여러분, 예수님 곁으로 오십시오. 그곳에 생명이 있습니다.

2) 주님은 세상 사람들을 안타깝게 바라보십니다. 흰털발제비와 새들이라는 이솝우화를 아십니까? 겨우살이가 처음 생겨났을 때, 흰털발제비는 새들에게 닥친 위험을 감지하고 다른 새들에게 그것을 예방하기 위해 사람들에게 탄원을 하자고 새들에게 호소했어요. 하지만 다른 새들은 흰털발제비가 노망이 들었다고 비난하며 그를 비웃었어요. 흰털발제비만 사람들 곁으로 둥지를

옮겼고, 사람들의 보호를 받으며 살았습니다. 여러분, 이 우화에서 겨우살이의 등장에 따른 두 가지 반응을 볼 수 있습니다. 향후에 닥칠 위험을 직시하고 자신의 보호책을 강구하는 흰털발제비와 그것은 큰 문제가 아니라고 관심을 기울이지 않는 다른 새들의 반응입니다. 여러분, 노아도 홍수를 경고했지만 세상 사람들은 말을 듣지 않았습니다. 지금은 어떠합니까? 예수를 구주로 시인하고 믿기만 하면 구원을 얻을 수 있다는 복음을 세상 사람들에게 전하지만 그들은 귀한 복음을 안타깝게 비웃고 있습니다.

---

3) 나만의 해석하기

〈각색하기〉

따사로운 햇살이 내리쬐는 어느 봄날 숲 속 마을에 뻐꾸기, 종달새, 꾀꼬리 같은 새들이 이 나무, 저 나무에 집을 짓고 평화롭게 살았습니다. 그러던 어느 날, 평화스러운 이 숲 속 마을에 겨우살이 가족이 참나무 아파트로 이사를 오게 되었어요. 다른 새들은 그저,

이솝우화, 기독교 세계관으로 읽기

"아, 또 다른 이웃이 생겼구나?"
라고만 생각을 했지요. 하지만 나이 많고 현
명한 흰털발제비 할아버지만은 그렇지 않았어
요. 흰털발제비 할아버지는 이웃에 사는 다른 새
들에게,

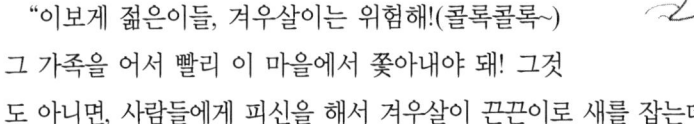

"이보게 젊은이들, 겨우살이는 위험해!(콜록콜록~)
그 가족을 어서 빨리 이 마을에서 쫓아내야 돼! 그것
도 아니면, 사람들에게 피신을 해서 겨우살이 끈끈이로 새를 잡는데 쓰지 말아
달라고 데모라도 해야 돼!"
라며 애원하기 시작했지요. 하지만 새들은 그 말을 듣지 않았어요.

"흰털발제비 할아버지가 이제 많이 늙으셨나 봐, 그렇게 하지 않고서야 어찜
저런 헛소리를 할 수가 있겠어? 겨우살이 가족이 얼마나 착하고 인정 많은 이
웃인데 흰털발제비 할아버지도 이제 연세가 너무 많으셔서 정신이 없으신 게
분명한 게야!"

아무도 흰털발제비 할아버지의 말에 귀를 기울이지 않았죠. 이에 너무나도
안타깝지만 흰털발제비 할아버지는 어쩔 수 없이, 앞으로 닥칠지도 모르는 무
서운 일들에 몸서리치며 사람들 곁으로 둥지를 옮겼어요. 흰털발제비 할아버지
는 사람들과 만났답니다. 흰털발제비 할아버지는 사람들에게,

"나는 숲 속 마을 새들을 구하기 위해 이곳으로 피신시키고자 했지만, 젊은
새들은 듣지 않았어요. 아무튼, 살려주세요."

사람들은 흰털발제비 할아버지를 환영해 주었답니다. 왜냐하면 흰털발제비
할아버지는 참으로 현명해 보였고 또한 인정도 많아 보였거든요. 이튿날 사람
들이 겨우살이를 잡을 때 사용되는 겨우살이끈끈이를 숲 속 마을에 설치했습니
다. 겨우살이 끈끈이를 설치한지 며칠이 지나서, 사람들은 겨우살이를 잡아 모

으려 숲 속 마을로 향했습니다.

　그런데 이게 웬일일까요? 겨우살이를 잡으려고 놓았던 끈끈이에 젊은 새들만이 허우적대며 기진맥진해 있습니다. 사람들은 통통하게 살이 찐, 맛있게 보이는 젊은 새들을 보고 쾌재를 불렀어요. 사람들은 콧노래를 부르며 새들을 가방에 집어넣었습니다.

　결국에 흰털발제비 할아버지네 가족만이 사람들의 보호를 받으며 아무 걱정 없이 둥지를 틀고 살게 되었습니다.

87. 허풍선이 참새와 까마귀

[해석하기]

1) 성도라면 선한 양심을 가지고 진실한 말을 해야 합니다. 허풍선이 참새와 까마귀라는 이솝우화를 아십니까? 참새가 까마귀에서 말했습니다. "나는 처녀이고 아테네인이며 아테네 왕의 딸이야." 참새는 계속해서 테레우스가 자신을 겁탈하고 혀를 잘라 냈는지 이야기하고 있습니다. 까마귀는 "잘린 혀로 그렇게 엄청나게 재잘댈 수 있는 마당에 혀가 있었다면 큰일나겠네?"라며 참새의 본심을 꿰뚫어 보았습니다. 결국 참새가 까마귀에게 했던 모든 거짓말이 들통나고 말았습니다. 여러분, 그럴듯한 거짓말로 남을 속여도 언젠가는 그 말의 진실이 드러나게 마련입니다. 매사에 진실을 말해 누구에게나 인정받을 수 있는 사람이 됩시다. "여호와여 내 입 앞에 파숫군을 세우시고 내 입술의 문을 지키소서"(시 141:3).

2) 참된 제자는 예수 그리스도만 자랑해야 합니다. 허풍선이 참새와 까마귀라는 이솝우화를 아십니까? 참새가 까마귀에서 말했습니다. "나는 처녀이고 아테네인이며 아테네 왕의 딸이야." 그리고 테레우스가 어떻게 자신을 겁탈했고 혀를 잘랐는지 말합니다. 그러자 까마귀는 "잘린 혀로 그렇게나 엄청나게 재잘댈 수 있는 마당에 혀가 있었다면 큰일나겠네?"라며 참새를 나무

렸습니다. 여러분, 세 치 혀를 어떻게 사용하는가 그것이 참으로 중요합니다. 참새의 허풍은 곧 드러났습니다. 우리는 하나님께서 주신 언어를 사용하여, 하나님을 높이고 예수 그리스도를 자랑합시다.

3) 신자들끼리 교제하면서 거짓과 허풍을 떨면 그것이 세상 사람들에게 알려져 지탄의 대상이 될 수 있습니다. 허풍선이 참새와 까마귀라는 이솝우화를 아십니까? 참새가 까마귀에서 "나는 처녀이고 아테네인이며 아테네 왕의 딸이야."라고 허풍을 떱니다. 이어서 참새는 테레우스가 어떻게 그녀를 겁탈했고 혀를 잘라 냈는지 말합니다. 그러자 까마귀는 "잘린 혀로 엄청나게 재잘댈 수 있는 마당에 혀가 있었다면 큰일나겠네?"라고 받아칩니다. 여러분, 허풍을 떠는 참새는 까마귀에게 덜미를 잡히고 말았습니다. 성도가 허풍을 떨고 거짓말을 하게 되면 참된 교제를 할 수 없을 뿐만 아니라, 나중에는 세상 사람들의 지탄의 대상이 될 수 있습니다.

4) 나만의 해석하기

<고쳐쓰기>

평화로운 숲 속에, 허풍쟁이 참새 한 마리가 살았답니다. 이 참새는 날마다 제멋대로 이야기를 꾸며대면서 다른 새들과 동물들에게 자기 자랑을 하곤 했지요. 참새는,

"너희들 그거 몰랐지? 사실 나는 처녀고 아테네인이며 훌륭하신 아테네 왕의 외동딸이야!"

참새는 현재 모습은 보잘 것 없어도 귀한 신분이니 자신의 말을 철저하게 따라야 한다고 동물들에게 말했습니다. 순수한 동물들은 참새의 말이 하도 그럴 듯해서 참새의 심부름까지 했습니다.

까마귀는 너무 한심했어요. 까마귀는 평소 다른 동물 친구들에게 불길해 보인다, 재수 없어 보인다, 못생겼다 등등의 갖은 욕을 다 듣고 살았지만 참새의 거짓말에 현혹되어 심부름을 하고 있는 친구들의 모습을 보고 참을 수가 없었어요.

많은 동물들의 보는 앞에서 까마귀가 참새에게 다가갔어요.

'또 한 명의 바보가 걸려들었구나?'

참새는 신이 났어요. 참새는 세치 혀로 까마귀에게 재잘댑니다. 그러자 까마귀는,

"잘린 혀로 그렇게나 많이 재잘댈 수 있는 마당에 혀가 있었다면 큰일나겠군요."

까마귀의 말 한마디에 무거운 침묵이 흘렸어요. 이내 참새의 얼굴은 빨개지고, 이제껏 참새의 심부름을 하던 다른 동물 친구들은 참새에게 대들기 시작했지요. 참새가 이제껏 자신들을 속인 허풍쟁이라는 사실을 알게 되었기 때문입니다. 참새는 한편으로는 부끄럽기도 하고, 다른 한편으로 동물 친구들에게 혼이 날 것이 무서워 서둘러 그 자리를 떠났습니다.

분위기가 수습될 무렵, 동물 친구들이 까마귀 곁으로 다가왔어요.

"까마귀야, 이제껏 우리가 잘못했단다. 미안해! 너를 외모로만 판단한 우리를 용서해 줄 수 있겠니?"

이제껏 자기를 몰라주고, 비웃고, 무시한 동물 친구들이었지만 진심으로 눈물을 뚝뚝 흘리며 잘못을 비는 친구들의 모습을 보니 까마귀의 마음이 많이 흔들렸어요. 이내 까마귀는 활짝 웃으며

"괜찮아, 우린 친구 아이가?"

그 때부터 그들은 아주 사이좋게 살았습니다.

색 인

ㄱ

가정 : 최초의 공동체 181
간구 : 하나님의 뜻을 알기 309
감사 :
    하나님이 주신 것에 감사 27
    다른 사람에게 도움 103
    주님의 은혜 기억 109
    주님의 은혜 감사 136
    시련 감내하며 감사 176
    허락하신 삶에 대해 감사 234
    범사에 감사 275, 281
    처한 환경에 감사 285
감정 : 일에 감정 37
거짓 :
    바른 정보 주기 63
    거짓 증거자에게 속지 말기 64
    지탄의 대상 326
검소 : 호화보다 검소 263
겸손 :
    겸손한 모습 51
    하나님의 명령 59
    부족한 점 인정 63
    하나님 위에 설 수 없음 67
    하나님은 높이면 낮추심 69
경솔함 : 경솔한 판단 209
고난 :
    고난은 인과응보가 아님 119
    고난은 기쁨 177
    고난이 반감되는 길 212
고통 : 이웃의 고통을 이해 212
공로 : 공로 자랑 경계 256
공상 : 어리석은 짓 201
교만 :
    남의 공로를 모름 290
    교만은 꺾임 34
    비웃음 112
    다른 사람을 아래에 둠 196
교육 :
    자녀 교육 182
    방법 교육 314
구원 :
    그리스도의 창문 103
    구원의 손길 298
근면 : 부지런한 일꾼을 찾으심 301
기도 :
    그때그때 채워주심 300
    정신만 차리면 안 됨 42
    억지 은사 간구 48
    솔직히 내려놓음 66
    위기 봉착 때 간구 115
    자기 힘 의지보다 기도 123
    적극적 간구 199
기쁨 : 자족하는 삶 132
기회선용 :
    기회 선용 109
    기회 붙잡기 115

이솝우화 · 색인

지금 주어진 시간에 충실 142
끼어들기 : 참견 97

ㄴ

남 돌봄 : 자신을 돌아보기 173
낮은 자존감 : 낮은 자존감 165
너그러움 : 타인 축복 55
노력 : 수고나 노력 없이 얻기를 바람
    200
능력 : 예수님 안 195

ㄷ

다툼 : 이간질 82
담대함 : 두려움 극복 290
닮아감 : 주님 닮기 172
도우심 :
    주님 의뢰 185
    하나님의 도우심으로 삶 196
    역경에 도움 요청 230

ㅁ

마음의 풍요 : 가난해도 자족 224
말씀 : 다른 것에서 찾지 말 것 100
모방 : 태신자 영적 지도자 모방 314
무관심 : 불행에 냉담하지 않기 120
무시 : 약자 무시 97
무지 :
    패망의 어머니 95
    모르는 게 약이 아님 209

사물의 쓰임새 바로 알기 215
세상 사람을 멀리하는 것은 무지 275
미련함 : 패망의 길 85
믿음 :
    보이지 않는 주님 믿기 27.
    하나님의 뜻에 의존 269

ㅂ

바른 길 제시 : 어리석은 자들 살림
    221
배려 :
    어려움 해결에 노력 123
    원인을 알고 배려 92
    배려하면 행복 149
    자신의 일만 생각하면 화 당함
        151
배신 : 먼저 파멸 293
복음 : 우선권 100
봉사 : 행복 140
분별 :
    슬기로운 사람 82
    민감하게 반응 266
불만족 : 하나님의 은혜 경험 부재
    273
불안정 : 하나님 곁을 떠남 168
빚진 자 : 아픔 나누기 151

ㅅ

사랑 :

주님의 가르치심 14
미물도 사랑 22
은혜를 받았기에 원수 사랑 22, 129
양들 키우기 147
병든 자 사랑 150
어머니이신 하나님 180
예수님의 사랑 생각하기 185
어두운 사회에 빛 203
하나님 없이 살 수 없는 존재 249
대가를 바라지 않기 253
모든 일 사랑으로 함 256
끝까지 품고 사랑 317
사탄 : 다툼 240
상처에 대처하기 : 믿음 236
서열 : 근거 없는 서열 160
선 : 선으로 악 이기기 16
선택 : 특별한 존재 180
설득 : 잘못 설득 304
섬김 : 진정한 지도자 162
성실 : 작은 일에 최선 242
소망 :
　기대가 무너져도 소망 37
　기대 79
　끝까지 선 273
습관 : 습관 지도 318
순종 : 하나님의 명 165
시간 : 때 알기 215
시간 낭비 : 젊음 낭비 141
시험 : 하나님을 시험하지 마십시오 66

신실 : 겉과 속 146
신중 :
　하나님께 지혜 간구 41
　결과 행동 106
　깊이 생각하기 207
실천 :
　말보다 행동 69, 126, 172
　행함이 없는 믿음 70
　복음에 합당한 삶 80
　비난 173
　얻고 싶음 199
십자가 : 진정으로 지기 176

ㅇ

악 : 안에서 나오는 악 106
약속 : 둘 다 피해 14
양보 : 아름다운 모습 246
양심 : 선한 양심 325
어리석음 :
　미신에게 미래의 길흉을 판단 받기 269
　제 꾀에 자기가 넘어감 280
언어사용 : 신중하게 119
열매 : 행하지 않으면 열매가 없음 199
영적 전투 : 영적으로 깨어 있기 311
예배 : 신령과 진정 227
예언 : 민감한 반응 308
예수님 :

신실한 친구 293
　　안타깝게 보심 321
오해 : 약속 구체적으로 하기 127
외양 :
　　보기 좋은 떡을 선호 210
　　생명이 없으면 무가치함 145
욕구 : 중요한 것 우선 193
욕망 : 눈앞의 것만 추구 191
욕심 :
　　오감 마비 85
　　함정 보지 못함 88
　　그리스도를 욕보임 95
　　사망의 길 110
　　허무한 결과 239
　　손해를 봄 242
　　스스로 차버림 300
　　죽음 306
　　나쁜 결과 318
　　우선순위
　　많은 변화 191
　　의를 먼저 구함 192
원망 : 능력 부족 45
위기 : 그 순간 하나님 의지 74
위로 :
　　하나님의 위로 34
　　어리석음 위로 41
유비무환 :
　　힘이 있을 때 대비 142
　　현명한 대비책 321
유혹 :

　　이김 206
　　처음엔 유익 280
은사 :
　　사명 감당 48
　　은사 계발 132
　　망신을 당함 189
은총 : 겸손한 자에게 은총 34
은혜 :
　　예수님의 은혜 184
　　은혜에 보답하는 생활 253
　　은혜에 보답하는 성도 259
의지 : 방법 찾기 45
이해 : 상황에 맞게 내처함 59
인내 :
　　시련 감내 176
　　죄 많은 인간사랑 184
　　끝까지 선행 273

ㅈ

자녀 : 대리적 욕구 수단이 아님 308
자족 :
　　자족하는 삶 132, 225
　　현재의 삶에 충실 285
　　하늘에 소망 306
잔꾀 : 더 고생 함 92
잘난 척 : 피해를 줌 74
재물 : 불의의 재물은 무익 145
정직 : 하나님 앞에서 정직 60, 146
정체성 :

자신의 본분 지키기 88
하나님께서 부여하신 것 112
세상 사람들에게 알리기 227
제자 : 그리스도만 자랑해야 함 325
존경심 : 돕는 사람 존경 249
죄의 결과 : 자기에게로 159
줏대 없음 : 비판의 대상 203
죄사함 : 오직 예수로만 30, 31
지혜 :
　합당한 방법 찾기 219
　내면을 꿰뚫기 246
　하나님의 사랑 297
진리 : 진리 인식 213
진실 : 하나님이 좋아하심 317
질투 :
　남의 떡이 크게 보임 133
　약점을 들추기 162
짐 : 모두 하나님께 228
집착 :
　화를 부름 130
　상황 판단이 흐려짐 137
　의를 먼저 구해야 함 192

ㅊ

착각 : 책망 188
찬양 : 시공간 초월 216
창조적인 사람 : 창조의 소수 236
처세 : 능력에 맞추어 살기 303
청지기 : 양 키우기 89, 147

축복 : 자격 갖추기 239
침착 : 돌아가기 73

ㅌ

탐심 : 남의 물건 탐냄 206

ㅍ

판단 :
　바른 충고 목숨 살림 73
　멸망 부름 311
패망 :
　남을 해치면 패망 15
　미련한 사람 패망의 길로 85
평안 : 하나님 안에 존재 169

ㅎ

하나님 : 믿고 신뢰 297
하나님께 의지 : 구원 요청 230
하나님의 뜻 : 직관적인 판단 뛰어 넘기 219
하나님의 형상 :
　피부색에 관계없이 존엄 30
　귀한 존재들 195
허황됨 : 거짓은 몰락 326
헌신 :
　예수님께 바침 259
　온전히 섬김 303
헛된 소망 :
　헛된 것은 한 순간 49

목표가 흐려짐 159
헛된 자랑 : 자신에게 상처 51
협동 :
   협력하여 선을 이룸 55
   주님의 말씀에 순종 149
   공존의 방법 모색 152

화해 : 중재 231
훈련 : 훈련 지속 224
훼방꾼 : 아주 가까운 곳 107

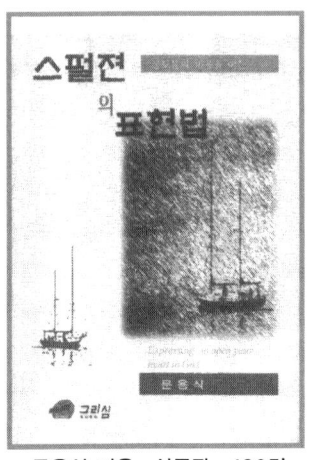

문용식 지음 · 신국판 · 490면

스펄전은 비유와 상상이 대가일뿐 아니라, 논리의 오류를 발견하는 대가이다. 우리가 무심코 사용하는 속담 속에도 많은 오류와 잘못이 담겨 있다. 이를 깨닫지 못하고 그것을 그대로 사용하면 우리는 알게 모르게 그 오류에 빠지게 된다. "모로 가도 서울만 가면 된다"라는 속담이 결과 지상주의를 낳으며, "약을 쓰려거든 빨리 써라"라는 속담이 빨리 빨리 병을 유발하듯, 속담은 하나의 담론으로 우리의 사고 방식과 행동 방식을 관장한다. 그러므로 우리는 속담에 담긴 이데올로기, 오류 등을 찾아내어 잘못된 담론에서 벗어나야 한다. 우리는 스펄전이 속담 속의 오류를 찾아 어떻게 기독교 세계관으로 변화시키고 있는지 그 구체적인 사례를 살펴보게 될 것이다. 「스펄전 설교학」을 번역한 김병로 목사, "모두 버리고 스펄전을 사라"고 외치고 있다. 필자도 김 목사의 말에 공감한다.

이 책에서 소개하는 스펄전 구약설교에 나타난 비유의 세계는 빙산의 일각에 불과하다. 필자는 독자들을 위하여 영어본을 택하지 않고, 보문출판사에서 나온 「스펄전 설교전집」을 텍스트로 택하여 인용부분의 각주를 달았다. 여러분 가운데 스펄전의 표현법을 읽다보면 설교 전문을 읽어보고 싶은 충동이 생길 것이다. 필자는 독자들이 이 책을 읽으면서 비유와 상상의 세계에 관한 놀라운 정진과 논리의 오류를 찾는 방법을 배웠으면 하고 기도해 본다. 이 책이 설교자들에게 도움이 된다면 그만한 보람이 없을 듯하다. 필자는 평소에 목회자들에게 설교하는데 도움이 될만한 아이디어를 제공하는 곳에 관심을 기울이고 있다. 이 책도 미숙하지만 그러한 의도에서 집필한 거이다.

문용식 교수 저서

문용식 지음 · 신국판 · 411면

요즈음은 스피치 역량이 선거의 승패를 좌우하고 있다. 지난 대선에서 이모 후보는 일개 도지사에 불과하였고 도지사로서 괄목하게 이루어놓은 업적이 있는 것도 아닌데, 텔레비전 토론에 참여한 이후 집권당 후보를 추월하는 유력한 대통령 후보로 떠올랐다. 우리보다 먼저 텔레비전 토론을 수용한 미국에서 스피치 능력이 월등한 케네디가 그간 현격하게 앞서던 닉슨을 누르고 대통령에 당선한 일은 두고두고 언론학자나 스피치 연구자에게 좋은 연구 소재가 되었다. 또 스피치는 세일즈맨에게도 중요한 도구이다. 「1초도 아까운 여자」의 저자 김경옥 여사는 '복덕방 화법' 과 '복권 화법' 으로 92년 1년 동안에만 435억원이라는 경이적인 계약고를 기록하였다.

정치인이나 세일즈맨의 삶에서만 스피치가 중요한 것은 아니다. 우리 속담에 "말 한 마디로 천냥 빚을 갚는다."는 말이 있다. 오늘날은 스피치의 시대이다. 스피치를 못하면 자신의 능력을 충분히 표출시키기 어렵다. 반면에 스피치를 잘하면 인생의 목적을 쉽게 달성할 수 있다. 우리는 브리핑을 잘하여 평사원에서 이사진으로 승진한 예를 주위에서 흔히 본다. 스피치는 인생의 목적지로 이끌어 주는 배이다. 촌철살인(寸鐵殺人)이라는 말처럼 한 마디 말로 설복시킬 수도 있고 항복하게 할 수도 있으며, 반대로 한 마디 말로 타인을 죽음에 이르게 하거나 평생토록 한 맺히게 할 수도 있다. 때문에 우리는 이 사회를 아름답게 가꾸고 풍요롭게 하기 위해서도 스피치를 갈고 닦을 필요가 있다.

그럼에도 스피치에 관한 우리의 연구는 소략한 감이 있다. 연구서가 있다 해도 별 관심을 끌지 못하였는데, 이것은 필요성을 인식하지 못해서이기보다는 '말 잘하는 능력' 은 그저 각자가 타고난 재주라는 생각 때문이었다. 하지만 실제 스피치는 학습과 반복 훈련으로 누구든지 획기적으로 향상할 수 있다.